LA BANDE, LE RISQUE ET L'ACCIDENT

Collection "Logiques Sociales"
dirigée par Bruno Péquignot
Série **Déviance** dirigée par Philippe Robert

La série **Déviance** a pour vocation de regrouper des publications sur les normes, les déviances et les délinquances. Elle réunit trois ensembles :
Déviance et Société qui poursuit une collection d'ouvrages sous l'égide du comité éditorial de la revue du même nom ;
Déviance-CESDIP qui publie les travaux du Centre de recherches sociologiques sur le droit et les institutions pénales ;
Déviance-GERN, enfin, qui est destinée à accueillir des publications du Groupe européen de recherches sur les normativités.

DEVIANCE ET SOCIETE

Déjà parus :

Robert, Ph., Lambert, Th., Faugeron, C., *Image du viol collectif et reconstruction d'objet*, 1976.

Lascoumes, P., *Prévention et contrôle social, les contradictions du travail social*, 1977.

Robert, Ph., Godefroy, Th., *Le coût du crime ou l'économie poursuivant le crime*, 1978.

Robert, Ph., Faugeron, C., *La justice et son public : les représentations sociales du système pénal*, 1978.

Lopez, M.L., *Handicapés sociaux et resocialisation. Diversité des pratiques et ambiguïté de leurs effets*, 1979.

Debuyst, Ch. (sous la direction de), *Dangerosité et justice pénale. Ambiguïté d'une pratique*, 1981.

Montandon, C., Crettaz, B., *Paroles de gardiens, paroles de détenus, bruits et silences de l'enfermement*, 1981.

Petit, J.-G. (sous la direction de), *La prison, le bagne et l'histoire*, 1984.

Lévy, R., *Du suspect au coupable : le travail de police judiciaire*, 1987.

Digneffe, F., *Ethique et délinquance. La délinquance comme gestion de sa vie*, 1989.

Bordeaux, M., Hazo, B., Lorvellec, S., *Qualifié viol*, 1990.

Walgrave, L., *Délinquance systématisée des jeunes et vulnérabilité sociétale*, 1992.

Laberge, D., *Marginaux et marginalité. Les Etats-Unis aux XVIIIe et XIXe siècles*, 1997.

Wyvekens, A., *L'insertion locale de la justice pénale. Aux origines de la justice de proximité*, 1997.

Ocqueteau, F., *Les défis de la sécurité privée. Protection et surveillance dans la France d'aujourd'hui*, 1997.

©L'Harmattan, 1997
ISBN : 2-7384-5952-8

Maryse ESTERLE-HEDIBEL

LA BANDE, LE RISQUE ET L'ACCIDENT

Éditions L'Harmattan
5-7, rue de l'École-Polytechnique
75005 Paris

L'Harmattan Inc.
55, rue Saint-Jacques
Montréal (Qc) – CANADA H2Y 1K9

REMERCIEMENTS

Je remercie Monsieur le Professeur François Raveau qui tout au long de la thèse qui forme la matière première dont est issu ce livre, m'a constamment accompagnée et soutenue de ses conseils et de ses encouragements. Il s'est toujours montré disponible pour m'aider à clarifier le fond comme la forme de la thèse.

Michel Taleghani m'a également soutenue et conseillée dans la réalisation de la recherche que j'ai menée parallèlement. Quel que soit le monde qui est le sien aujourd'hui, qu'il soit remercié pour son engagement, sa disponibilité et les précieux conseils qu'il m'a donnés.

Les écrits de Philippe Robert ont guidé ma réflexion théorique sur les bandes de jeunes. Je le remercie pour les conseils donnés, la vigilance quant aux délais et les réflexions me permettant de produire un écrit plus pertinent.

Et enfin, je remercie les jeunes des deux bandes qui ont accepté de me rencontrer et de me laisser observer une partie de leur vie. J'espère avoir été à la hauteur de la confiance qu'ils ont bien voulu me témoigner.

A Azzedine,

*A ma fille Cannelle,
dont les éclats de rire
ont ensoleillé
les longues heures
de ce travail*

GLOSSAIRE DES SIGLES

ADER : Agence pour le Développement des Etudes et des Recherches
ANEJI : Association Nationale des Educateurs de Jeunes Inadaptés
CAP : Certificat d'Aptitudes Professionnelles
CLCJ : Comité de Liaison des Associations Socio-Educatives de Contrôle Judiciaire
CNRS : Centre National de la Recherche Scientifique
CREDOC : Centre de Recherches pour l'Etude et l'Observation des Conditions de Vie
CRIV : Centre de Recherches Interdisciplinaire de Vaucresson
CTNERHI : Centre Technique National d'Etudes et de Recherches sur les Handicaps et les Inadaptations
DEA : Diplôme d'Etudes Approfondies
DSQ : Développement Social de Quartier
FFMJC : Fédération Française des Maisons des Jeunes et de la Culture
HLM : Habitations à Loyer Modéré
INRETS : Institut National de Recherche sur les Transports et leur Sécurité
INSERM : Institut National de la Santé et de la Recherche Médicale
IRESCO : Institut de Recherches et d'Etudes sur les Sociétés Contemporaines
LRJ : Lieu Ressources Jeunes
MOUS : Maîtrise d'Œuvre Urbaine et Sociale
ONSER : Office National de Sécurité Routière
OPHLM : Office Public d'Habitations à Loyer Modéré

REAGIR : Réagir par des Enquêtes sur les Accidents Graves en Milieu Urbain
RER : Réseau Express Régional
RMI : Revenu Minimum d'Insertion
SAMU : Service d'Aide Médicale Urgente
SMJ : Service Municipal de la Jeunesse
ZAC : Zone d'Aménagement Concerté
ZEP : Zone d'Education Prioritaire
ZUP : Zone à Urbaniser en Priorité

INTRODUCTION

Janvier 1980 : une nuit, sortant en cachette d'un foyer d'adolescentes où elles étaient placées, Stéphanie et deux de ses copines rejoignirent trois autres filles du foyer et un de leurs copains. Le copain avait dix-sept ans, pas de permis et une voiture volée. Il emmena tout le monde pour une ballade qui s'acheva dans un tournant, à 120 à l'heure, à quatre heures du matin. La voiture fit plusieurs tonneaux. Stéphanie fut éjectée du véhicule. Lorsque nous allâmes la voir à l'hôpital le lendemain matin, les médecins nous apprirent tout de suite qu'elle resterait paraplégique. Les autres avaient des blessures légères dont ils se remirent rapidement. Stéphanie avait 14 ans.

Mai 1988 : une nuit, en revenant d'une discothèque, conduisant sans permis la voiture d'un ami, Farouk rata un tournant et heurta un mur de plein fouet, à 120 à l'heure. Il eut le visage détruit, une jambe cassée, et entra dans une période de désespoir qui n'est pas achevée aujourd'hui. Farouk avait 22 ans.

Novembre 1990 : au retour d'une sortie avec des copains, à 8 heures du matin, Chérif n'a pas vu à temps un car de police arrêté pour assister les victimes d'un accident. La voiture qu'il conduisait a heurté le véhicule : fracture de l'épaule, du bassin, plaies au visage... Un des passagers du véhicule est resté une semaine dans le coma. Chérif avait 20 ans.

La bande, le risque et l'accident : ces exemples font partie de la longue cohorte de ceux que j'ai pu rencontrer au cours de mes activités d'éducatrice de rue puis de chercheuse en sciences humaines. Le lundi matin était le jour des mauvaises nouvelles : annonces des carambolages du week-end, des fractures, des comas légers, mêlées à celles des bagarres, coups de couteau, règlements de compte, tous ces évènements vécus dans la routine de vies marquées de violence, de blessures, et aussi de solidarité, d'entr'aide, de soutien mutuel entre adolescents qui cherchaient au sein de la bande un réconfort que la société adulte ne leur apportait guère.

J'ai constaté que, dans les relations entre jeunes, le corps était mis en jeu de manière continuelle au détriment des échanges verbaux élaborés, comme s'ils se servaient de leur seul capital disponible pour négocier leur relation avec autrui. Ce capital était d'ailleurs rapidement écorné par la fréquence et la violence des échanges : aux blessures et atteintes corporelles fréquentes s'ajoutaient un suivi des soins qui ne respectait pas les consignes médicales, attitude induite sans doute par un éloignement des normes édictées par des personnes extérieures au groupe et un ethos corporel particulier. Les critères de beauté et de bonne santé ne sont pas les mêmes dans tous les groupes sociaux et les jeunes de la bande n'échappaient pas à ces différenciations.

Mis en jeu dans les interactions quotidiennes, le corps l'était aussi dans la conduite routière. Les jeunes (surtout les garçons) aimaient les voitures, ce en quoi ils n'étaient guère différents de l'ensemble de la population. Ils les conduisaient, sans toujours avoir demandé à leur propriétaire l'autorisation de le faire et sans connaître les règles de l'art de la conduite automobile, puisqu'ils conduisaient souvent sans permis. Ils les choisissaient puissantes et quelquefois ostentatoires, au risque de susciter les investigations intempestives des forces de l'ordre, qui auraient pu être évitées par une plus grande discrétion dans le choix des véhicules. Leur manière de conduire, leur faible investissement sur des véhicules à la vie éphémère les menaient à prendre des risques non perçus comme tels par eux-mêmes mais flagrants pour qui avait en tête les normes de conduite représentées par les lois sur la route.

Et ils avaient des accidents, qui prenaient place dans une série "d'accidents de la vie" qui, aux yeux de l'observatrice que j'étais, formaient un tout, avaient une cohérence que je tenterai d'analyser au cours de cet ouvrage. J'ai eu ainsi l'occasion de suivre l'évolution de deux jeunes victimes d'un accident grave de la route. Chacun d'entre eux appartenait à une bande sur deux quartiers différents. J'ai appelé l'un d'entre eux la Source, et l'autre le Vert-Pré.

Introduction

Nous savons que les accidents de la circulation touchent toutes les couches sociales, avec une prépondérance pour les jeunes. Les accidents de la route sont encore la première cause de mortalité des jeunes âgés de 18 à 25 ans. Un quart des tués sur la route fait partie de cette tranche d'âge, alors qu'ils ne représentent qu'environ 14 % de l'ensemble de la population.

Les données concernant les accidents de la route ne permettent pas de dire si les jeunes que j'ai rencontrés sont une catégorie particulièrement touchée par les accidents mortels de la circulation. En effet, les chiffres que j'ai pu trouver ne mentionnaient pas le niveau d'études ou la catégorie socio-profesionnelle parmi l'ensemble des jeunes tués ou blessés. Les quelques données que j'ai pu recueillir par ailleurs concernant ces catégories ne distinguaient pas l'âge des intéressés, et déclinaient des catégories aussi vagues qu'"inactifs" ou "chômeurs". *A fortiori*, la nationalité n'est pas mentionnée dans les analyses d'accidents de la route. Je ne peux donc dire si les jeunes de milieu pauvre, sans insertion sociale et professionnelle et d'origine étrangère sont, d'après les statistiques dont je dispose, plus victimes d'accidents de la route que les autres. Je reviendrai sur ce point dans le chapitre consacré aux accidents.

J'ai pu simplement constater, par une expérience de terrain, qu'ils ont des accidents graves et sont pour diverses raisons très exposés au risque et à l'accident très importante.

Mes premières recherches universitaires ont commencé alors que j'avais accumulé une expérience empirique de plus de dix ans concernant le mode de vie des jeunes de milieu populaire, et je côtoyais quotidiennement les jeunes organisés en bande dans un grand ensemble de la banlieue parisienne que j'appellerai La Source. J'ai allié recueil des données de terrain et recherche théorique sur l'organisation en bande, la genèse du groupe, la stigmatisation dont il est l'objet, la place de la délinquance dans la bande, le territoire, les valeurs et les normes, la place des filles, le rapport au temps, les rites d'interaction dans la bande.

Alors qu'une très abondante littérature sociologique et anthropologique existe sur les bandes de jeunes d'une part et sur le risque à l'adolescence d'autre part, le rapport aux véhicules et la prise de risque routier dans les bandes de

11

jeunes de milieu populaire est un champ relativement peu fouillé. Il m'est apparu suffisamment riche et révélateur d'un mode de vie pour en faire un thème de recherche qui viendrait compléter celles qui existent déjà et enrichir la connaissance anthropologique sur ces groupes de jeunes.

Parallèlement à ces travaux universitaires je m'intéressai aux représentations du risque routier chez les jeunes, dans le cadre d'une recherche financée par le ministère des Transports[1] Pendant trois ans, je rencontrais des jeunes accidentés graves de la route et leurs familles, et j'étudiais avec eux leurs représentations de l'accident, la causalité exprimée de l'évènement, le sens qu'a pris l'accident dans un contexte culturel donné. J'ai rencontré des jeunes issus de milieu aisé (bourgeoisie commerçante), de milieu ouvrier et employé, et des jeunes en situation de précarité sociale, au chômage, sans qualification. C'est d'ailleurs à partir de la rencontre avec un de ces derniers que je pus prendre contact avec une deuxième bande.

Chaque groupe social est porteur de représentations du risque différentes et d'un rapport au corps particulier. Si chacun avait vécu le même évènement, tous mobilisaient les ressources de leur capital culturel pour surmonter l'accident, l'intégrer à un habitus où il pourrait prendre sens, et enfin reconstruire une image corporelle et sociale avec laquelle ils pourraient continuer à vivre.

Les rencontres espacées sur trente mois m'ont permis de suivre l'évolution des représentations au fur et à mesure que l'accident s'éloignait dans le temps, et de délimiter plusieurs phases de reconstruction après l'accident. J'ai ainsi pu constater sur le terrain les différences de comportements, de réactions et de représentations entre jeunes de différents milieux sociaux.

Les jeunes de milieu populaire, inactifs professionnellement au moment de l'accident, étaient ceux qui avaient le plus de difficultés à vivre après l'accident. Ignorant les consignes des médecins, se soignant peu ou mal, accompagnés par des parents aussi démunis qu'eux-mêmes, ils recherchaient dans leur groupe de pairs, dans la bande, le

---

[1] Esterle, 1994.

Introduction

même type de relations que celles qu'ils avaient connues avant l'accident. Leurs réactions étaient très proches que celles que j'avais pu observer chez les jeunes de La Source. Le thème de la conduite routière, des risques routier et de l'accident chez les jeunes de bandes ont donc fait l'objet d'une thèse de doctorat. Ce livre est une issue de la thèse, remaniée afin de la rendre plus accessible et plus digeste. Les comportements des jeunes que j'ai pu étudier ne sont pas propres aux jeunes constitués en bande. Le lecteur retrouvera sans doute des traits qui concernent des jeunes de milieu pauvre, sans intégration socio-professionnelle réelle, marqués par plusieurs stigmates insistant sur leur pauvreté, leur inactivité sociale, leur dangerosité supposée, le cas échéant leur origine ethnique. Les jeunes de bande ont ceci de particulier qu'ils se réfèrent à un groupe enclavé qui, le temps de la vie du groupe, tente de répondre à l'ensemble des besoins de ses membres. Leurs mode de vie est une sorte de caricature, d'exacerbation de celui des jeunes de même milieu.

Le livre se compose de trois parties: la première aborde la méthodologie utilisée, qui a ceci de particulier que j'ai occupé différentes positions en tant que chercheuse, qui m'ont poussée à expliciter mon rapport avec le terrain. Je reprends ensuite la problématique des bandes de jeunes, autour de la définition de la bande par rapport à d'autres types de groupes de pairs. Ce "retour aux sources théoriques" m'est apparu indispensable, étant donné la confusion générale y compris dans le champ de la recherche sociologique et anthropologique sur le concept de bande. J'ai étudié ensuite la genèse de la bande, les conditions de son apparition, en m'appuyant sur les théories interactionnistes et sur celle de la *ségrégation réciproque*.

Ces bases étant posées, la deuxième partie est consacrée aux relations que la bande entretient avec son territoire, que ce soit celui de la banlieue ou celui du quartier proprement dit. L'appropriation du territoire est aussi symbolique que réelle, et fait partie d'une logique de défense et d'affirmation de son identité.

J'aborde ensuite le rôle et la symbolique des véhicules motorisés, en posant l'hypothèse que si la généralisation de ces moyens de locomotion a modifié le rapport au territoire

13

des bandes, en particulier par les virées, elles n'a pas été l'occasion d'un rapprochement avec l'ensemble de la société. D'autre part les moyens de locomotion sont devenus objets d'échange, symboles de prestige intégrés au système de valeurs des bandes.

La troisième partie aborde le concept de risque et ses représentations en particulier dans les milieux populaires précarisés, dont sont issus les jeunes des bandes que j'ai rencontrés.

Le dernier chapitre est consacré à l'étude d'accidents graves dans chacune des bandes objets de mon étude. Nous y verrons que l'accident grave signe la sanction malheureuse de la prise de risques et, loin de marquer un passage structurant pour le jeune, fût-ce au sein de son groupe de pairs, l'éloigne petit à petit de son groupe d'appartenance sans être l'occasion d'une intégration sociale plus large.

D'autre part, l'absence de fonction dissuasive des accidents quant aux prises de risques ultérieures est révélatrice de la prégnance des conduites de risque et de la capacité de résistance de la bande aux évènements qui la traversent.

J'espère ainsi avoir brossé un tableau le plus complet possible de l'état de la question, enrichi de mes propres analyses.

Tant il est vrai que l'anthropologie étudie les relations des hommes entre eux, des groupes sociaux, de leur évolution, dans une vision comparative entre les représentations des uns et des autres, les formes d'intégration et de ségrégation, observées à travers les pratiques sociales des individus qui forment les groupes.

QUESTIONS DE METHODE

Ce travail de recherche emprunte sa méthodologie aux méthodes qualitatives de recueil des données et à l'observation participante. J'ai adopté une posture d'ethnologue que je me propose d'expliciter ici.

Tout d'abord, précisons que ma démarche de recherche s'inspire de deux grandes disciplines : la sociologie et l'anthropologie. Si l'approche du terrain a été d'emblée une approche de type ethnographique, par la proximité avec les jeunes, la durée de ma présence et la participation à des activités où j'occupais une place précise qui légitimait ma présence, la réflexion théorique qui a accompagné cette approche s'est orientée vers des sociologues et vers les travaux de l'Ecole de Chicago, axés sur l'enquête de terrain, la participation active sinon l'immersion dans un milieu donné, méthodes d'ailleurs à maints égards fort proches de l'anthropologie.

L'objet même de ma recherche : des groupes de jeunes en situation d'acculturation du fait de l'origine de leurs parents et marginalisés par de multiples facteurs, me paraît se situer à la confluence entre ces deux disciplines. En effet, tout en étant au contact quotidien d'un groupe de faible importance numérique, il m'apparaît indispensable de situer mon objet d'étude dans un contexte sociologique, et de m'appuyer sur les courants théoriques et les travaux de sociologues ayant étudié les situations d'immigration, le processus d'acculturation en milieu urbain, la place de la jeunesse, la problématique de la délinquance, les conduites de risque... A ne pas évoquer ce cadre là, j'aurais manqué d'éléments d'analyse fondamentaux pour comprendre et donner sens à la complexité des comportements et des représentations présents dans ces groupes de jeunes.

D'autre part, m'intéressant à leur rapport au monde, leurs représentations d'eux-mêmes et d'autrui, j'ai puisé dans le réservoir de l'anthropologie. Je me suis en effet intéressée à la globalité de leur mode de vie, sans questionnement préétabli au départ si ce n'est celui de comprendre le sens de leurs pratiques, conduites et croyances[1].

J'ai d'ailleurs le sentiment d'avoir bénéficié d'une place privilégiée pour nuancer les analyses faites par d'autres à la lumière de ma propre expérience. Avoir pu entrer dans des familles, côtoyer journellement des jeunes marginalisés, recueillir leurs paroles, assister à de multiples scènes de leur vie quotidienne m'a conduit à utiliser des méthodes qui sont liées à la réalité de l'expérience vécue sur le terrain. Je me situe donc plutôt dans une perspective socio-anthropologique, mêlant les apports des deux disciplines, avec une prédilection pour les méthodes d'approche de l'anthropologie. Ces méthodes ont d'ailleurs été utilisées par d'autres chercheurs, tels William F. White (*Street Corner Society*) et Jean Monod (*les Barjots*) pour ne citer que deux exemples. Je me rapproche de la démarche socio-anthropologique de Pierre Bouvier : *La socio-anthropologie tend à conforter l'appréhension et la compréhension des phénomènes actuels dans leurs réalités, leurs perdurances et leurs mutations*[2]. Le croisement de ces deux disciplines, la sociologie et l'anthropologie, m'apparaît à même d'évoquer la complexité de la problématique du *Même et de l'Autre* dont parle Pierre Bouvier.

De fait on l'aura compris, j'ai dans la première phase de cette recherche, construit les méthodes au fur et à mesure que les difficultés se présentaient à moi, déblayant le terrain sans toujours savoir ce qui m'attendait au prochain tournant de la recherche. C'est l'évolution de cette démarche méthodologique et le passage progressif du positionnement d'intervenante sociale à celui de chercheuse que je me propose de présenter dans ce chapitre.

Lorsque je suis arrivée sur le quartier de la Source, ma mission consistait à nouer des relations avec des jeunes pour agir sur des trajectoires individuelles et collectives orientées vers la déviance sociale et la délinquance. Personne ne me demandait d'écrire sur mon travail, à part quelques pages d'un rapport d'activités annuel et de rares missives aux *partenaires locaux*.

---

[1] Mucchielli, 1996, 70.
[2] Bouvier, 1995, 22.

Questions de méthode

Mais sans que je l'aie prévu, le terrain de recherche s'est imposé à moi. Lorsque je suis arrivée sur le quartier que j'appellerai la Source, les jeunes de la bande m'ont frappée par leur désir de parler, d'expliquer, de donner un sens à l'histoire collective de leur groupe et à leurs trajectoires individuelles. Les jeunes filles en particulier étaient heureuses de rencontrer une femme avec laquelle elles pourraient aborder des questions liées à la problématique féminine. Plus observatrices qu'actrices dans la bande, elles disposaient d'un large fond d'histoires, de ragots, qui me permirent de reconstituer en grande partie l'histoire mouvementée de la bande depuis ses débuts. Tolérées par les garçons plus qu'acceptées vraiment, elles se maintenaient en retrait et du même coup se trouvaient en capacité d'analyser l'ensemble des comportements et des rapports de force internes au groupe. Cette capacité d'analyse renouvelée quotidiennement leur permettait par ailleurs de profiter des moindres brèches pour gagner de nouveaux espaces de liberté sur le quartier. Elles utilisèrent largement ma présence pour investir certains lieux interdits avant mon arrivée : sous le prétexte éminemment respectable de *parler avec l'éducatrice*, elles purent petit à petit s'asseoir dans certains cafés avec moi, puis seules, ou traverser la Source de part en part sans que les garçons n'y voient que l'innocent besoin de se confier à quelqu'un.

J'ai donc rapidement senti tout l'intérêt que pouvait présenter l'étude d'un terrain largement balayé par des représentations attribuant aux jeunes de bande, qui plus est d'origine étrangère, des critères de dangerosité largement surévalués. J'ai commencé très vite à prendre des notes, à retranscrire des conversations avec des jeunes, et à tenir un journal de bord où je consignais mes impressions, en dehors de toute prétention scientifique. Lorsque ma recherche universitaire a commencé à s'organiser, je disposais déjà de plusieurs écrits qui m'ont servi de base de réflexion pour des textes plus élaborés.

Les apports théoriques sont venus confirmer et donner une cohérence à ce que je constatais sur le terrain.

I - La position de départ

L'ensemble de la recherche de terrain qui forme le socle de ce livre s'est donc déroulée en deux temps. J'ai d'abord rencontré une bande de jeunes dans le cadre de mon action d'éducatrice de rue. Cette bande a constitué mon premier terrain d'investigation. J'ai ensuite rencontré plusieurs membres d'une autre bande d'adolescents au cours d'une recherche anthropologique sur le risque accidentel, cette fois-ci comme chercheuse à part entière[3].

Dans la première phase de la recherche, je faisais partie d'une équipe de prévention spécialisée missionnée pour intervenir sur une ZUP[4] auprès d'adolescents et de jeunes adultes déconnectés des circuits d'intégration sociale classiques : l'école et le monde du travail, mais conservant pour la plupart des liens avec leurs familles.

Les équipes de prévention spécialisée, appelées aussi équipes de rue, sont gérées par des associations et financées par les Conseils Généraux depuis la loi de décentralisation. Celle dont je faisais partie était indépendante des autorités municipales. Elles sont constituées de petits groupes d'éducateurs (deux ou trois par quartier).

Il s'agit pour les éducateurs de se fondre dans un milieu, d'en comprendre les habitudes, le mode de vie, d'en respecter les rythmes, afin de mettre en place des actions adaptées au groupe et quelquefois très personnalisées selon la problématique de tel ou tel individu. Cette action éducative particulière mise sur la durée et ne recueille ses fruits qu'au bout de quelques mois, voire plusieurs années. Elle présente l'avantage de pouvoir être une action en profondeur et se prête à la découverte d'un milieu. Elle offre de ce fait un terrain favorable à une observation de type ethnographique, car elle permet au chercheur d'être de plein pied au cœur de la réalité vécue des jeunes et de leur entourage, avec le minimum d'intermédiaires institutionnels. En effet les éducateurs n'ont aucun mandat institutionnel concernant tel

---

[3] Esterle, 1994.
[4] Zone à Urbaniser en Priorité.

Questions de méthode

jeune ou telle famille mais ils sont investis d'une mission générale sur un quartier[5].

II - Les conditions nécessaires à l'objectivation scientifique

Si je n'ai pas connu les difficultés qui sont le lot de ceux qui cherchent à s'implanter auprès de populations pour y faire des travaux de recherche, j'ai dû par contre combattre les allants de soi et les préjugés, favorables ou non, qui étaient les miens concernant ce milieu.

Il a fallu d'autre part tenir éloignés les affects particulièrement puissants dans cette forme d'accompagnement social, non protégée par une institution. Je pense d'ailleurs que ces écueils guettent aussi les chercheurs n'ayant pas d'autre implication professionnelle sur leur terrain d'investigation. En effet, on ne reste pas impunément au contact quotidien d'adolescents marginalisés sans être touché, ému, bouleversé quelquefois par leurs confidences, leurs élans, leurs remords. Beaucoup des membres de la bande avaient expérimenté, à l'âge ou d'autres jeunes abordent à peine les responsabilités de la vie adulte, des situations de grande violence dans et hors du milieu familial. Certains avaient vu mourir des amis, de blessures, maladies graves, accidents, overdoses... D'autres avaient connu la grande pauvreté, contraints de survivre seuls, à treize ou quatorze ans, s'abritant dans des caves, chapardant pour manger, essayant d'échapper à la police des mineurs et aux juges. Tous avaient connu le rejet social, que ce soit à l'école ou à l'occasion d'incidents avec des voisins.

Issus de l'immigration algérienne, ils recevaient comme autant de gifles les allusions, les insultes et les amalgames entre cette origine et les manifestations de leur marginalité sociale. Objets d'un stigmate social qui se

---

[5] Afin de préserver l'anonymat de ces jeunes, j'ai choisi de leur attribuer des prénoms fictifs, de même origine culturelle que les prénoms réels. Pour les mêmes raisons, j'ai attribué des noms d'emprunt aux deux quartiers afin d'éviter des recoupements préjudiciables aux intéressés. Ces précautions inhérentes à toute recherche étaient d'autant plus importantes à respecter dans le cas qui nous occupe.

19

rappelait à eux quotidiennement, ils me renvoyaient dans leurs confidences quelquefois désespérées à des résonnances personnelles sur tel ou tel évènement de ma propre vie où j'avais senti, moi aussi, l'injustice profonde, l'incompréhension insurmontable. Comment expliquer sinon que quelquefois, à les écouter, à les regarder se débattre, j'avais la gorge serrée, et qu'en rentrant dans mon foyer, certains jours, j'emportais avec moi plus que de raison les propos recueillis dans la journée ?

Par ailleurs, et de manière contradictoire, l'émotion que je ressentais à leur égard pouvait tourner quelquefois à leur désavantage. Les adolescents agissaient quelquefois sur le même mode que celui qui les faisait souffrir. Ainsi, leur racisme s'exerçait avec violence contre les Antillais et Africains du quartier, auxquels ils refusaient l'entrée de certains lieux publics, de la même manière que certains patrons de café ne voulaient pas les compter eux-mêmes parmi leur clientèle. D'autre part, ils commettaient des agressions sur des personnes isolées, les frappant, les dépouillant de leur argent, de leurs papiers, les laissant aussi démunis qu'ils l'étaient souvent eux-mêmes en d'autres circonstances. Entre eux, les membres de la bande ne s'épargnaient guère les insultes, les jugements cinglants en public, les moqueries cruelles sur tel embonpoint ou telle disgrâce physique. Mêmes si les uns et les autres affectaient de n'être pas touchés par ces remarques fréquentes, la violence des réactions indiquait bien que les coups portaient. Toutes ces manifestations déclenchaient en moi des émotions qui pouvaient aller jusqu'à l'indignation.

III - Eviter les écueils

Comment échapper à une vision des jeunes empreinte de jugements moraux, comment éviter que des sentiments de trop grande empathie ne viennent interférer et parasiter l'étude ethnologique que j'entreprenais ?
Il s'agissait d'éviter deux écueils : la banalisation du comportement déviant de jeunes, et les jugements de valeurs les concernant. La banalisation reviendrait à dire que la délinquance, le langage des rues, la marginalité sociale seraient *ordinaires* et ne mériteraient plus d'être mentionnés

Questions de méthode

comme éléments d'une sous-culture particulière, au risque d'en occulter la spécificité, comme le souligne Yves Delaporte[6].

Ces marques de sous-culture pourraient devenir, en l'absence de recul, des *allant de soi* qu'il ne paraîtrait plus nécessaire d'analyser.

Le deuxième écueil serait celui de jugements moraux portés à leur égard. Les jeunes de bandes de milieu populaire sont aujourd'hui l'objet de représentations collectives dévalorisantes et discriminatoires que nous étudierons plus loin. La tentation de maints travailleurs sociaux peut être de les *réhabiliter* en minimisant certains aspects considérés comme négatifs de leur comportement, dans une avalanche de *bons sentiments* dont on peut comprendre l'existence dans un contexte sociétal hautement défavorable à une approche objective.

Une autre tentation peut être d'accentuer leurs difficultés en développant un discours misérabiliste assez proche de celui de certains jeunes eux-mêmes sur *les banlieues déshéritées en proie au vide social et à la guerre des bandes*, décrivant les jeunes comme incapables de la moindre organisation ou solidarité.

IV - Une femme dans la rue

Le plus difficile à accepter pour moi était le statut inférieur réservé aux jeunes filles de la bande, et par extension, à toutes les femmes. Pendant les premiers mois qui suivirent mon arrivée sur le quartier de la Source, je savais que ma présence n'était que tolérée, en retrait de celle de l'éducateur avec lequel je faisais équipe. Plus qu'un éducateur, une éducatrice de rue doit *faire ses preuves* pour légitimer ce phénomène incongru : la présence d'une femme dans la rue, recherchant la relation avec des groupes constitués majoritairement de garçons.

Je n'entrais pas dans les schémas pré-établis du groupe concernant la condition des femmes. En effet, dans nombre de milieux populaires, toutes cultures confondues, les femmes qui fréquentent les cafés, particulièrement le soir,

---

[6] Delaporte, 1987, 243.

sont soit taxées de déchéance et de ce fait méprisées, soit considérées comme recherchant l'aventure. *A fortiori* pour des jeunes issus d'une culture où le domaine des hommes est l'extérieur du foyer et celui des femmes l'intérieur de la maison, mon choix de l'action éducative de rue représentait un mystère qui resta longtemps non élucidé.

Le respect est un des premiers mots que l'on entend lorsqu'on rencontre des jeunes issus de l'immigration maghrébine. Il recouvre l'ensemble des interdits que l'on observe, y compris le silence sur les sujets tabous. Il implique aussi la distance physique obligatoire par rapport aux femmes, distance qui marque l'empêchement du passage à l'acte sexuel. Ce passage ou son intention signerait en effet la dégradation de l'autre, sa réduction et sa soumission.

Je compris ainsi pourquoi, au début de mon implantation, les jeunes saluaient Patrick, mon collègue, et semblaient m'ignorer, ne me serrant la main que lorsqu'il m'avait dûment présentée. Quand la situation ne s'y prêtait pas, ils me jetaient un coup d'œil neutre, par respect, justement. Un salut volontaire de leur part aurait signifié pour eux une invite directement sexuelle.

Pour essayer de concilier l'estime qu'ils me portaient et l'incongruité de ma présence, une rumeur nous accompagna, mon collègue et moi, tout au long de notre travail en commun : nous étions mari et femme, certains m'appelant même *Madame Patrick*, m'attribuant ainsi comme nom de famille le prénom de l'éducateur. Toutes nos dénégations n'y firent rien : malgré nos mises au point régulières, il se trouvait encore des jeunes pour, cinq ans après, déclarer d'un ton péremptoire à d'autres, et ce devant moi : *Mais comment, tu ne sais pas que Maryse est la femme de Patrick ?* Ainsi nantie de ce travestissement d'identité qui soulageait les jeunes et ne laissait pas de m'agacer quelque peu, je pus sans trop d'encombres me faufiler parmi les membres de la bande et y mener à bien action éducative et activités de recherche. Reste que par chance, je n'avais plus à mon sens, grand-chose à prouver quant à ma condition de femme et qu'une bonne dose d'humour me protégeait de rages intempestives contre cette vision quelque peu retardataire, à mes yeux, de la condition faite aux personnes du sexe par les bandes de jeunes de milieu populaire.

Questions de méthode

V - La distance n'est pas affaire de kilomètres

Les travaux d'Alfred Métraux, Philippe Descola, Paul Rabinow ou Margaret Mead m'ont largement inspirée dans la compréhension des problèmes de distanciation par rapport au terrain. Ils ont pourtant mené leurs travaux de recherche sur des terrains beaucoup plus lointains que le mien, qui leur renvoyaient sans cesse leur étrangeté aux yeux des populations étudiées. Mais la distance est elle vraiment affaire de kilomètres ?

Pour ce qui est de l'exotisme relatif de l'étude sur un terrain en zone urbaine, proche de mon lieu d'habitation, je l'ai ressenti *a posteriori* à travers les réactions quasi-horrifiées d'amis à l'annonce de mon lieu d'activité professionnelle et de mon désir d'en systématiser l'étude ethnologique, c'est-à-dire d'y rester un certain temps.

J'ai pu ainsi mesurer les ravages consécutifs à d'intenses campagnes de presse qui présentent les banlieues populaires comme de dangereux *no-man's land*, vouées au chaos et à la violence tous azimuts. Une anecdote m'est restée en mémoire à ce propos : j'accueillai un jour sur le quartier du Vert-Pré un travailleur social que ses activités professionnelles n'amenaient quasiment jamais à fréquenter les grands ensembles objets du stigmate social que l'on connaît. Il avait garé sa voiture sur un parking, au pied du bâtiment où se trouvait le local où nous devions nous rencontrer. Je remarquai très vite son inquiétude, matérialisée par des va-et-vient incessants entre la chaise sur laquelle il était assis et la fenêtre, d'où il pouvait observer sa voiture : *Je regarde s'ils ne vont pas voler mon auto-radio*, répondit-il à mes questions étonnées. S'imaginait-il des jeunes embusqués, prêts à bondir sur la première voiture inconnue pour s'emparer de ses accessoires ? Je dus le rassurer et lui expliquer que les quelques jeunes qui se trouvaient au pied de l'immeuble n'avaient pas ce genre de comportements de piraterie et que, si petite délinquance il y avait, elle ne s'exerçait pas vingt-quatre heures sur vingt-quatre, en tous temps et en tous lieux. Sa voiture garée dans une rue du centre de Paris courait autant de risques de se faire dévaliser que dans la cité du Vert-Pré. Cette réaction, venant d'une

23

personne pourtant avertie des questions sociales, m'a parue plus éclairante que de longs discours sur l'exclusion sociale. Elle m'a permis de comprendre la distance, pour ne pas dire le fossé, qui existe entre différentes catégories de populations, distance exprimée spontanément par d'autres personnes de mon entourage. J'avais beau expliquer que, non, je n'avais pas peur, que si, quand je leur disais bonjour, les jeunes me répondaient, et poliment par dessus le marché ; que non, jamais je ne m'étais faite agresser ou voler mon sac à main ; que si, même les toxicomanes adeptes de l'héroïne acceptaient de me parler ; que oui, leurs parents me recevaient la plupart du temps cordialement ; bref, que dans ces *quartiers-là*, habitaient des gens sujets peu ou prou aux mêmes émotions que tout un chacun, dotés de sentiments, de valeurs, et d'une énergie remarquable pour survivre au milieu de tous les pétrins de leur vie quotidienne et des chausse-trapes que leur tendait leur propre rapport au monde... Je sentais bien qu'une certaine incompréhension accueillait mes propos.

J'ai eu souvent l'impression de revenir d'une terre aussi lointaine que l'Amazonie de Descola, l'Ile de Pâques d'Alfred Métraux, ou le Maroc profond de Paul Rabinow et d'en livrer des morceaux choisis à des personnes qui vivent si près et si loin de ces jeunes Arabes croisés pourtant tous les jours dans la ville.

Loin de pouvoir transmettre l'universalité des questionnements des adolescents marginaux et de leurs familles, je lisais dans les yeux ronds de mes interlocuteurs le même type de réactions que celles décrites par des ethnologues revenus de pays lointains : au mieux, on me prenait pour une personne exceptionnellement courageuse, au pire, pour une pauvre inconsciente qui allait payer tôt ou tard le prix de ses extravagances.

Les réactions de mes comparses aux séminaires de recherche que je fréquentais au cours de la préparation de ma thèse témoignaient d'une distance similaire : j'y intervenais parmi des chercheurs récemment revenus du Brésil, où ils étudiaient des rites du candomblé, ou des étudiants qui travaillaient sur l'organisation sociale de villages africains. Les chercheurs qui assistaient au séminaire posaient les

Questions de méthode

mêmes questions aux uns et aux autres, sur l'approche du milieu, les difficultés liées aux conditions d'enquête et, si l'effarement provoqué par mon objet d'étude était bien moindre que dans un milieu de profanes, mon impression de revenir d'un continent beaucoup plus lointain que nos banlieues accessibles par le RER ou l'autoroute persistait, ainsi que la représentation, exprimée de manière plus diffuse, d'insécurité liée à une étude approfondie dans des grands ensembles regroupant diverses populations d'origine étrangère et de condition modeste.

VI - Dépasser ses propres affects, ou quand les ethnologues font ce qu'ils peuvent

J'ai été aidée dans mon effort de distanciation par rapport à mes émotions par les travaux de chercheurs en anthropologie qui ont été confrontés à la comparaison implicite et quelquefois inconsciente entre leur propre conception du monde, leur propre système de valeurs, et celui des groupes qu'il se proposaient d'étudier.

Margaret Mead le souligne au sujet de l'un de ses terrains de recherche : *Je détestais la culture Mundugumor, ses rivalités agressives, sa haine des enfants*[7]. La publication des carnets de voyage d'Alfred Métraux, de nombreuses années après sa mort, a donné lieu à controverses car elle montrait du grand ethnologue une image fort éloignée du scientifique infatigable et rigoureux qui était la sienne. Elle est à mon sens riche d'enseignements et plutôt rassurante, car elle montre, comme d'autres journaux de recherche cités ici, la somme de difficultés et d'efforts que doivent fournir les chercheurs pour mener à bien leurs études. Ces difficultés, liées aux émotions, aux sentiments de rage, de révolte, de sympathie, d'attirance sont le lot de tous les anthropologues, quel que soit le milieu dans lequel ils sont plongés. Elles constituent une bonne part de la méthodologie employée pour avoir accès aux données et confortent les débutants dans une modestie avouée par les plus érudits et reconnus des ethnologues.

---

[7] Mead 1977, 202.

VII - Quand la *persona* vole en éclats

Cependant je n'échappais pas à des moments d'exaspération, de révolte ou de compassion provoqués par des actes commis par les jeunes, en contradiction complète avec ma propre éthique, ou, tout simplement par leur comportement adolescent. Ainsi je ressentis une violente indignation lorque j'appris qu'un jeune avait séquestré et violé une jeune femme pendant une nuit entière.

La réaction de ses camarades rajouta à ma révolte : de l'avis général, cette fille (que personne ne connaissait) était une *traînée*, elle l'avait accusé à tort et il s'agirait de prouver que c'était une prostituée. Je me sentais atteinte en tant que femme par ces jugements, courants en cas de viol, transformant la victime en coupable.

Je m'étais située à cette occasion comme une personne au milieu d'autres personnes, et non comme une chercheuse étudiant un groupe donné et ses réactions à l'occasion d'un viol. Une véritable démarche de réflexion avait été nécessaire pour me permettre d'objectiver la situation.

Une chose est de savoir que les jeunes de bande ont un mode de vie non scandé clairement par le lever et le coucher du soleil, autre chose est de vivre ce décalage d'avec la norme dominante en même temps qu'eux. C'est là certes une occasion de constater que les repères horaires sont dilués car non rythmés par une activité scolaire ou professionnelle, c'est aussi le moment d'avoir des discussions passionnantes où, à trois heures du matin, se disent des choses rajoutant en finesse et en richesse au matériau recueilli classiquement de jour. C'est aussi l'occasion de vérifier que les injonctions d'un adulte extérieur au groupe (fût-il estimé) à respecter le sommeil d'autrui ne sont pas suivies d'effet par la bande, qui réifie le monde extérieur et ne peut envisager qu'elle gêne autrui, ou, si elle l'envisage, ne s'en inquiète pas le moins du monde.

Toujours est-il qu'au bout de plusieurs années d'activité auprès des jeunes, ayant largement entamé la recherche universitaire qui allait mener à ma thèse, j'avais certaines fois le plus grand mal à me considérer comme occupant la place privilégiée d'une observatrice amenée à connaître de l'intérieur la vie secrète d'une bande de jeunes,

Questions de méthode

ce qui me permettrait d'ajouter à la somme des connaissances sur le sujet la nouveauté d'un regard unique et certainement novateur.

Au cours d'un séjour en province, une nuit, lorsqu'à quatre heures du matin, à côté de moi, les jeunes continuaient à discuter alors que je leur avais demandé sur tous les tons de se taire et d'au moins me laisser dormir, si eux-mêmes n'en avaient pas envie, j'avais tout simplement sommeil. Je savais en outre que ces adolescents vigoureux pouvaient fort bien dormir trois heures et se lever ensuite, prêts à entamer une nouvelle journée. Ils pourraient s'assoupir une heure dans le camion que je conduirais, luttant contre la fatigue qui brûle les yeux et entoure le crâne d'un cercle de fer.

Rabinow, au cours d'une étude ethnologique au Maroc, s'est trouvé lui aussi envahi d'émotions contradictoires. Ce dilemme le conduit à définir la position du chercheur sur le terrain comme celle de la *persona* : *Il vous fallait complètement dépouiller votre propre éthique, récuser votre code de conduite et conception du monde (...) et, avec sympathie et précision, consigner les faits*[8].

C'est ce que je ne fis pas cette nuit là. Abandonnant du même coup ma *persona* d'éducatrice (courtoise mais ferme, subtil mélange d'autorité morale et de protection maternante) et ma *persona* d'ethnologue (attentive aux sujets abordés, à la place des corps dans l'espace, notant sans en avoir l'air les infimes détails qui font le sel d'une observation rigoureuse), je piquai une colère dévastatrice qui eut pour effet immédiat de faire taire tout le monde et de me permettre de dormir (enfin !). Elle eut aussi pour effet second de me faire descendre d'un cran dans l'estime des jeunes (*qu'est ce qu'elle a, elle fait une crise de nerfs*) et bien sûr, fut suivie d'un intense sentiment de culpabilité (*je suis nulle, je leur ai montré l'image habituelle de l'adulte qui règle les problèmes en hurlant, je n'ai aucune distance avec le terrain*, etc).

J'avais oublié simplement de mesurer mes propres limites, et je me rendis compte qu'à se mettre dans des situations périlleuses pour soi-même, on se met du même coup hors d'état de recueillir des données un tant soit peu

---

[8] Rabinow, 1977, 52.

fiables, et on peut aussi compromettre ses relations avec le terrain.

VIII - De l'attitude naturelle à la connaissance objective

Dans tous les cas, il s'agit bien de dépasser l'*attitude naturelle* selon Schutz[9]. L'empathie est certes nécessaire à la compréhension du comportement d'autrui, mais une fois celle-ci réalisée, le chercheur n'a pas atteint pour autant une position scientifique. Tout au plus peut-il appréhender le contexte et l'enchaînement de situations qui ont conduit l'autre à jouer un certain rôle dans les interactions sociales, sans qu'il en ait forcément conscience. Mais le chercheur n'appréhendera ainsi que la manière dont il se représente l'autre, et la manière dont l'autre se représente lui-même.

Deux subjectivités seront ainsi mises en interaction, sans qu'une étude scientifique des phénomènes sociaux observés ne soit possible. La rencontre de deux empirismes ne crée pas les conditions d'une analyse rigoureuse.

Je suis partie de la distance de Durkheim par rapport aux faits sociaux : *Il faut les étudier comme des choses extérieures ; car c'est en cette qualité qu'ils se présentent à nous*[10].

Positionner les faits sociaux comme tels, objets d'une analyse objective, et se détacher de sa position personnelle et affective au sein d'un groupe, permet de prendre le recul scientifique lié à l'élaboration d'une problématique et d'hypothèses. Pour Bourdieu, cette élaboration s'accompagne de *tout l'équipement scientifique...*[11]. Cet *équipement scientifique* qui permet la prise de distance, sur laquelle il m'a fallu particulièrement réfléchir étant donné la spécificité de mon engagement professionnel premier auprès des jeunes.

---

[9] Schutz, 1987, 105.
[10] Durkheim, 1990 (réédition), 28.
[11] Bourdieu, 1984, 84-85.

IX - De l'humour au respect

Nigel Barley a choisi le mode de l'humour dans son journal de recherche pour exprimer les multiples aspects du décalage entre l'ethnologue et son terrain. Il décrit avec recul les chocs culturels rencontrés à son arrivée au Cameroun et au cours de son étude auprès de l'ethnie Dowayo. Il applique d'ailleurs ce même recul humoristique à sa propre culture et aux anthropologues occidentaux. Tout lui est étranger et au delà de l'anecdote qui provoque le sourire du lecteur, on mesure les difficultés liées à une enquête longue et solitaire dont les conditions font violence à la personne et aux habitudes culturelles du chercheur[12].

J'ai pu atteindre, au maximum de mes possibilités, ce respect des valeurs du groupe, pour étrangères qu'elles fussent à ma propre éthique, par le même moyen que Nigel Barley : un humour que je partageais (lorsque les situations s'y prêtaient) avec mon collègue direct et qui me permettait régulièrement de descendre de mon piédestal d'ethnologue en herbe examinant à la loupe les mœurs étranges d'une tribu d'anges noirs modernes. Je m'assurais ainsi des soupapes de sécurité qui me permettaient de relativiser mes *découvertes* et d'éviter de me laisser *avaler* par ce milieu d'adolescents marginaux, fascinant et dérisoire à la fois.

X - Les précautions de la distance

Contrairement aux ethnologues contraints par leur objet d'étude à une immersion quasi-complète dans le milieu observé, je n'étais pas plongée en permanence au sein du groupe des jeunes dont j'étudiais les comportements. Je les voyais en journée, en soirée, souvent le week-end, je partais en sortie avec eux plusieurs jours de suite, mais je disposais d'une habitation privée où ils ne venaient jamais et où je menais à ma guise une vie personnelle différente de la leur. Je pouvais ainsi revêtir le masque de la *persona*, qui prenait le pas sur la personne privée.

---

[12] Barley, 1992, 96.

XI - Le journal de bord

J'ai utilisé la méthode du journal de bord sur les deux quartiers où j'ai mené ce travail de recherche. J'y ai consigné les émotions, les moments de lassitude, de doute, également d'enthousiasme que j'ai ressentis au long de ces années. J'ai pu également échanger avec l'éducateur avec qui je travaillais, des émotions telles que je les décris ici ; si elles n'avaient pas trouvé un mode d'expression, elles auraient lourdement parasité la qualité scientifique que je m'efforce d'atteindre.

Quoi qu'il en soit, il me semble fondamental de dire ou d'écrire ces affects de la manière qui convient le mieux à chacun. Ce travail fait partie de la méthodologie de recherche.

XII - Le rôle social de l'ethnologue : limites et ambiguïtés

Il semble que l'intention exprimée par les populations étudiées de placer l'ethnologue dans un rôle *utile* et reconnaissable corresponde à un besoin de légitimer sa présence sur un mode moins menaçant que celui de l'observateur qui va se saisir d'informations et en faire un usage qui reste flou, quelles que soient les explications fournies.

D'autre part, les membres du groupe étudié chercheront quel intérêt ils pourront retirer de la présence de l'ethnologue. En effet, celui-ci se présente avec une demande et doit apporter dans l'échange avec les enquêtés les termes d'une transaction. Barley et Rabinow payent des informateurs, louent ou font construire des huttes et donc apportent des revenus supplémentaires à la communauté qui les accueille[13].

D'autre part le chercheur est partie prenante du terrain, il provoque des réactions au sein de la population étudiée. Loin de les minimiser, l'étude de l'impact de sa présence sera une donnée de la recherche elle-même, et le recueil de données devra être relativisé en fonction de la place que prend le chercheur dans la recherche elle-même.

---

[13] Barley, 1992, 84.

XIII - L'effet direct de la recherche sur les enquêtés

J'ai expliqué aux jeunes de la bande de la Source, lors de la première phase de la recherche, que je pourrais utiliser leurs propos lors d'un travail universitaire. Je leur détaillai les garanties d'anonymat dont ils bénéficiaient dans le cadre de ce travail. Ils se montrèrent surpris et flattés de constituer un objet d'étude pour quelqu'un qui *était à l'Université*. Habitués à porter l'image sociale dévalorisante de jeunes marginaux, inutiles au monde, voilà que quelqu'un venait leur dire que leur parole avait une valeur en tant que telle ! Certains traduisirent cette valorisation par *Maryse va écrire un livre sur nous* ; d'autres souhaitaient même que leurs vrais noms soient cités (*Moi je n'ai rien à cacher*). Le fait même de participer à un travail de recherche avait un effet revalorisant. Comme je prenais des photos lors d'un anniversaire d'enfant, Sofia, qui fut l'une de mes informatrices sur la vie de la bande, me dit avec un sourire : *Je ne sais pas pourquoi tu prends toutes ces photos, peut-être pour montrer que des mères toxicomanes, c'est aussi ça, qu'on peut être bien, quoi, avec nos enfants...*[14]. En l'écoutant, je repensai à cette citation de Jean Hurstel : *Il faut... dédramatiser cette existence, en raconter les multiples contours, rites secrets, langage codé, fêtes cachées*[15].

Lorsque, dans la deuxième phase de ce travail, j'ai rencontré des jeunes de bande en tant que chercheuse, j'ai pu constater que le même travail de valorisation s'opérait pour eux lors des entretiens. La prise de parole, la mise en forme par le discours de leurs expériences, de leurs sensations, leur permettaient de structurer leur pensée et certains s'étonnaient d'avoir tant de choses à dire alors qu'ils pensaient leur expérience inintéressante pour autrui et non chargée d'enseignements pour eux-mêmes. En mettant en mots leur vécu, ils donnaient sens à des trajectoires de vie sur lesquelles ils réfléchissaient souvent pour la première fois à l'occasion des entretiens[16].

---

[14] Esterle, 1990a, 273.
[15] Hurstel, 1984, 112.
[16] Bourdieu, 1992b, 915.

La bande, le risque et l'accident

De la même manière que Rabinow, et encore moins que sur mon premier terrain, je ne pouvais leur trouver un travail ou améliorer leurs conditions de vie. L'intérêt de la recherche se situait donc pour ces jeunes dans l'image qu'ils retiraient d'eux-mêmes en tant qu'interviewés et dans la réflexion critique qu'ils opéraient sur leur vie.

XIV - Les personnes relais

Les informateurs sont fondamentaux pour la bonne marche d'une recherche de terrain. Selon Rabinow, l'informateur est une sorte de personne relais entre le chercheur et le terrain. Un bon informateur doit selon lui posséder *l'aptitude imaginative à objectiver les éléments de sa propre culture à l'usage d'un étranger, de façon à la présenter sous différents angles*[17].

De bonnes relations avec l'informateur sont indispensables à la réussite de la recherche, lorsque le chercheur arrive sur un terrain sans le connaître en préalable.

Claire Calogirou, arrivant sur une ZAC[18] sans connaître les personnes qu'elle voulait rencontrer pour sa recherche, souligne les difficultés liées à l'absence d'informateur ou de personne relais lors de ses premières prises de contact : *Il fut donc décidé bilatéralement que le local m'était ouvert autant que je le désirais mais que jamais ils ne me présenteraient qui que ce soit ni ne m'aideraient en quoi que ce soit. A moi de me débrouiller. C'est en fait ce que je souhaitais. Je n'avais alors aucune idée de ce que cela représentait. Et ce contrat, je l'ai traîné comme un boulet, même après le renouvellement de l'équipe*[19]. Son travail de recherche a été ralenti par l'absence de compréhension des éducateurs qui, faute de trouver un intérêt à ces travaux, ont sans doute largement contribué par leur inertie au *climat d'indifférence-méfiance*[20] qui entoura longtemps la chercheuse.

---

[17] Rabinow, 1977, 89.
[18] Zone d'Aménagement Concerté.
[19] Calogirou, 1989, 13.
[20] Calogirou, 1989, 15.

Questions de méthode

Pour ma part, je peux dire que les jeunes ont été mes propres informateurs, répondant à mes questions sur des points intéressant ma recherche, et faisant par là même un travail d'objectivation par rapport à leur vécu, avec plus ou moins de bonheur selon les individus.

XV - L'observation participante : le cadre de la participation

La participation est un outil au service de l'observation. Ma trajectoire personnelle m'amena à être plus *participante* qu'observatrice au début de ma démarche de recherche. C'est cette qualité de participante qui me permit de rencontrer les jeunes de la bande, à un moment de leur vie où ils étaient prêts à *parler* : leur motivation à se prêter à une démarche de recherche recouvrait leur besoin de *faire le point*. Mais au fur et à mesure que le travail de recherche avançait et que se formalisait la préparation de mon DEA, je me rendais compte que la situation ambiguë du *chercheur acteur* devenait de plus en plus difficile à tenir : je devenais observatrice plus que *participante*. Je quittais d'ailleurs rapidement le quartier de la Source pour commencer une nouvelle recherche, cette fois ci avec le statut de "chercheuse".

Cependant par le travail de distanciation mentale et de constitution d'un corpus théorique fournissant un cadre d'analyse, j'ai pu mener à bien un travail de recherche tout en étant impliquée auprès des jeunes de la bande. En ce sens, je nuancerai la position de Schutz : quand bien même il tendrait au maximum à être un *observateur désintéressé*[21], le chercheur a de toutes façons des échanges avec les personnes qui constituent le *terrain* de recherche, et il travaille avec ces échanges, qui font partie de la méthodologie de la recherche.

La deuxième situation, où le chercheur se présente comme tel, est la plus confortable, parce que plus cohérente et claire par rapport au public étudié, et demandant une démarche méthodologique moins complexe. Il est certain cependant que mon expérience d'éducatrice de rue et mon

---

[21] Schutz, 1987, 271.

La bande, le risque et l'accident

habitude du contact informel avec les jeunes de milieu populaire m'auront permis un contact beaucoup plus aisé avec ceux que je devais rencontrer par la suite. Le respect des codes de conduite, la connaissance fine des us et coutumes m'auront permis une relation globalement exempte de maladresses et d'erreurs au regard de l'habitus du milieu considéré. La durée de ma présence auprès des jeunes a été légitimée par mon statut professionnel mais il est probable que si je m'étais présentée comme chercheuse aux jeunes de la bande, des relations d'échange et d'aide se seraient établies avec eux, telles qu'ont pu les décrire les ethnologues qui ont habité de plusieurs mois à plusieurs années au milieu des populations où ils faisaient leur recherche. Chacune des deux parties aurait ainsi trouvé un point d'équilibre dans la relation. De toutes façons, les termes de l'échange restent à négocier, quel que soit le statut socio-professionnel du chercheur.

Il reste que la clarté des positions respectives est toujours plus facile à vivre et à expliquer que l'ambiguïté d'une double position. Il est d'autre part plus simple de négocier l'échange avec les enquêtés à partir du statut de chercheur que de celui d'acteur faisant de surcroît une recherche. La marge de manœuvre du chercheur sera plus grande s'il n'est pas tenu à un rôle professionnel lui imposant des contraintes qui peuvent être contradictoires avec celles du chercheur : par exemple, la pratique de l'enregistrement se comprend et se défend dans le cadre d'une recherche beaucoup plus aisément que dans le cadre de l'activité d'un travailleur social, lorsque celle-ci double le travail de recherche.

J'ai donc combiné sur le premier terrain les prises de notes, le journal de bord, les entretiens informels et formels, dont certains ont pu être enregistrés et l'observation de très nombreux moments de vie quotidienne, où je jouais ou non un rôle particulier lié à ma fonction. Ces données directes ont été complétées par des documents écrits qui m'ont en particulier été utiles pour l'étude sociologique des quartiers (cf. en annexe I, la présentation des terrains).

Sur le deuxième terrain, j'ai réalisé des entretiens semi-directifs retranscrits et analysés, avec des séquences d'observation participante. J'ai été présente sur le premier

Questions de méthode

terrain plus longtemps et dans une relation plus familière avec les jeunes. Je dispose donc de notes plus fournies sur la Source que sur le Vert-Pré. Par contre, la méthode d'entretien de recherche formalisé comme tel a été plus souvent pratiquée sur le deuxième terrain que sur le premier. Pour mener ces entretiens, je me suis adaptée aux situations et au mode de vie des jeunes. Ainsi des rendez-vous ont-ils été reportés plusieurs fois ou relayés par des appels téléphoniques quelques heures avant. J'ai aussi saisi des occasions d'échanges hors d'une situation classique d'entretien formalisé, lorsque je sentais mon interlocuteur prêt à parler.

La question de la distance du chercheur par rapport à son terrain est plus fonction de la distanciation mentale qu'il aura pu opérer avec l'objet de sa recherche que de la position qu'il occupera. Quelque soit le positionnement affiché du chercheur, il lui faudra négocier une relation dans un système d'échanges, réel ou symbolique, avec les personnes qui constituent son terrain. Il devra de même, dans tous les cas, passer de l'attitude naturelle du sens commun à la connaissance objective, tout en s'inscrivant dans le système d'échanges avec le terrain. C'est ce que je me suis efforcée de faire tout au long de cette recherche, en adaptant la méthodologie aux contraintes objectives et aux situations rencontrées.

Cette démarche méthodologique me semble d'autant plus importante que j'étudie des groupes de jeunes fluctuants dont le fonctionnement évolue rapidement et n'est plus ce qu'il était au début de ce travail. La méthode ethnographique, dans sa souplesse, est sans nul doute la plus appropriée pour étudier des groupes de jeunes tels que les bandes de milieu populaire. Elle implique d'ailleurs pour être opérante un engagement personnel très important. La souplesse des méthodes de recueil de données sera pour une grande part dans la qualité scientifique de la démonstration que j'ai entreprise, conjointement avec la constitution du corpus théorique.

QU'EST-CE QU'UNE BANDE ?

Délimitation de l'objet

Rares sont les expressions chargées d'autant d'imaginaire que celle de *bande de jeunes*. Un avatar de cette crainte que les jeunes en groupe ont toujours inspirée se retrouve aujourd'hui dans le débat entre chercheurs, dont le flou conceptuel n'a d'égal que l'absence d'études récentes de terrain. Les bandes de jeunes semblent être un objet qui échappe à la rigueur des définitions, tout au moins en ce qui concerne les travaux des vingt dernières années.

Il m'a donc fallu revenir aux sources d'apports théoriques de base, étudier les représentations médiatiques comme un objet en tant que tel, avant d'en arriver à l'étude des bandes elles-mêmes, en tant qu'objet sociologique.

Nous partirons de l'histoire du mot, des représentations qui entourent cette forme d'organisation juvénile, avant de la différencier d'autres groupes de jeunes.

I - Histoire du mot

Le mot bande vient de *l'italien banda issu lui-même d'un mot germanique (bandwa) signifiant "étendard"*[1]. La bannière est elle-même *l'enseigne du seigneur à la guerre et par extension les vassaux rangés sous cette enseigne (...) signe de ralliement, parti sous lequel on se range*[2]. Les porteurs de bannière s'appelaient les *bannerets*.

Si nous remontons plus loin encore, nous trouvons le mot *ban* : *ensemble des feudataires tenus envers le roi ou le seigneur au service militaire (...) La bannière est l'enseigne du ban*[3]. Etre en rupture de ban, c'est avoir rompu avec les contraintes imposées par un milieu. Le mot *contrebande*, qui signifie l'introduction en fraude de marchandises prohibées ou taxées ordinairement par l'Etat, vient du mot italien *contrabbando*, qui signifie *contre le ban*. L'étymologie du

---

[1] Dictionnaire Robert, 1965, 405.
[2] Cardini *in* Le Goff, 1989, 122.
[3] Larousse, 1982, 1026.

mot *bande* renvoie donc à la notion de groupe pourvu d'un *leader* et arborant un signe distinctif qui le représente et le différencie des autres. Alors qu'au début de son histoire ce mot renvoyait à un groupe légalement organisé dans le cadre du système social officiel, peu à peu, la bande est devenue un groupe considéré comme marginal et dangereux. Le mot bande lui-même désignait *un groupe d'hommes rangés sous une même bannière, un même chef*[4].

Aujourd'hui, les dictionnaires donnent au mot bande diverses définitions : soit un *groupe de gens ayant en commun certaines affinités ou certaines activités*[5] mais aussi un groupe dont le but est de se livrer à des actes délictueux : *groupe de personnes poursuivant des fins subversives ou criminelles : faire partie d'une bande de malfaiteurs*[6].

En fait le terme même de bande, par son association avec certains mots (brigands, voleurs...) prend une acception péjorative impliquant l'idée de délinquance et de dangerosité : *petit groupe qui vit en marge de la société : en particulier, association de malfaiteurs organisée à des fins criminelles : être de la bande de quelqu'un*[7]. On trouve même le mot *bande* sous forme d'injure : *populaire. Bande de, terme d'injure : bande de voyous !*[8].

Par ailleurs le fait d'agir en bande est une circonstance aggravante d'après le droit pénal : *la constitution de bandes armées est un crime puni de la réclusion perpétuelle et qui était dans certains cas puni de la peine de mort avant son abolition*[9]. De même les personnes convaincues d'associations de malfaiteurs encourent des peines beaucoup plus lourdes que celles qui ont agi seules.

Le terme de bande est aussi utilisé pour désigner des animaux : *groupes d'animaux vivant d'habitude ensemble :*

---

[4] Dict. Robert, 1965, 404.
[5] Larousse, 1982, 1020.
[6] Larousse, 1982, 1020.
[7] Larousse de la Langue Française, 1987, 369.
[8] Larousse de la Langue Française, 1987, 369.
[9] Larousse, 1982, 1020.

Qu'est-ce qu'une bande ?

les loups vont en bande l'hiver[10]. Le nom de *loubard* souvent accolé aux jeunes de bandes vient sans doute du *louvard, petit du loup*[11].

Par extension, le bandit est *un individu qui se livre seul ou en bande à des attaques à main armée ; personne qui agit avec malhonnêteté, cruauté ou contrairement à la morale*[12]. Quant au Larousse Universel, il définit le bandit comme un *individu en révolte ouverte contre les lois et qui vit d'attaques à main armée*[13].

En nous en tenant aux seules définitions du dictionnaire, nous voyons à quel point la dangerosité pointe ses représentations autour du mot.

1 - Les jeunes, classe dangereuse

L'étude précise et exhaustive des regroupements juvéniles à travers l'histoire ferait à elle seule l'objet d'un ouvrage particulier. Nous citerons au long de l'ouvrage plusieurs bandes connues (Les Apaches ou les blousons noirs par exemple) sans développer plus avant l'histoire des bandes de jeunes.

Jusqu'au XIXème siècle, les bandes qui supportaient le plus l'opprobre sociale étaient celles formées de jeunes errants, dans l'opposition, qui remonte au Moyen-Age, entre le centre et la périphérie, le dedans et le dehors, le natif et l'étranger. Ces errants étaient censés envahir les communautés constituées, comme des *barbares*, et le terme de *nomade* a longtemps résonné comme une insulte à l'encontre de ceux qui, contraints ou volontaires, quelquefois dans un mélange complexe et ambivalent des deux situations, se trouvaient dans la marginalité sociale.

Au XIXème siècle l'ensemble de la jeunesse est l'objet d'une surveillance constante de la part de la société adulte, avec comme corollaire la réduction considérable de ses fonctions sociales antérieures. Selon Michèle Perrot, le

---

[10] Larousse, 1987, 369.
[11] *Dictionnaire analogique et alphabétique de la langue française*, 1959, 317.
[12] Littré, 432-433.
[13] Larousse 1922, 196.

39

XIXème siècle se méfiera de sa jeunesse[14]. Elle perd peu à peu sa place dans les rites collectifs et des institutions couvrant tout le territoire se chargent de l'organisation des rites de passage : service militaire pour les garçons, entrée dans les établissements scolaires ou les ateliers.

Michèle Perrot attribue trois raisons fondamentales à ce changement d'optique et à l'encadrement de la jeunesse : l'avancée de la biologie et des connaissances sur la crise pubertaire, vécue comme dangereuse et non maîtrisable, à travers le bouillonnement sexuel en particulier, le développement de la figure du *jeune délinquant* prédisposé aux fugues, insaisissable, et l'impact de la Révolution française, *révolution de la jeunesse*, renforcé par celui des journées de 1830, 1848 et de la Commune de Paris, qui visent à remettre en cause directement l'ordre établi. Les craintes des possédants se focaliseront sur la jeunesse, expression bouillonnante des revendications de changement, d'autant plus lorsqu'elle s'organise collectivement[15].

Dans ce contexte, les jeunes en groupe non organisés par les adultes suscitent l'inquiétude des adultes et des possédants[16]. La fugue des jeunes devient, pour les premiers criminologues, symptôme du danger symbolisé par la jeunesse. L'adolescent fait des *fugues, analogues à celles des hystériques et des épileptiques, incapable de résister à l'impulsion des voyages*[17]. Les possédants de l'époque fustigent d'ailleurs les errants considérés comme une *multitude de vagabonds dont on ne peut saisir ni le domicile, ni la famille (...) c'est cette multitude que la loi a pour but d'éloigner*[18].

La peur de l'errant rejoint d'ailleurs celle de l'étranger, qui prend la figure du provincial au XIXème siècle. Paris et les grandes villes accueillent en effet des milliers de provinciaux issus du milieu rural, porteurs de cultures

---

[14] Grinberg, Perrot, Birraux, Tassel, Gutton, 1989, 160.
[15] Perrot, 1986, 22, 26.
[16] Perrot, 1986, 26.
[17] Duprat, 1909, cité par Perrot, 1986, 160.
[18] Thiers, cité par Chevalier, 1979, 602.

Qu'est-ce qu'une bande ?

régionales distinctes, souvent confondus dans les textes de l'époque avec les mendiants du siècle passé.

2 - Les bandes au vingtième siècle

La croissance de la population, en particulier dans les milieux pauvres, l'impossibilité pour nombre de familles de milieu populaire de subvenir aux besoins de leurs enfants, entraîne le développement de groupes d'enfants errants qui vont chercher dans les villes des moyens de subsistance. D'autre part les jeunes garçons habitant les quartiers se regroupent en bandes qui se livrent à de véritables batailles rangées[19]. Les conditions sont réunies au début du XXème siècle pour que les bandes de jeunes de milieu populaire servent régulièrement d'épouvantail à une société qui n'en finit pas de créer des personnages terrifiants (l'*Apache*, le *Blouson noir*, le *Zoulou*...) pour exorciser ses propres angoisses.

Le phénomène sera d'autant plus difficile à analyser qu'il sera brouillé par des représentations médiatiques qui deviendront de plus en plus puissantes. Les communications par voie de radio, de télévision, du téléphone bouleverseront le système d'information et sembleront mettre le monde à portée de main, ou de voix, de tous. Le vingtième siècle sera celui de la médiatisation des évènements et cette médiatisation servira de caisse de résonnance, entre autres, aux bandes de jeunes.

Ce siècle sera celui du développement sans précédent des transports : chemins de fer, avions, et bien sûr voitures particulières et deux roues. Ces derniers seront un support supplémentaire aux *valeurs viriles* des bandes, provoqueront des changements dans leur perception de l'espace, du territoire, de la mobilité, tout en renforçant la représentation des invasions toujours possibles, par le biais des *virées*.

La prise de risque, fondamentale à l'adolescence, trouvera dans la symbolique attachée à ces nouveaux moyens de transport semi-individuels et dans leur utilisation un champ d'expérimentation dont nous étudierons l'importance dans la troisième partie de cet ouvrage.

---

[19] Pierrard, 1987, 121-122 ; Vallès, 1969 (rééd., 838-839).

3 - *Apaches* et *blousons noirs* : du mythe à la réalité

Depuis le début du vingtième siècle, lorsque l'on parle de bandes de jeunes, se dégagent des personnages : les *Apaches*, les *Blousons noirs*, les *Zoulous*... Les noms de ces personnages de bandes leur ont été attribués par des journalistes, et le phénomène fut d'ailleurs largement amplifié par la presse.

Il en fut ainsi des *Apaches*, groupes d'adolescents issus du milieu ouvrier, qui furent une figure emblématique de l'insécurité urbaine au début du siècle[20]. L'exploitation du phénomène *Apache* coïncide avec la consolidation du thème de la ville comme lieu privilégié de l'insécurité. A cette occasion sont posés tous les paramètres qui vont faire des jeunes de bande de milieu populaire les archétypes du danger en milieu urbain[21].

Les *Apaches* défendent leur territoire, dont ils sortent pour de régulières incursions au centre ville[22]. Ils investissent particulièrement les fortifications de Paris. Les *fortifs* sont devenues rapidement des lieux de promenade dominicale pour les ouvriers et une zone d'habitations de fortune pour la population misérable de Paris ainsi que les tsiganes et les *Apaches*. Toute une mythologie de l'insécurité se développera autour de cette *zone* peuplée de marginaux divers et faiblement contrôlée par les autorités.

Les *Apaches* sont aussi les premiers à se servir de voitures, symboles de la condition bourgeoise en ce début de siècle, dont l'utilisation va permettre des déplacements nombreux et occasionner une relation différente avec les forces de répression : *Le voilà tout prêt à sauter dans une automobile, rêve le plus souvent inaccessible et à l'origine de bien des braquages. Notons, au passage, que l'apparition de l'automobile change les conditions du cambriolage, plus fréquemment effectué par des jeunes gens motorisés : on ne*

---

[20] Kalifa, 1993, 110.
[21] - Kalifa, 1993, 110.
[22] Perrot, 1978, 392.

Qu'est-ce qu'une bande ?

peut plus attraper le voleur, soudain doté de vitesses supérieures. (...) L'univers de l'Apache, c'est celui de la bagnole, puissant stimulant de nouvelles formes de consommation[23]. Nous aurons l'occasion de revenir sur ce point important dans un chapitre ultérieur.

De fait les *Apaches* étaient des jeunes promis à un avenir ouvrier, qui de par leur comportement refusaient l'entrée à l'usine et le mode de vie correspondant. Michèle Perrot compare cette période de leur adolescence à un rite de passage appelé à cesser rapidement[24].

La deuxième partie du vingtième siècle confirme l'amorce déjà observée d'un changement d'attitude envers la jeunesse déviante : il ne s'agit plus seulement de la canaliser, voire de la réprimer dans ses manifestations vécues comme dangereuses pour l'ordre établi, il s'agit aussi de l'éduquer, d'en faire le fer de lance de la reconstruction du pays après la Deuxième Guerre mondiale.

Les travailleurs sociaux s'intéresseront désormais au phénomène des bandes de jeunes, et développeront des stratégies d'approche de ces groupes qui seront l'objet de leur sollicitude éducative. Les apports progressifs de la psychologie et des sciences sociales infléchiront le discours en direction des jeunes de bandes de milieu populaire.

Les blousons noirs

Les blousons noirs, jeunes eux aussi issus du milieu ouvrier, connurent un succès médiatique considérable qui dépassa la période historique de leur existence (fin des années 1950, début des années 1960) et brouille quelque peu les tentatives d'analyse objective du phénomène. Un certain romantisme dans l'analyse journalistique assimile à une révolte ce que Françoise Tétard préfère appeler un *phénomène qui désigne l'interaction entre la propension des jeunes à engager entre eux une sociabilité particulière, et les réactions de la société adulte face à cette situation*[25].

---

[23] Perrot, 1978, 391-392.
[24] Perrot, 1978, 391.
[25] Tétard, 1988, 212.

La bande, le risque et l'accident

De fait, les blousons noirs, et leurs corollaires bourgeois, les blousons dorés, symboliseront l'inquiétude de la société face à une jeunesse qui apparaît comme une entité indépendante du monde adulte et dotée d'attributs culturels particuliers : musique (le rock), vêtements, mobylettes... La frayeur causée par les bandes de blousons noirs des années 1950-1960 préfigure celle occasionnée par l'explosion de l'ensemble de la jeunesse en mai 1968.

Le personnage emblématique de la jeunesse des années 1970 est plutôt l'étudiant gauchiste ou le hippie, organisé soit dans des groupes politiques, soit dans des communautés.

Aujourd'hui, au début des années 1990, les bandes de jeunes que l'on rencontre dans les banlieues de nos grandes villes, constituées en grande partie de jeunes issus de l'immigration, défendent ces quartiers excentrés avec vigueur, comme étant *leurs* quartiers. Elles s'en veulent les gardiennes tout en étant en partie rejetées par les habitants mêmes de ces quartiers. Elles devront se constituer une identité en opposition avec le reste de la société tout en empruntant à celle-ci une partie de ses valeurs.

II - Le traitement médiatique des bandes de jeunes

La peur liée au développement réel ou supposé de bandes de jeunes est reflétée et alimentée par une longue tradition journalistique qui a pu *créer l'évènement*. Ainsi en est-il des Apaches : alors que Paris était loin d'être sous l'influence malfaisante de bandes de rôdeurs armés, le déclenchement de la campagne d'opinion contre eux traduisit plutôt l'inquiétude collective devant une mutation sociale incertaine et les menaces de guerre mondiale[26].

Nous retrouvons ces craintes aujourd'hui, résumées par François Dubet : *l'acteur des classes dangereuses est un garçon de vingt ans, sans qualification ou ayant décroché,*

---

[26] Dauzat, 1938, 133.

Qu'est-ce qu'une bande ?

souvent au chômage, souvent immigré et vivant dans les grandes cités de banlieue[27].

Voilà le portrait type d'un jeune de l'un ou l'autre quartier objets de notre étude de terrain. Il sera considéré comme incontrôlable, donc dangereux, car ne s'intégrant dans aucun des circuits habituels de la société : travail, étude, famille. Son origine étrangère renforcera le stigmate dont il sera l'objet.

Les faits et gestes de ce *jeune type* seront donc considérés comme découlant de sa triple condition de jeune, oisif et issu de l'immigration. Ne seront retenus de son mode de vie que les aspects qui peuvent troubler l'ordre social, en particulier la délinquance et les conduites de risque. La formation de ces jeunes en bandes sera un des aspects supplémentaires de la *dangerosité* des jeunes de banlieue, tous réunis dans l'opacité des mêmes préjugés.

Il n'est que de rappeler un certain nombre de d'articles de presse au début des années 1990 concernant les multiples incidents ou émeutes qui émaillèrent la chronique journalistique : Banlieues : *la guerre des bandes fait un mort* (*Libération* du 1er août 1990), *Les zulus sont parmi nous, faut-il avoir peur des bandes ?* (*Le Nouvel Observateur* du 9 août 1990), *Voyage dans les cités barbares* (*Le Figaro* du 27 novembre 1990). Ces titres choisis parmi des centaines illustrent les trois grandes peurs de notre fin de siècle concernant les jeunes : l'envahissement par l'étranger (*les zulus sont parmi nous*), le glissement vers un modèle de gangs comme ceux que l'on connaît à Los Angeles (*la guerre des bandes fait un mort*), et la représentation des cités de banlieues populaires comme des mondes menaçants où les valeurs dominantes ne s'appliquent plus (*les cités barbares*).

Le comportement des jeunes s'apparente dans certains articles à celui d'animaux : *Bande. Un groupe compact, hostile, agressif, dirigé contre l'extérieur, jeunes : imprévisibles, brutaux, incontrôlables. Bandes de jeunes. L'horreur. La vision d'un monde dépravé, galvaudant son avenir, prêt à mordre. Vieille histoire*[28].

---

[27] Dubet, 1987, 158.
[28] Askolovitch, 1992, 64.

La bande, le risque et l'accident

Plus récemment, un numéro du *Parisien Libéré* daté du 8 mars 1996 titrait *la violence est entrée dans Paris*. Dans l'article en page centrale, intitulé *la violence urbaine rattrape la capitale*, on peut lire : *Deux phénomènes inquiètent particulièrement les pouvoirs publics : celui de la violence scolaire (voir ci-dessous) et le développement des bandes dans certains arrondissements (voir infographie)*[29]. L'infographie en question est la *carte des points sensibles*, localisés dans les arrondissements du Sud et de l'Ouest de Paris et symbolisés par des dessins de jeunes aux bras patibulairement croisés.

D'autre part, la force médiatique des images fait prendre pour *argent comptant* des commentaires journalistiques ou des reportages quelquefois fabriqués de toutes pièces. Certains journalistes ont eux-mêmes dénoncé la recherche du sensationnel : *Notre âge du tout-médiatique a poussé jusqu'à l'extrême la logique du spectacle des groupes de jeunes. On a vu des journalistes provoquer des bagarres, des équipes télé mettre de l'huile sur le feu - la Cinq fut impliquée dans une trouble affaire de bagarre entre un groupe de skinheads et un jeune Noir. Effrayant, mais pas nouveau. Dans les années 1980, des photographes faisaient de la mise en scène sur les "rodéos" de voitures volées dans la banlieue lyonnaise. Et dès les années 1960, on voyait des photographes "bidonner" des documents chocs sur les affrontements des blousons noirs !*[30].

Le réel et l'imaginaire se mêlent puissamment pour mettre en place des représentations qui prennent force de vérité : *Quand on voit ce qui se passe à la télé...* me disait un jeune en faisant allusion à l'insécurité et au vandalisme, traduisant ainsi une vision du monde par écran interposé. Pour lui, comme pour beaucoup de citoyens qui sont quasiment tous téléspectateurs, la *télé* est autant le reflet du monde qu'un monde elle-même ; les évènements passent *par* la télévision et souvent, se passent *à* la télévision.

---

[29] Joahny, 1996, IV (cahier central), *Le Parisien* du 8/03/1996.
[30] Joahny, 1996, 64.

Qu'est-ce qu'une bande ?

1 - Attention, le phénomène gagne les chercheurs !

Les années 1980 ont vu grandir la peur devant le nom donné au phénomène lui-même : il semble que les chercheurs en sciences humaines hésitent à nommer les bandes, de peur peut-être de voir confondre leurs analyses avec des considérations journalistiques quelquefois un peu rapides. Ce phénomène semble être d'ailleurs plutôt récent et hexagonal, la littérature sociologique anglo-saxonne ayant moins de pudeur à nommer les phénomènes. D'autre part des études sur les bandes ont été menées jusqu'au début des années 1970 en s'épargnant les préliminaires aujourd'hui incontournables sur la réalité du phénomène.

L'effet produit par l'expression *bandes de jeunes* est tel que les jeunes qui en font partie le récusent eux-mêmes quelquefois, par imprégnation de l'aspect péjoratif du terme. Pour approcher une définition rigoureuse du concept, il nous faut donc nous en tenir à des critères plus objectifs que le discours même des jeunes, au contraire de ce qu'avance Dubet : *C'est un critère qui peut paraître discutable, mais je crois que l'on pourrait dire qu'il y a une bande lorsque les acteurs du groupe en question se définissent comme appartenant à une bande, parlent d'eux-mêmes en termes de bande*[31].

En effet, si l'on s'en tenait à la définition par les jeunes eux-mêmes de leur appartenance à la bande, on n'appréhenderait que leurs représentations du phénomène et non pas la réalité objective de celui-ci[32].

Rarement objet de recherche n'aura été aussi controversé dans son existence même que les bandes de jeunes. Alors que Robert et Lascoumes situent l'apparition des bandes dans un contexte socio-historique qui leur donne un sens, Dubet table sur *la disparition des bandes, phénomène déjà ancien*[33]. D'après lui, désorganisation, exclusion et rage sont en effet incompatibles avec la formation en bande[34]. Il est logique d'ailleurs que la méthodologie utilisée par Dubet et son équipe, ne lui ait pas

---

[31] Dubet, 1991, 9-18.
[32] Noschis, De Caprona, *in* Schutz, 1987, 263.
[33] Dubet, 1987, 131.
[34] Dubet, 1987, 130.

permis de repérer ces bandes, puisqu'elle impliquait de ne pas rencontrer les groupes *naturels* mais plutôt d'organiser des confrontations de plusieurs catégories de population dans les quartiers étudiés. Quelques années plus tard, les participants à des journées d'étude sur *l'actualité des bandes*[35] se posaient la question de l'existence même des bandes. Adil Jazouli développe le même type d'analyse, considérant comme impossible que des adolescents s'organisent sous forme de bandes dont il ne définit pas les contours[36].

Un chapitre du livre *Exclusion, l'état des savoirs*, reprend l'idée de ce *consensus* actuel : *Enfin, bandes organisées, structurées, avec un leader, des signes identificatoires, un rituel, elles participaient de la société industrielle où prévalait autour d'une classe ouvrière industrielle un fort antagonisme de classe, dont elle était l'expression. Mais, et sur ce point au moins les chercheurs sont unanimes, de telles bandes ont disparu*[37].

Elles ont disparu d'autant plus aisément que ce type d'organisation martiale, avant-poste du monde ouvrier, n'a probablement jamais existé que dans le mythe, que pour lors, certains vont confondre avec la réalité... Et de décrire des groupes qui *traînent leur ennui* dans les quartiers et sont parfois entraînés dans la délinquance... Ce qui a de tous temps caractérisé les bandes de jeunes, si tant est que l'on essaye de débarrasser le concept du mythe qui le rend si opaque à l'analyse, en l'absence d'études fines de terrain.

Avec le recul historique, les bandes de blousons noirs des années 1960 étaient d'ailleurs aussi peu organisées que celles des jeunes zoulous des années 1980... Nous préciserons les limites de ces organisations selon nos propres données dans le chapitre suivant.

---

[35] Collectif, 1991.
[36] Jazouli, 1990, 32-35.
[37] Lagrée, *in* Paugam, 1996, 330.

2 - Mais alors, de quoi s'agit-il ?

Alors, *vraies bandes* ou *fausses bandes* ? Nous partageons la souplesse d'analyse de Gérard Mauger quant à la structure des bandes de jeunes : *L'enquête montre qu'il est plus fréquent de rencontrer des "bandes de copains", groupes de pairs, modes de sociation privilégié des jeunes de milieu populaire qui se mettent en place au hasard des relations de voisinage que des "vraies bandes" (conformes au stéréotype, aux descriptions journalistiques ou demi-savantes)*[38].

Ainsi pourrait-on étudier ce phénomène dans sa diversité au lieu de parler par exemple de la *disparition des bandes* pour ensuite devoir infléchir sa position : deux ans après la publication de *La galère* par Dubet, apparaissaient en France des bandes de jeunes, appelées à l'époque *zoulous* par une grande partie de la presse. Dans le colloque organisé par le centre de Recherches Interdisciplinaires de Vaucresson, en 1991, il déclarait : *Maintenant je crois qu'il faudrait que l'on apprenne à parler avec ce qui est malgré tout une forme d'organisation autonome - qu'elle nous plaise, là n'est pas la question, elle existe. D'une certaine manière on peut trouver dans les bandes autant de motifs d'espoir que de motifs de tristesse ou de découragement car ces bandes sont déjà mieux que ce silence, ce suicide lent que l'on observe la plupart du temps dans ces populations*[39].

Pour ma part, j'ai remisé les *motifs d'espoir ou de tristesse* là où ils devaient à mon sens se trouver, dans le monde des émotions et des affects, qui ne peut qu'embarrasser un chercheur et parasiter son étude.

Les bandes n'apparaissent pas dans toutes les périodes historiques, elles prennent des formes différentes selon les époques. Chaque groupe d'âge *réinvente* ainsi selon l'époque à laquelle il vit un type particulier de bande, lorsque les conditions sociales les amènent à choisir ce type de regroupement. Il nous faut donc nous résigner à la modestie et à la prudence prônées par Robert *sous peine de perdre le contact avec la réalité*[40].

---

[38] Mauger, 1993, 516.
[39] Dubet, 1991, 18.
[40] Robert, 1974, 141-142.

La bande, le risque et l'accident

Nous arrêterons là ce long détour inévitable par le monde des représentations pour aborder un essai de définition théorique du phénomène des bandes de jeunes.

III - Les regroupements de jeunes

Les bandes de jeunes sont une des formes de regroupements juvéniles observées au long de l'histoire par sociologues, historiens et juristes. Nous partirons de la classification de Robert et Lascoumes qui distinguent quatre formes de regroupements juvéniles : les groupes à support institutionnel, les groupes spontanés, les hordes et les bandes.

Les groupes à support institutionnel sont des groupes scolaires, sportifs, des mouvements de jeunesse, au sein desquels les jeunes restent dans la mesure où ils peuvent constituer *des sous-groupes à vie autonome*. Ils soulignent le *rôle primordial des interrelations individuelles dans les petits groupes de base*[41].

Viennent ensuite *les groupes spontanés* issus ou au contraire à l'origine de groupes organisés, regroupements informels de jeunes voisins ou fréquentant la même école. Les motivations de ces regroupements sont de trois ordres : affectif, ludiques, recherches de contacts[42]. Ces groupes sont homogènes par l'âge, le sexe et le milieu social : groupes plutôt masculins, les lycéens avec les lycéens, les apprentis avec les jeunes ouvriers etc...

Le quasi-groupe, ou *horde* selon le mot de Marc Oraison repris par Philippe Robert est *un agglomérat nombreux, sans structure, ni cohésion, ni pouvoir d'action bien entendu, mais cependant avec une secrète conscience commune d'appartenance, une élection secrète, à défaut de recrutement organisé*[43].

Oraison définit la horde comme *un regroupement spontané d'adolescents dont la crise est plus difficile et plus*

---

[41] Robert, Lascoumes, 1974, 97.
[42] Jenny *et al.*, cité par Robert, Lascoumes, 1974, 101.
[43] Robert, Lascoumes, 1974, 106.

Qu'est-ce qu'une bande ?

dramatique que normalement, pour des raisons variées...[44]. Il met ici l'accent sur la difficulté de structuration de la bande d'adolescents, dont nous verrons qu'elle est une constante de ces regroupements. Les *hordes* d'aujourd'hui sont les *posses* ainsi définies par Philippe Bourgeois, de l'Université de San Francisco : *Ce sont des bandes plus informelles, moins hiérarchiques que les fameux gangs de Los Angeles, principalement axés sur la drogue. Le posse se forme au hasard des opportunités. Les gamins traînent ensemble... Le plus souvent, ils ne font rien d'illégal... La pression des pairs est énorme*[45].

Patrick Louis et Laurent Prinaz reprennent cette notion sous la forme de *bandes de mouvement* apparues dans les grandes agglomérations françaises à la fin des années 1980 : regroupements informels sur différentes communes, unis par la même sensibilité, les mêmes goûts et activités, et capables de se regrouper à l'occasion de rassemblements musicaux (rock ou rap aujourd'hui) : *Ce n'est plus le quartier qui soude la bande mais une communauté d'attitudes*[46].

A noter le *faible volume d'interactions et d'interrelations* lié d'après Philippe Robert au fonctionnement des *hordes*. Cette constatation se rapproche des échanges verbaux qualifiés de *soliloques à plusieurs voix* dans les bandes[47]. Les échanges sont d'ailleurs plus gestuels et physiques que verbaux et sans doute plus difficilement repérables à l'observation.

1 - La bande et le *gang*

Le dernier groupe décrit par Philippe Robert est la bande, qui serait un sous-groupe de la horde et qui se caractérise par son nombre plus réduit et ajoute *à la conscience d'appartenance de la horde une structure, un réseau d'interrelations qui la rendent plus efficace*[48].

---

[44] Oraison *et al.*, 1962, 37, 16.
[45] Bourgeois cité par Louis, Prinaz, 1990, 36.
[46] Louis, Prinaz, 1990, 87.
[47] Robert, Lascoumes, 1974, 169.
[48] Robert, Lascoumes, 1974, 118.

La bande, le risque et l'accident

Au sein de la bande se détache quelquefois la clique ou pour utiliser un langage plus imagé de nos jours, le *gang*[49]. Le mot *gang* vient de l'anglais et signifie tout à la fois *groupe, troupe, escouade, atelier (d'ouvriers)* et *la bande : gang (de faussaires, de voleurs)*[50]. Dans son livre *The Gang* (1927), Frederic Trasher décrit toutes sortes de groupes de jeunes, principalement des bandes ou des groupes de jeunes de la rue. Le mot *gang* employé en français ne correspond pas à son homonyme anglo-saxon, d'acception beaucoup plus large.

Il existe sur l'un de mes terrains de recherche un *gang* dans cette acception là du terme : petit groupe mixte issu de la bande, de plus en plus éloigné de l'ensemble des jeunes qui eux-mêmes s'en démarquent, laissant comme une *distance de sécurité* entre le gang et eux-mêmes pour ne pas risquer d'être impliqués dans les conséquences de sa délinquance *professionnalisée*.

Nous nous appuierons sur cette définition de la bande par Robert et Lascoumes : (...) *on nomme bandes des groupes informels composés essentiellement d'adolescents en nombre assez restreint, précision faite que l'attitude de ce groupe apparaît à l'ensemble de la société comme marginale, voire déviante. Ses activités et parfois sa délinquance donnent à cette appréciation un support objectif. Cela suffit pour attirer l'attention sur trois caractéristiques : un groupe informel - homogène - déviant par rapport à son environnement et déviant à un âge qui est celui de l'insertion sociale*[51].

On remarquera que l'attitude de la société est prépondérante dans la définition de la bande et dans son rapport avec l'extérieur. Mauger insiste également sur le regard porté par la société sur la bande : *A titre de définition provisoire, on peut considérer qu'une bande est un mode de sociation plus ou moins structuré propre aux jeunes de*

---

[49] Robert, Lascoumes, 1974, 123.
[50] Harap's Shorter, G : 2.
[51] Robert, Lascoumes, 1974, 14.

Qu'est-ce qu'une bande ?

milieux populaires qui fait l'objet, à tort ou à raison, d'une présomption de délinquance[52].

2 - La bande est-elle un rite de passage ?

La bande en effet n'est pas constituée à l'initiative d'adultes, elle est une forme d'organisation propre aux jeunes, objet d'un regard social dévalorisant de la part de la société. Elle se construit d'ailleurs en grande partie à partir de cette *présomption de délinquance* dont parle Mauger.

En ce sens elle n'est pas un *rite de passage* qui remplacerait efficacement les rites collectifs en dilution dans les sociétés développées, comme l'ont soutenu Bloch et Niederhoffer, poussant *l'universalité* de l'adolescence jusqu'à comparer les bandes de jeunes des sociétés industrielles à celles des sociétés traditionnelles[53].

Rappelons que le rite de passage est une période particulière dans la vie d'un groupe, marquant le passage d'un état à un autre. Le rite de passage de l'enfance à l'âge adulte se caractérise par une période de séparation, pendant laquelle on retire l'enfant de son milieu familial, une période de marge, au cours de laquelle il est initié, et une période d'agrégation, qui marque le retour dans la communauté, nanti de son nouveau statut d'adulte[54].

Bloch et Niederhoffer citent les tatouages, les brimades, les cicatrices résultant des combats de rue pour comparer les pratiques des classes jeunes dans les sociétés traditionnelles à celles des bandes d'adolescents dans les sociétés industrielles.

Ils se fondent sur le besoin d'affirmer sa virilité, aspiration universelle de tous les adolescents, quelle que soit la culture à laquelle ils appartiennent. Ce besoin pousserait les jeunes garçons à se regrouper en bandes dont il est possible de faire des études comparatives[55]. Il est certain d'ailleurs que les bandes de jeunes des sociétés développées

---

[52] Mauger, 1993, 516.
[53] Bloch, Niederhoffer, 1974, 176.
[54] Van Gennep, 1981.
[55] Bloch, Niederhoffer, 1974, 135.

sont le siège des valeurs viriles et le lieu de la confrontation physique des jeunes hommes.

Van Gennep a constaté que pendant les périodes de marge des rites d'initiation, dans les sociétés traditionnelles, les jeunes garçons se livrent à des actes interdits en temps normal[56]. Mais si ces attitudes peuvent s'apparenter au premier abord aux actes délinquants commis par certaines bandes dans nos sociétés, dans les sociétés traditionnelles, elles font partie de rituels acceptés comme faisant partie des périodes de marge[57]. Ces périodes sont d'ailleurs beaucoup plus courtes que la vie d'une bande, qui peut durer plusieurs années, d'autant plus dans une période historique où les étapes d'intégration sociale font défaut (emploi, possibilité de fonder une famille...).

D'autre part, même si la bande connaît quelques rites d'entrée, ses membres ne se séparent pas pour autant de leur groupe d'appartenance : à part quelques exceptions, ils continuent à vivre chez leurs parents et à maintenir des relations avec leur famille élargie et des voisins extérieurs au groupe adolescent. Ces relations sont basées sur le non-dit et le respect des traditions à l'intérieur, les transgressions ayant lieu à l'extérieur, loin du regard des aînés.

L'ensemble des rites pubertaires décrits par Bloch sont obligatoires sous peine de ne pas accéder au statut des hommes adultes, codifiés et exécutés par ces derniers sur la personne des jeunes. Dans ces cas, la notion de jeunesse déborde celle de classe d'âge et est déterminée par les rites sociaux. Par contre les bandes de jeunes que nous étudions rassemblent une même catégorie d'âge, même si l'adolescence tend à s'étirer au delà de vingt ans eu égard aux difficultés d'entrée dans la vie professionnelle.

A l'inverse des rites de passage dans les sociétés traditionnelles, les bandes sont organisées par les jeunes eux-mêmes. On ne peut pas dire que les adultes les considèrent en majorité comme des structures nécessaires au passage de l'adolescence à l'âge adulte. Au contraire, les bandes, ces

---

[56] Van Gennep, 1981, 161.
[57] Van Gennep, 1981, 163.

groupes d'âge (qui) *n'ont aucun statut institutionnel dans notre société*[58] fondent leur légitimité sur le conflit avec celle-ci. Elles sont l'objet d'une hostilité qui se manifeste tant par les représentations dont elles sont l'objet que par l'action des forces de l'ordre, avec l'assentiment de la majorité de la population. Les bandes sont de plus des structures fermées dont il est difficile de sortir, certains de leurs membres restant marqués longtemps après la fin de la bande par leur expérience. Alors que dans les sociétés traditionnelles les regroupements d'adolescents se dissolvent pour faire place à la participation au groupe des adultes, les bandes de jeunes ne trouvent pas *naturellement* une intégration dans la société : *Loin d'être une antichambre sociale, de jouer un rôle de facilitation à un moment et à une époque difficiles, la bande se constitue en pseudo-société refuge à fondement symbolique et magique, donc régressif ou du moins stagnant*[59].

Pour ma part, je complèterai ces définitions en caractérisant la bande par une structuration de jeunes en groupe hors de l'intervention d'adultes, par une cohésion du groupe face à l'extérieur, par la délimitation d'un territoire d'action, par un ensemble de valeurs repérables, liées à l'histoire du groupe et à l'origine de ses membres et par des normes de conduite antinomiques avec le reste de la société, entraînant le cas échéant des actes de délinquance plus ou moins importants et des conflits avec l'extérieur.

Répétons ici que lorsque nous parlons de structuration en groupe, il s'agit de groupes d'adolescents, fluctuants et informels, dont la durée de vie n'excède pas quelques années, mais au sein desquels on peut toutefois repérer des *leaders* et une répartition des rôles codifiés selon l'âge, le sexe, et les qualités appréciées au regard des valeurs et des normes de la bande.

En ce sens, comme nous l'avons déjà signalé, les bandes de jeunes sont différentes des bandes adultes de malfaiteurs et il ne convient pas de qualifier un groupe de bande en se référant à un degré d'organisation qui devrait être

---

[58] Monod, 1968, 18.
[59] Robert, Lascoumes, 1974, 269.

optimum pour mériter cette appellation. Sur un sujet comme celui-là, dont le sens commun s'est emparé, il est particulièrement important de se débarasser des émotions, professions de foi et dénégations pour tendre à une rigueur scientifique et méthodologique.

La définition de la bande des jeunes étant brossée, nous cheminerons dans les prochains chapitres à travers les réponses aux questions que l'on peut se poser concernant ces regroupements juvéniles particuliers.

BANDE, ACCULTURATION ET SEGREGATION

Nous savons maintenant ce qu'est une bande, comment nous pouvons la définir. Nous allons consacrer les deux chapitres à venir à étudier les conditions d'émergence des bandes, en nous appuyant principalement sur des données recueillies à la Source. Nous étudierons la genèse de la bande, à travers l'histoire de l'arrivée des parents des jeunes sur le quartier. Nous nous attacherons en particulier à l'impact du regard stigmatisant porté sur les jeunes et leur familles du fait de leur origine étrangère combinée à une condition modeste. Nous nous intéresserons aux modifications des rôles familiaux engendrés par le processus d'acculturation. Ces deux éléments sont partie prenante d'une crise c'est-à-dire *d'une mutation qui se fait mal...*[1]. L'étude du contexte de cette crise nous fournira des éléments sur le vide social et éducatif dans lequel la bande vient inscrire son existence.

I - Le processus d'acculturation

La crise qui a mené entre autres à l'apparition de la bande de La Source comportait deux paramètres principaux : le processus migratoire qui a amené une modification des relations au sein des familles, et le contexte de leur installation : regard stigmatisant porté sur ces familles et leurs enfants, et développement du chômage qui a frappé prioritairement les jeunes d'origine étrangère et de faible niveau de qualification. A la suite d'une première période en France, les familles sont arrivées sur un quartier en construction, et nous verrons dans quelles conditions les enfants ont construit leur enfance et leur adolescence.

Les familles issues de l'immigration, algérienne en particulier, ont vécu une première acculturation, qui est *l'ensemble des changements qui se produisent dans les modèles culturels originaux, lorsque des groupes d'individus*

---

[1] Robert, Lascoumes, 1974, 343.

La bande, le risque et l'accident

de cultures différentes entrent en contact direct et continu[2] : nombreuses sont celles issues de villages kabyles qui passeront en quelques années d'un mode de vie rural en Algérie à un mode de vie urbain à Paris puis dans un grand ensemble de banlieue. Ce premier bouleversement dans la conception de la vie s'accompagne d'une promiscuité obligatoire avec d'autres groupes ethniques : la Source regroupe des Français en majorité, dont des antillais, et des populations maghrébines, turques, portugaises, africaines, auxquels viendront s'ajouter des latino-américains et des réfugiés du sud-est asiatique. Rien n'avait préparé les uns et les autres à vivre côte à côte. Ils ont perdu leurs repères précédents sans pour autant en retrouver d'autres.

Dans leur pays d'origine, en zone rurale, les familles faisaient partie de communautés où les comportements étaient codifiés sans changement notable au fil des générations, où l'individu existait dans le cadre du groupe. Ils doivent maintenant rencontrer des inconnus pour régler leurs divers problèmes familiaux, confier leurs enfants à une école sur laquelle ils n'ont aucune prise, s'exprimer dans une langue nouvelle. Mr B. garde vivante la nostalgie du mode de vie perdu : *chez moi, dans ma rue, l'enfant a cinquante familles, cinquante pères, cinquante mères, cinquante sœurs. Il se blesse, une mère le soigne ; on est tranquille, ils peuvent aller dehors. Il mange là où il est à l'heure du repas, il dort là où il se trouve le soir.*

1 - Les rôles se renversent

L'effritement de ces relations de type *primaire, qui a pour effet psychologique de produire une certaine fusion des individus dans un tout commun...*[3] amène les enfants à entrer dans un processus de *parentification*[4] qui commence à l'école et leur permet d'échapper très tôt au contrôle adulte, d'autant plus que les parents sont souvent illettrés sinon analphabètes. Les adultes sont dans une situation de *vulnérabilité sociétale*

---

[2] Boudon, 1989, 10.
[3] Cooley 1909, cité par Park, Graffmeyer, Joseph, 1984, 107.
[4] Arar, 1986, 43.

telle que la définit Lode Walgrave : *certains groupes et individus risquent surtout des conséquences négatives de leurs contacts avec des institutions : ces risques se relient à un manque de pouvoir social et à leurs spécificités culturelles*[5].

Ce rôle de *parentification* est joué principalement par les frères et sœurs aînés qui remplacent littéralement leur mère dans les rapports avec l'extérieur (parlant à sa place dans les administrations ou services sociaux, et ce dès leur plus jeune âge) et leur père pour ce qui est de l'autorité sur les plus jeunes enfants.

Etant plus au courant du prix des objets que ces derniers rapportent chez eux, ils savent faire la différence entre un vêtement de prix, que l'enfant n'a pu acheter lui-même, et un vêtement peu coûteux qu'il a pu s'offrir avec un travail d'appoint. Ils peuvent sanctionner à meilleur escient que leurs parents car ils connaissent à la fois les us et coutumes de la société d'origine et ceux de la société d'installation.

Ils serviront souvent de *tampon* entre les parents et les frères et sœurs plus jeunes, contribuant ainsi involontairement à affaiblir la parole et l'autorité des premiers. Leur attitude aura une influence déterminante sur les seconds, qui les prendront comme un modèle crédible : plusieurs grands frères ont ainsi initié leurs jeunes frères dans la bande, lorsqu'ils atteignaient l'adolescence. Ils avaient eux-mêmes dans leur enfance, signé les carnets de notes, intercepté le courrier ou omis de remettre à leurs parents les mots de l'instituteur.

Par contre, s'ils choisissent de se tailler une place dans le monde du travail, leur réussite écrasera souvent les plus jeunes qui y verront un but impossible à atteindre et attendront tout du frère ou de la sœur aînés, image du *super-parent* adapté à la société française.

Dès lors les rôles sont inversés : placés dans cette position d'assistés, les parents perdent le contrôle et l'autorité sur leurs enfants d'autant plus que les pères exercent des métiers non qualifiés et dévalorisés auxquels les enfants ne peuvent s'identifier[6].

---

[5] Walgrave, Vettenbourg 1985, 73.
[6] Mécheri 1984, 53.

La bande, le risque et l'accident

Le jeune garçon, élevé dans l'idée du respect dû à son père, se rendra vite compte qu'il occupe un des postes les plus bas de l'échelle sociale : il ne pourra pas le prendre comme modèle d'autant plus qu'il a grandi, lui, dans une société qui fait la distinction entre travail et temps libre et valorise la réussite professionnelle, garante de bien-être et de considération : *Mon père, tu l'as vu mon père ? Cassé il est ! Il regarde la télé à un mètre ! Il dit rien, il a travaillé toute sa vie. Le dimanche il va à Barbès, il joue au tiercé. Terrassier il était. Moi le bâtiment, jamais ! Quand je le vois...* (Lakhdar, *leader* de la bande).

Ce témoignage rejoint celui d'autres jeunes de la bande dont les pères étaient ou sont encore manoeuvres et qui sont *dégoûtés du bâtiment*, selon leur expression.

2 - Essais de reprises en mains

Les parents, inquiets de voir leurs enfants leur échapper, ont essayé de conserver le contrôle sur eux en rigidifiant la culture de leur pays[7].

Dominique Schnapper compare le *bricolage culturel* de certaines familles, qui composent avec les deux cultures, *au blocage culturel* d'autres, *renvoyés à un traditionnalisme exacerbé, décontextualisé*[8].

Nous avons connu plusieurs familles des jeunes de la bande qui, dans un premier temps, restaient attachées à certaines traditions et modes de pensée (pratique de la religion, solidarité familiale, rôle des garçons et des filles dans la maison) et maintenaient un mode d'éducation basé sur un mélange de laisser-faire et de coercition.

Après avoir connu les déboires de ce type de modèle éducatif, sans effet sur les actes délinquants et transgressifs de leurs enfants, certains parents ont évolué vers le mode de l'*intro-détermination* selon Riesman et considèrent leurs enfants comme *des individus qui ont le droit de faire la carrière de leur choix*[9].

---

[7] Arar, 1986, 36.
[8] Schnapper, 1986, 159.
[9] Riesman, 1964, 40.

Bande, acculturation et ségrégation

C'est le cas de Mr M. dont les quatre fils, tous membres actifs de la bande, ont été incarcérés à plusieurs reprises. Une agression dont ils se rendirent responsables, la veille du départ de la famille en vacances en Algérie, fut pour le père l'occasion d'une prise de conscience venue après plusieurs mois de réflexion : au lieu de les corriger physiquement comme il avait coutume de le faire sans aucun résultat, il les emmena travailler successivement avec lui, dans l'entreprise où il était contremaître (les sorties de prison échelonnées le permettaient). Il noua avec eux une relation qui eut pour résultat de ralentir sinon de stopper la carrière délinquante de trois des adolescents, conjointement avec d'autres paramètres. Parallèlement à ce changement d'attitude avec ses fils, ce père de famille laissera ses filles choisir des professions qu'il n'aurait pas envisagé quelques années auparavant : hôtesse d'accueil, restauration, aux horaires de soirée et aux possibilités de rencontres multiples.

D'autres parents, par contre, sont typiques du *blocage culturel* dont parle Schnapper : ils considèrent la France comme un monde plein de dangers dont il faut protéger leurs enfants par la force si besoin est. Toute manifestation propre à l'adolescence leur est interdite : que leurs filles fument une cigarette ou prennent une consommation dans un café leur apparaît comme le premier pas vers une déchéance morale grave.

Les pères en particulier tentent d'appliquer une autorité sans conteste en multipliant des interdits dont le sens reste opaque aux enfants, car ces comportements prohibés suivent des normes couramment acceptées dans la société française. Si en leur présence aucune protestation ne se fait entendre, dès qu'ils ont tourné les talons, leurs fils et dans une moindre mesure leurs filles rient, se détendent et courent sur le quartier se livrer à des tours pendables.

Dans certaines familles, l'autorité que les pères entendent exercer sur leurs enfants et leurs épouses déclenche chez ces dernières des réactions de solidarité et de complicité avec leurs enfants dont elles cautionnent parfois les agissements. De crainte des coups infligés par le père aux enfants, elles taisent leurs incartades, ne voyant d'alternative qu'entre le récit complet au père ou le silence tout aussi complet, assorti d'une absence de sanction maternelle. Tous les jeunes de la bande de la Source se rappellent leur désobéissance à leur mère, qui tentait de faire respecter les interdits paternels sans toujours en partager la conviction : elles essayaient d'en atténuer certains aspects et *couvraient* leurs enfants sans être en mesure de contrôler réellement ce qu'ils faisaient à l'extérieur du foyer. D'autre part l'alcoolisme de certains pères ou leur extrême violence empêchait les mères de donner un sens et une crédibilité aux interdits qu'ils posaient. S'ensuivaient des failles importantes dans l'éducation que les couples parentaux transmettaient à leurs enfants, même au regard de la tradition. Les mésententes conjugales graves intervenant dans ce contexte ont eu pour effet d'ouvrir des brèches qui ont favorisé la constitution en bande des jeunes, en particulier pour les jeunes filles.

3 - Des contradictions qui débouchent sur le conflit

D'après Lode Walgrave, certaines familles *produisent la délinquance* par *une régulation du comportement non conséquente et chaotique ; d'autre part des punitions sévères et fréquentes et un manque de relations affectives*[10].

Les enfants sont censés se comporter selon la tradition tout en étant capables de s'adapter du point de vue professionnel, à la société française.

Pris dans cette contradiction, porteurs de valeurs familiales inopérantes à l'extérieur du cercle familial, sollicités par la culture française et le mode de vie de la jeunesse sans trouver à l'école un lieu qui ferait le lien entre ces contradictions, certains jeunes du quartier se retrouvent dehors, entre deux lois, entre deux lieux, entre la maison familiale, la gare et le centre commercial.

Les jeunes filles ont vécu cette situation de manière exacerbée dans la mesure où le décalage est plus important entre l'intérieur et l'extérieur : elles ne peuvent pas être *à la disposition de l'homme et sous sa complète dépendance*[11] à la maison et adopter la liberté relative de leurs camarades françaises à l'extérieur. Le conflit entre les deux cultures était inévitable d'autant plus que les garçons n'ont pas accepté

---

[10] Walgrave, Vettenbourg, 1985, 73.

[11] Mécheri, 1984, 66.

d'emblée de les voir sortir du rôle traditionnel qui leur est dévolu : elles doivent se battre à la fois pour sortir de leur famille et pour s'imposer dans les groupes de jeunes. L'ensemble des jeunes, garçons et filles, doivent s'inventer une place dans la société, en l'absence de modèle préétabli.

II - Le contexte sociétal

La crise est aussi à un niveau national celle d'une économie en pleine mutation, aggravant le stigmate dont sont l'objet les immigrés par (...) *un rejet fondé sur l'inutilité économique qui deviendrait la leur.* 8 000 *chômeurs Algériens fin 1970, 40 000 fin 1977, 80 000 début 1984 : cette explosion du chômage frappe les esprits*[12]. La tendance ne s'est pas inversée depuis cette date, bien au contraire : chez les 25-49 ans, le taux de chômage des hommes immigrés est deux fois plus élevé que celui de la population active masculine du même âge. Près d'un jeune immigré sur deux est sans emploi (INSEE, 1997). Plus particulièrement touchés : les originaires de Turquie et du Maghreb et parmi ces derniers, les jeunes d'origine algérienne. Ils connaissent *un taux de chômage de l'ordre de 40% cumulé à une forte précarité dans l'emploi*[13].

Plusieurs pères de famille dont les enfants ont fait partie de la bande ont vécu ou vivent encore des périodes de chômage, ce qui a contribué à détériorer leur autorité déjà compromise. Les jeunes ont été eux-mêmes touchés par la raréfaction des emplois, avec pour conséquence principale un prolongement de la période d'adolescence au delà de la vingtième année.

Mal armés pour une intégration dans la société, les jeunes des deux bandes l'étaient sûrement, mais également leurs familles, qui ont cumulé les incertitudes socio-économiques et éducatives propres à de nombreuses familles du monde occidental avec un processus d'acculturation rendu chaotique par l'interférence de messages contradictoires.

La crise, *cette mutation qui se fait mal* est celle d'un quartier nouveau où les équipements collectifs sont construits

---

[12] Gillette, Sayad, 1984, 154.
[13] Tribalat, 1995.

une dizaine d'années après les premiers bâtiments, où le contrôle traditionnel des générations les unes sur les autres ne se fait plus, sans que rien soit mis en place pour des jeunes qui passent ainsi les années cruciales de leur enfance et adolescence dans un vide éducatif qu'ils s'efforceront de combler en renouant avec les traditions d'organisation des bandes à travers l'histoire. Ce type d'organisation correspondra en outre au regard dévalorisant porté sur eux par le corps social qui induit l'*identification négative* analysée par plusieurs chercheurs[14]. La bande, groupe fermé décrié, enclavé dans ses pratiques marginales, répond au sentiment d'exclusion qui habite ses membres depuis leur enfance.

1 - Un quartier dans le quartier

Si l'on peut comprendre que des jeunes issus de familles dont les parents avaient eux-mêmes de grosses difficultés à réaliser un processus d'acculturation indispensable à leur vie en France, en soient venus à commettre des actes en rupture avec la loi, il nous manque cependant un maillon dans la chaîne d'explications nous permettant de répondre à la question :
Pourquoi les jeunes ont-ils formé une bande et non un ou des groupes éphémères de délinquants ?
Par quels processus les groupes d'enfants puis d'adolescents de ces bâtiments là en sont-ils arrivés à devenir une bande ?
En effet la mutation économique est un phénomène national et si beaucoup de familles immigrées sont concernées par les problèmes d'acculturation que nous venons d'évoquer, leurs enfants ne se constituent pas pour autant systématiquement en bandes sujettes à des actes délinquants.

2 - Une répartition inégale

Pour qu'une bande puisse se constituer avec cette cohésion et cette continuité, puisque plusieurs années après sa disparition, ses membres restent en contact les uns avec les autres, et la considèrent comme un moment crucial de leur

---

[14] Selosse, 1980 ; Walgrave, 1992, 43.

vie, il a fallu une situation particulière que l'on peut retrouver dans la répartition de l'habitat et les relations qu'entretinrent entre eux les enfants qui allaient devenir les membres de la bande. Les jeunes de la bande de la Source sont pour leur majorité issus de deux bâtiments. Des jeunes isolés d'autres bâtiments ainsi que des membres de deux fratries de huit et cinq enfants qui habitent dans des maisonnettes, dans un quartier pavillonnaire proche de la Source, complètent la bande. Ces bâtiments sont composés de grands appartements abritant des familles nombreuses. Les jeunes s'y retrouvent dans une similitude de condition sociale et de mode de vie familial. Les équipements étant loin d'être achevés au moment de leur installation, c'est dans une ville en construction que grandissent les jeunes du quartier.

Les familles des jeunes ainsi que les deux bâtiments du quartier du Perron, rapidement désignés comme *bâtiments à problèmes* par les habitants de la Source, feront l'objet d'une attention spéciale des services sociaux et des services de police : ils forment un quartier à part dans la Source.

La directrice du centre de protection maternelle et infantile, installé au milieu de la Source, tout près de ces bâtiments, en témoigne : *la majeure partie des problèmes viennent de ces bâtiments, beaucoup de familles nombreuses, des grossesses précoces.* Le directeur du service municipal de la jeunesse le confirme : *depuis le début, les problèmes sur la Source, ça a été à ces deux adresses là, y a rien à faire, on retombe toujours dessus.*

Au sein du grand ensemble en construction s'est développé un *îlot enclavé* distinct du quartier tant par l'aspect urbanistique que par la population et la réputation dont celle-ci s'est trouvée rapidement porteuse. Cependant les conditions de confort y étaient les mêmes que dans les autres bâtiments de la Source.

De même qu'au Vert-Pré, les logements occupés par les familles des jeunes de la bande de la Source étaient de grands appartements bien équipés qui ont représenté un réel progrès par rapport aux logements exigus dont celles-ci disposaient auparavant. Cependant leur taille ne correspondait pas à celle des fratries nombreuses (5 à 12 enfants) et ces derniers, surtout les petits garçons, ont pu très tôt descendre de chez eux pour jouer sur les vastes esplanades réparties au milieu des bâtiments. Que ce soit après l'école ou pendant les jours de congés, ils ont pu ainsi esquiver le regard de leurs mères et pousser de plus en plus loin leurs explorations. Ils en sont arrivés à avoir une vie autonome entre eux et à *ruser* avec les adultes.

Etant les aînés des fratries dans un quartier en construction, il n'ont pas bénéficié de *garde-fous*, grands frères médiateurs entre la famille et le monde extérieur, capables de réguler le comportement des plus jeunes tout en atténuant les conflits entre ceux-ci et leurs parents.

Quant aux petites filles, elles disposaient d'une certaine liberté jusqu'à la puberté : beaucoup plus sollicitées que leurs frères pour aider leurs mères dans les travaux domestiques, certaines pouvaient quand même se retrouver entre elles aux bas des immeubles.

Mais à la puberté, tout change. L'arrivée des premières règles annonce une période de nouveaux interdits : *j'ai caché pendant un an que j'avais eu mes règles ; d'abord j'avais honte, j'en pleurais ! Et je ne voulais pas le dire parce que chez nous quand une fille a ses règles, elle ne sort plus, bouclée ! Alors je le cachais*[15].

Ces petites filles qui jusqu'alors jouaient assez librement dehors et avaient déjà développé des stratégies d'évitement par rapport à leur famille, en particulier à l'école, doivent désormais rester chez elles alors que leurs frères du même âge ou plus jeunes sont beaucoup moins surveillés. Elles ne pourront pas changer de mode de vie et mensonges et conflits feront désormais partie du quotidien entre elles et leurs parents.

Nous reviendrons plus loin sur la place particulière des filles dans la bande de la Source mais nous pouvons remarquer dès maintenant qu'elles ont toutes pour diverses raisons bénéficié de moments de liberté inhabituels chez les jeunes filles d'origine maghrébine du quartier : elles ont pu *faire leurs premières armes* dans la rue dès l'enfance, même si ce fut dans une moindre mesure que leurs frères.

---

[15] Esterle, 1990a, 257.

3 - Les mêmes problèmes

Les jeunes issus de deux familles habitant deux petites maisons dans un quartier pavillonnaire proche de la Source, ont connu des conditions matérielles beaucoup plus difficiles : huit enfants dans une des maisonnettes, cinq dans l'autre s'entassaient avec leurs parents dans des logements insalubres proches du bidonville, sans eau courante ni électricité, dans les premières années de leur installation. Ces familles formaient une petite *enclave* dans leur rue habitée par des couches moyennes, et très vite les enfants se taillèrent une réputation de *voleurs* et de *délinquants* qui poursuit l'ensemble de la famille, quelles que soient les trajectoires personnelles de chacun de ses membres.

Le type d'habitat ne serait donc pas déterminant pour expliquer l'appartenance des jeunes à une bande puisque des jeunes habitant des logements relativement confortables et des jeunes habitant des logements très modestes, dans une situation de grande pauvreté, se sont retrouvés ensemble, d'abord à l'école, puis dans la rue. Les jeunes des *maisonnettes* ont été d'ailleurs tour à tour, sinon des leaders du moins des membres écoutés de la bande. C'est plutôt la situation d'enclavement dans un quartier, le décalage entre le nombre d'enfants et les revenus modestes des parents, au regard des sollicitations de la société, qui expliquerait leur rapprochement.

En effet, il était impossible aux parents de faire face aux dépenses que leur demandaient leurs enfants. Que ce soit dans la famille de Sofia ou dans celle de Nordine, le même problème se reposait toujours : *quand on est nombreux, on n'a pas de quoi s'habiller ! Quand on est petit on s'en fiche, on met les vêtements des grands, mais quand on a quinze ans on rêve d'un vrai jean ! Mais les parents ils travaillent, ils ne peuvent pas donner à tout le monde. Le dimanche c'était l'horreur, on ne peut pas sortir avec les parents, un voudra une glace, l'autre aussi... avec deux c'est possible, pas avec huit ! Alors le dimanche on restait à la maison, on n'avait aucune raison de sortir, aucun prétexte, y avait pas l'école* (Sofia).

Le regroupement de familles du même type dans les mêmes bâtiments a facilité l'isolement du groupe ainsi formé et le regroupement des jeunes en bande. En se rassemblant dans les espaces libres du quartier, les jeunes recherchaient sans doute une cohérence culturelle entre l'intérieur et l'extérieur, le monde du dedans et le monde du dehors, celui de la famille et celui de l'école et de la rue.

III - Du conflit au stigmate

A la ségrégation sociale et géographique (rassemblement de familles nombreuses et de bas niveau socioéconomique dans un même lieu) s'est ajoutée une ségrégation d'ordre ethnique que les jeunes ont ressenti dès leur enfance et qui a sans doute été un puissant facteur de regroupement pour la bande.

A la différence des jeunes qui formaient les bandes des années soixante (étudiées en particulier par Monod) et dont les membres étaient d'origine française, les jeunes de la bande de la Source sont en majorité d'origine algérienne. Ils sont les fils et les filles d'une communauté *à part* dans la société française : *les immigrés Algériens ont été contraints de vivre en marge de la société française avec laquelle ils ne faisaient que cohabiter superficiellement ou, mieux, avec laquelle ils ne pouvaient que coexister sans cohabiter vraiment*[16]. Leurs parents ont fait partie des vagues d'immigrants après l'indépendance de l'Algérie, tout en étant partisans de cette même indépendance. Le racisme anti-arabe et particulièrement anti-algérien s'est abattu sur eux avec une violence singulière liée à l'époque historique de leur arrivée. Les conditions sont ainsi réunies pour que leurs enfants soient porteurs d'un stigmate, cet *attribut qui jette un discrédit profond*[17]. A ce premier marquage lié à des facteurs sociohistoriques s'en sont ajoutés d'autres au fur et à mesure que la bande se constituait.

1 - L'échec scolaire

Ces contradictions, l'absence de liens sociaux noués avec l'ensemble du quartier, et le regard stigmatisant porté par

---

[16] Gillette, Sayad, 1984, 186.
[17] Goffman, 1975, 13.

les enseignants, dont plusieurs chercheurs ont montré l'impact dans la carrière scolaire de l'enfant[18], ont mené la quasi totalité des membres du groupe à une situation d'échec scolaire.

Walgrave souligne *l'absence de liens positifs avec les enseignants qui s'appuient souvent sur des caractéristiques extérieures aux élèves (leur langage, leur tenue) pour les classer de manière intuitive dans une stratification sociale*[19]. Ce classement intuitif concerne les enfants de milieu ouvrier. Il est accentué dans le cas des jeunes qui nous occupent par l'idée répandue que les enfants d'origine étrangère souffrent d'un *handicap* supplémentaire à l'école[20].

Les jeunes de la bande gardent des souvenirs pénibles de leur passage à l'école, où ils occupaient les dernières places dans les classements. Plusieurs jeunes de la Source se rappelaient toujours, à vingt ans passés, comment l'instituteur plaçait les élèves dans la classe suivant l'ordre des notes obtenues, les premiers devant, et les derniers au fond. A chaque trimestre les élèves occupaient la place qui était la leur dans le classement. *Nous on était toujours derrière...* résument-ils.

Très rares sont ceux qui ont abouti à un CAP[21], les autres ont quitté progressivement l'institution scolaire à partir de l'âge de douze ou treize ans. Lorsque leurs parents se sont rendus compte de cette désaffection, quelquefois des mois après l'arrêt effectif de la fréquentation de l'école, il était trop tard pour rattraper des années de scolarité chaotique qui avaient imprégné les jeunes de l'idée qu'il étaient des incapables. Trop tard aussi pour s'investir dans la scolarité de leurs enfants qu'ils avaient confié à l'institution scolaire sans se sentir autorisés à intervenir en tant qu'interlocuteurs auprès des enseignants.

Monde étranger, monde des autres, l'école leur rappelait leur place dans la hiérarchie sociale, leur méconnaissance des savoirs et de la langue française. Cette

---

[18] Walgrave, 1992, 40, 44.
[19] Walgrave, 1992, 40.
[20] Walgrave, 1992, 42.
[21] Certificat d'Aptitude Professionnelle, diplôme de bases de nombreuses qualifications ouvrières.

distance parentale avec l'institution scolaire s'est manifestée parmi la quasi totalité des parents des jeunes de la Source. Elle n'est pas le propre de tous les parents du quartier placés dans la même situation et d'autres jeunes de même origine socio-culturelle ont connu des parcours scolaires plus satisfaisants et des trajectoires sociales non marquées par la constitution d'un groupe déviant.

Pour les jeunes de la bande, classement social négatif, classement scolaire en fin de liste, réflexions dévalorisantes ne seront pas compensés par les rencontres avec quelques enseignants qui portaient sur eux un autre regard. L'influence de l'échec scolaire sur les trajectoires délinquantes a été démontrée[22]. Il a été certainement déterminant dans la formation de la bande de la Source et la construction d'une identité déviante.

2 - Les premiers incidents

Les chercheurs soulignent l'importance d'un incident sans importance en lui-même qui renforcera la cohésion du groupe et lui donnera son unité. *Un caillou mal lancé et qui brise une vitre et en voilà assez pour que plusieurs jeunes couvrent le maladroit de leur faux témoignage. Ils ont soudé leur sympathie en une attitude de défense qui crée la cohésion*[23].

Cette cohésion fera effet en face d'un adversaire : *pour devenir une véritable bande, le groupe (...) doit rencontrer un élément hostile qui précipite le conflit*[24]. L'incident mettra face à face le groupe des jeunes et un ou plusieurs adultes sans que les parents ou les proches ne soient en mesure de réguler la situation : les enfants seront considérés comme un groupe en tant que tel, à la mesure du relâchement du contrôle par le *groupe primaire*. L'incident focalisera l'hostilité larvée de l'entourage autour du groupe et figera les positions respectives.

Les enfants négocieront d'ailleurs les conflits selon leurs modèles culturels propres : valorisant la colère, comme

---

[22] Walgrave, 1992, 53.
[23] Robert, Lascoumes, 1974, 229.
[24] Trasher, 1927, 43.

le souligne Hervé Mécheri : *il importe pour un homme de se montrer viril, d'être agressif, en fait, de crier pour s'affirmer*[25].

De fait les jeunes qui habitent les maisonnettes proches de la Source ont pour certains la voix cassée par les cris et les disputes, qu'ils soient garçons ou filles. Ce comportement, valorisé dans les familles, se retournera contre eux à l'extérieur : ce qui est dans la maison marque de force de caractère est considéré à l'extérieur comme signe d'indiscipline, voire de mauvaise éducation.

De plus, ces manifestations font peur : *les adultes, ils nous regardent toujours comme si on allait leur sauter dessus, ils ont toujours l'air d'avoir peur* (Toumi, la Source). Les forces de police elle-mêmes ne s'arrêtent pas devant des groupes nombreux de jeunes et ne les interpellent que lorsqu'ils sont isolés, mobilisant un nombre démesuré de policiers pour de banals contrôles de papiers. Les jeunes s'en rendent compte et renforcent ainsi leur sentiment de force collective.

Nous avons vu par quels processus les jeunes ont été amenés à se regrouper puis à faire leurs premiers *chapardages*. Certains d'entre eux ont connu les arrestations dès l'enfance et ont entendu les mots *voleurs* et *délinquants* à douze ou treize ans, ils ont entendu les mots *arabe, bon à rien* en même temps.

La réflexion de Tannenbaum, cité par Bloch peut s'appliquer très tôt dans l'histoire des jeunes : *un glissement se marque peu à peu de la définition des actes considérés comme mauvais à une définition de l'individu comme mauvais, de sorte que toutes ses actions seront tenues en suspicion. L'individu réagira en conséquence*[26].

Les jeunes de la Source réagiront en resserrant les rangs de leur bande naissante.

---

[25] Mécheri, 1984, 26.
[26] Tannenbaum, 1938, 15.

3 - De l'interactionnisme...

Le courant interactionniste s'est attaché à montrer l'importance de la stigmatisation, en particulier par les agences officielles de contrôle social.

Les jeunes ont conscience du regard posé sur eux. Le stigmate est intériorisé par eux-mêmes : *nous de toutes façons, ont est des vauriens, on vaut rien, voilà*, dit Nordine à voix basse. Leur réputation les suit jusque dans les tentatives de recherche d'emploi : *j'avais trouvé un emploi de plombier ; un soir le chef me voit avec ceux du Perron sur Auchan, il le dit au patron et le lendemain je me fais jeter. C'est pas honteux !* (Toumi, la Source).

A l'énoncé de l'adresse, du nom de famille, les mécanismes de méfiance et d'hostilité se mettent en place, assimilant les jeunes aux actes pour lesquels ils se font remarquer, l'ensemble d'une fratrie à un ou deux de ses membres, l'ensemble d'un immeuble à quelques uns de ses habitants. En réponse, les jeunes se referment sur eux-mêmes. Eux qui font peur ont aussi peur des réponses classiques mises en place pour répondre à leur regroupement. Une étude locale illustre ce propos : *par exemple, dans le centre commercial (...) la présence de vigiles avec des chiens et des surveillants (...) crée une ambiance dite de sécurité mais en fait, de peur, de méfiance, à tel point que les jeunes circulent peu dans le centre commercial et ne s'y sentent pas à l'aise*[27].

4 - Au concept de ségrégation réciproque

Philippe Robert enrichit l'analyse en introduisant le concept de ségrégation, (...) *où l'analyse devient féconde seulement si l'on parle de double spirale ou de dialectique de ségrégation réciproque entre in-group et out-group*[28].

La *double spirale ségrégationniste* nous intéresse d'autant plus que les jeunes de la Source sont eux-mêmes issus d'un groupe minoritaire et stigmatisé dans la société française, de par son origine ethnique, ce qui n'était pas le cas de leurs homologues des années soixante. Au contraire, Jean

---

[27] Etude A.D.E.R., 40.
[28] Robert, Lascoumes, 1974, 227.

Monod souligne *le racisme des voyous* (...) *leur mépris pour les crouilles n'était alors que l'extension logique de leur mépris des travailleurs. A cela s'ajoutait un racisme ambiant très virulent dans les milieux populaires*[29].

Aujourd'hui, cette *hostilité et cette méfiance réciproque* dont parle Robert est celle des adultes envers les jeunes, des Français envers les Arabes, et réciproquement. La constitution en bande des éléments les moins bien armés pour résister à la stigmatisation sociale dont est l'objet leur groupe de référence, peut ainsi être considérée comme l'expression guerrière de la revendication diffuse d'une place dans la société dans un quartier où rien n'avait été prévu qui puisse convenir à leur adolescence.

5 - L'incompréhension réciproque

Lorsque j'ai rencontré les jeunes de la bande de la Source, une grande tension existait sur le quartier entre le groupe et les habitants : chaque partie ne voyait de l'autre que ses manifestations les plus spectaculaires et campait sur ses positions, dans une guerre de tranchées sans issue. On pouvait dire à l'unisson de Trasher soixante ans auparavant qu'il existait *une barrière d'incompréhension faite d'aveuglement, une incapacité de chacun des groupes à comprendre la vie de l'autre*[30].

Le bulletin municipal de la ville de la Source donne plusieurs exemples de cette incompréhension mutuelle, telle la réaction au saccage d'une halte-garderie, en 1979 : *disons que c'est surtout l'œuvre de vandales qui ont délibérément décidé de nuire en s'attaquant à cette belle réalisation municipale, mais qui se manifestent également souvent en cassant, détruisant à plaisir ici ou là, un peu partout, au gré de leur fantaisie, ne respectant rien, et comme par une sorte de fureur contre tout et n'importe quoi*[31]. Cet article désigne à la vindicte publique des personnes (qui n'ont pas été retrouvées) dont l'action est privée de sens par l'auteur, vécue

---

[29] Monod, 1968b, 273.
[30] Trasher, 1927, 180.
[31] *Bulletin Municipal*, 1979, 10.

et analysée comme chaotique et dangereuse pour l'ordre public.

Il y a surenchère dans les actions et les réactions[32].

Petit groupe fermé sur lui-même, la bande apparaît alors comme un bloc où les différences de caractère entre les individus n'apparaissent pas à qui n'en fait pas partie. Les jeunes chercheront à se protéger de ces représentations négatives à travers la bande. Lorsqu'ils tenteront d'intégrer le *monde des autres*, la confrontation n'en sera que plus violente et douloureuse.

Plusieurs incidents avec des commerçants du quartier m'ont amenée à constater concrètement leurs différences et à les intégrer dans l'analyse de leur marginalité sociale.

Je me trouvai un après-midi dans le magasin de photos du centre commercial, où une jeune femme de la bande venait récupérer des photos. La vendeuse du magasin, d'habitude plutôt aimable et souriante avec les clients, au vu du nom de famille de la jeune femme, s'écria qu'elle refuserait les travaux photos pour toute cette famille puisque les photos n'étaient jamais réclamées. Les explications confuses de la cliente sur le manque d'argent ne firent que déclencher une attaque encore plus virulente *quand on n'a pas d'argent, on ne fait pas de photos !* L'ambiance s'était subitement tendue dans le magasin, et la vendeuse ne se préoccupait pas du regard des autres clients, qui dévisageaient Faïza et devenaient témoins de sa honte.

Cet échange et bien d'autres du même ordre avec d'autres commerçants étaient symboliques de la distance qui existait entre les jeunes de la bande et le monde des autres. Alors que les vendeurs adoptaient avec l'ensemble de leurs clients une attitude professionnelle d'accueil, d'écoute et de service, ils témoignaient par leur attitude avec les membres de la bande du désir de ne pas les compter parmi leur clientèle, au vu et au su des autres personnes présentes dans les boutiques.

J'ai eu l'occasion par la suite d'assister à d'autres incidents moins spectaculaires : regard appuyé sur un jeune demandant un renseignement sans utiliser les formules de politesse usuelles, recul à peine perceptible d'un serveur

---

[32] Robert, Lascoumes, 1974, 343-344.

Bande, acculturation et ségrégation

devant une commande faite sur un ton et avec des mots décalés par rapport à la clientèle habituelle d'un café... Ces mini-évènements qui jalonnaient la vie quotidienne des jeunes de la bande m'ont permis, sur le terrain, de constater le fossé qui séparait la bande du reste du corps social.

6 - L'intériorisation du stigmate

Des exemples de cette grande distance m'ont été donnés par l'attitude craintive de plusieurs jeunes que j'accompagnais à l'agence locale pour l'emploi, afin de les seconder dans une démarche de recherche de stage de formation ou de travail. Ces jeunes, très à l'aise au sein de leur groupe d'appartenance, semblaient "perdre leurs moyens", révélaient une timidité surprenante, me regardaient de l'air effaré de celui qui ne comprend rien alors que l'employé de l'agence s'exprimait, me semblait-il, très clairement. Ces jeunes, en d'autres circonstances, m'étaient apparus lucides, intelligents, diserts. Je savais que les affrontements physiques entre eux ou avec des représentants des forces de l'ordre ne les troublaient pas, et qu'ils pouvaient en maintes circonstances montrer des qualités de courage, de détermination et d'intelligence des situations. Et voilà que leur panique apparaissait au grand jour devant ce qui était pour eux une épreuve : affronter un prospecteur, décliner leur identité, répondre à des questions simples posées par quelqu'un qui n'était chargé d'aucune mission de répression, qui ne ressemblait pas aux adultes qu'ils rencontraient habituellement.

L'employé de l'agence les mettait en face de ce que les membres de bande fuient constamment au sein de leur groupe fermé : leur valeur marchande quasi nulle sur le marché de l'emploi, leur niveau d'instruction parmi les plus bas des *demandeurs d'emploi*, leur inutilité sociale au regard des normes dominantes. En même temps, il ne les insultait pas, utilisait un discours neutre qui ne permettait pas aux jeunes de se révolter contre une stigmatisation qu'ils connaissaient bien.

Ils étaient confrontés à un autre mode de relation que celui qu'ils connaissaient dans la bande ou dans leur groupe

La bande, le risque et l'accident

familial. Ce qui pour une personne non stigmatisée, était simple à réaliser (l'inscription dans un stage *adéquat*, la réponse à une annonce d'employeur), prenait pour eux les allures de l'insurmontable.

Revenant d'une entrevue avec une conseillère d'orientation dans un lycée technique, un jeune explosa de colère et me prit à témoin de l'injustice dont il se sentait l'objet : alors qu'il voulait faire in*génieur électronicien*, la conseillère lui avait proposé plutôt un CAP d'électricien après un stage de *remise à niveau*. Furieux, déconcerté, ce jeune de vingt-deux ans, qui n'avait jamais travaillé, et quitté l'école au niveau d'une cinquième ratée, recevait comme un choc ce projet de parcours *raisonnable* qui le renvoyait à ses capacités dans l'échelle sociale et brisait net son rêve de devenir cadre supérieur. L'idée d'une *remise à niveau* était insupportable pour lui : *remise à niveau, remise à niveau, c'est elle que je vais remettre à niveau, tu vas voir !*

Cette *bonne femme* qui faisait partie du monde opaque des gens qui travaillent et gagnent ainsi petitement leur vie, l'avait jugé selon des critères qui lui étaient étrangers mais dont il sentait sans doute la validité dans un ailleurs inaccessible. La première explosion de colère passée, il décida de devenir *gérant de boîte de nuit*, m'expliquant que c'était très facile, qu'il demanderait à son frère de tenir le bar et que la comptabilité étant chose aisée, il s'en chargerait lui-même. Il repartit un peu rasséréné par ce projet de rechange, construit à mesure qu'il m'en parlait. Ce type de *projet* était couramment évoqué parmi les jeunes de la bande, qui fonctionnait ainsi comme un refuge précaire et illusoire contre les attaques de l'extérieur.

Les conditions d'apparition d'une bande dépendent de nombreux paramètres que nous avons analysés ici. Bien que ne se trouvant pas dans les mêmes conditions, les jeunes du Vert-Pré ont eux aussi constitué une bande fermée, qui présente des points communs avec celle de la Source tout en s'en distinguant pour des raisons locales.

L'analyse générale concernant la situation des familles maghrébines dans leur processus migratoire peut être reprise au Vert-Pré. Nous avons entendu des réflexions similaires des jeunes sur les deux quartiers. La constitution de la bande est elle aussi liée à une connaissance intime de ses membres depuis l'enfance, à une faiblesse du contrôle parental liée aux mêmes paramètres généraux et à l'occurrence d'incidents qui ont précipité l'opposition entre le groupe d'enfants et l'extérieur. On ne compte pas de jeunes filles au sein de la bande, à l'inverse de celle de la Source. Celles-ci sont l'objet d'un contrôle familial plus serré et les jeunes garçons ne les ont pas admises parmi eux.

La bande du Vert-Pré est elle aussi composée en majorité de jeunes d'origine maghrébine. Comme leurs homologues de la Source, ils occupent les lieux près d'un bâtiment stigmatisé dans leur propre quartier. Cependant le quartier lui-même est l'objet d'un marquage social que ne connaît pas la Source. Il partage d'ailleurs sa réputation avec d'autres cités de la commune, tout en étant l'objet d'une attention particulière des responsables locaux et départementaux et des médias, à l'occasion des programmes sociaux détaillés en annexe.

La population du Vert-Pré est d'un niveau socio-économique beaucoup plus homogène que celle de la Source. Même si de nombreux adultes et jeunes n'apprécient pas la présence de la bande et d'autres regroupements de jeunes plus informels sur le quartier, ces groupes sont représentatifs des difficultés importantes de l'ensemble des habitants. Les programmes sociaux, justifiés par la situation d'enclavement particulière du Vert-Pré, ont comme effet pervers de renforcer la stigmatisation dont est l'objet le quartier et que subissent au premier chef les jeunes.

La constitution en bande est en même temps le résultat et la cause d'un processus de ségrégation réciproque entre le groupe et son environnement. Elle est une forme de structuration des jeunes dans un contexte marqué par l'enclavement, la baisse des ressources, et le stigmate dévalorisant porté sur l'origine ethnique des membres du groupe et de leurs familles.

Les premiers incidents entre le groupe de jeunes et l'entourage ont fait éclater des conflits plus généraux entre la minorité algérienne et la communauté française, asseyant de part et d'autre des représentations qui à leur tour ont avivé des tensions et rendue impossible la communication entre la bande et le reste du quartier, les arguments des uns n'arrivant aux autres qu'à travers le brouillard de l'incompréhension mutuelle.

LA BANDE, VALEURS ET NORMES

On ne peut comprendre les valeurs et les normes de la bande qu'en fonction de la ségrégation réciproque entre celle-ci et son environnement. Du fait de cette ségrégation, *il règne en effet entre le groupe et l'extérieur une indifférence affective qui permet, et presque appelle, le passage à l'acte*[1]. Cette absence d'empathie permet d'expliquer les contradictions entre les attitudes constatées à l'intérieur du groupe et celles observées par rapport à l'extérieur. De même d'ailleurs des personnes extérieures au groupe ne marquent aucune empathie par rapport à lui tout en étant capables de l'exprimer envers d'autres. On observera des valeurs, des désirs, des projets qui ne sont pas fondamentalement différents de ceux du reste de la société, alors que les normes pour tendre vers la réalisation de ces désirs et de ces projets seront elles, antinomiques.

I - Etre ensemble

Contrairement à d'autres formes de regroupements de jeunes, la bande est un but en elle-même, elle ne se forme pas pour mener une activité sportive, culturelle ou autre, ou en relation avec un milieu professionnel, elle regroupe des jeunes qui vivent sensiblement les mêmes situations sociales ou familiales. Cette tendance au regroupement a été soulignée par de nombreux chercheurs[2]. Les relations affectives sont primordiales dans la bande et la soudent[3]. Philippe Robert souligne l'importance des *interrelations individuelles* entre les adolescents qui se rassemblent en groupe. Ceux qui se réunissent pour discuter entre eux ne sont d'ailleurs pas toujours compris par les adultes qui se demandent de quoi ils peuvent bien parler et à quoi ils peuvent bien occuper leur temps...

---

[1] Robert, Lascoumes, 1974, 243.
[2] Walgrave, 1992, 58.
[3] Robert, Lascoumes, 1974, 293.

La raison d'être de la bande est bien l'"Etre Ensemble", ce qui explique les regroupements de jeunes dans des lieux qu'ils tentent de s'approprier et où leur nombre et leur assurance apparente déclenchent des réflexes de crainte chez les habitants et les commerçants et des réponses traduisant cette crainte. Cet intérêt quasi exclusif pour le contact avec les pairs est partagé par les jeunes de tous les milieux, à cette nuance près que la plupart disposent de plusieurs modes de socialisation différents (école, famille, activités de loisirs...). Ceci explique que l'on constate la présence de bandes plus nombreuses dans les milieux populaires que dans les milieux aisés. Il y a d'autre part une question de visibilité et d'habitude de vie : les milieux populaires investissent plus la rue comme espace de vie. L'exiguïté des appartements explique en partie ce phénomène ainsi que la faiblesse de cadres de socialisation pour les jeunes de milieu populaire. Pour ceux qui nous occupent, nous avons déjà mentionné l'impossibilité pour leurs parents de financer des activités de loisirs familiales ou collectives, dans des fratries nombreuses. Certains exprimaient aussi des réticences à confier leurs enfants à des structures d'animation collectives, indépendamment des problèmes financiers que cela pourrait éventuellement poser.

1 - La priorité aux relations inter-personnelles

Au sein de la ville, les jeunes de la bande conservent, comme dans un îlot, des relations de *type primaire* qui ont pour effet de les amener à privilégier leurs relations personnelles par rapport au travail par exemple. Monod cite un jeune de bande : *Si je travaille, je vois plus les copains, j'peux plus sortir. Alors, à quoi ça sert ?*[4].
Vingt ans après, Saadi, un jeune de la bande de la Source, explique : *travailler, ouais, faut voir... Si tu travailles, t'as plus le temps de voir les copains, tu vois plus personne, t'es au courant de rien...*
Les premières tentatives de travail de la bande de la Source se feront d'ailleurs en groupe, certains jeunes essayant

---

[4] Monod, 1968b, 328.

de se faire embaucher à plusieurs dans la même entreprise et conservant au sein de celle-ci les relations qu'ils entretenaient dans la bande, tels Medjoub, Adil et quelques autres qui avaient trouvé du travail... à cinq : *on travaille à tirer des câbles, on commence dans l'équipe du soir. L'autre jour le chef il a dit à Saleh : bon tu t'en vas ; nous on a dit, on s'en va tous, alors il nous a gardés.* Quelque temps plus tard, l'ensemble du groupe a été "remercié" par le même chef. Ces jeunes ont appliqué la logique de bande à l'entrée dans le monde du travail : embauche collective, défense collective ; la réponse sociale a suivi logiquement : licenciement collectif[5].

Leur principal centre d'intérêt, c'est d'être ensemble.

II - La résistance au stigmate

Nous avons dans la première partie de cette recherche analysé les conditions de formation des bandes de jeunes à partir du contexte sociétal et local. Nous verrons maintenant en quoi la bande a pu répondre aux besoins de ses membres, en constituant une sous-culture faite d'apports divers et de création collective.

Il n'est pas certain que les jeunes se soient trouvés aussi démunis que cela face à l'étiquetage qu'ils subissaient. Comme j'ai pu le constater tout au long du recueil des données, ils ont du répondant face à leurs détracteurs. Ils mettront en place un éventail de justifications pour légitimer leurs passages à l'acte délinquants. Ils contribueront ainsi à neutraliser leurs comportements et à renforcer leur groupe[6].

Rappelons que la bande est un *groupe primaire* replié sur lui-même, qui ne survit que par sa fermeture et son refus de communication avec l'extérieur. En ce sens il est proche de la définition que donne Simmel du *stade le plus précoce des formations sociales : un groupe relativement petit avec une solide clôture contre les voisins et les étrangers - ou contre les petits groupes, de quelque manière, antagonistes - mais en revanche avec une cohésion d'autant plus forte*[7].

---

[5] Esterle, 1990a, 128-129.
[6] Becker, 1985, 61.
[7] Simmel, Grafmeyer, Joseph, cités *in* Joseph, Grafmeyer, 1984.

C'est de cette cohésion que naît la sous-culture du groupe. De très nombreuses définitions de la culture et des sous-cultures ont été proposées par sociologues et anthropologues. Nous nous en tiendrons à celle de Bourdieu : *la culture est, au titre de code commun, ce qui permet à tous les détenteurs de code d'associer le même sens aux mêmes paroles, aux mêmes comportements, aux mêmes œuvres, et réciproquement d'exprimer la même intention signifiante par les mêmes paroles, les mêmes comportements et les mêmes œuvres...*[8].

De nombreux chercheurs s'accordent à reconnaître une sous-culture à la bande, que Monod décrit *à la fois triviale et mythique, et malgré leur confinement, vivante...*[9]. Cohen parle d'une sous-culture délinquante à travers laquelle l'individu recherche la satisfaction de ses *besoins socio-émotionnels* qui, non satisfaits par le premier groupe de référence, peuvent être comblés par le groupe d'appartenance[10].

La bande est ainsi un groupe déviant dont *la conscience de partager un même destin et de rencontrer les mêmes problèmes engendre une sous-culture déviante, c'est-à-dire un ensemble d'idées ou de points de vue sur le monde social et sur la manière de s'y adapter, ainsi qu'un ensemble d'activités routinières fondées sur ces points de vue. L'appartenance à un tel groupe cristallise une identité déviante*[11]. Nous dirons que chaque bande, en fonction de la société dans laquelle elle se développe, de l'époque historique, des interactions avec l'environnement, développe une micro-culture particulière, variante de la sous-culture des bandes.

1 - Une sous-culture originale

La particularité de la sous-culture de la bande de la Source est que tout en prenant des apports dans la culture de leurs parents et dans celle de la société française, ses

---

[8] Bourdieu, 1967, 5-6.
[9] Monod, 1968b, 467.
[10] Cohen, 1959, 471-472.
[11] Becker, 1985, 60-61.

La bande, valeurs et normes

membres développent un mode de vie original lié à l'expérience nouvelle qu'ils font[12].

Alors que leurs parents sont arrivés adultes, souvent pourvus d'un travail en ce qui concerne les pères, eux ont grandi soumis à des influences contradictoires. A ce propos, à l'expression *jeunes* ou *immigrés de la deuxième génération* employée habituellement nous préférons celle de *jeunes issus de l'immigration de milieu populaire*. En effet ils ne sont pas immigrés d'une génération ou de l'autre : ils sont nés ou arrivés très jeunes en France, parlent le français couramment et se revendiquent *Algériens vivant en France*, appartenant à une minorité enracinée dans le pays d'installation de leurs parents, les souhaits de retour au pays et les départs effectifs étant très rares parmi eux, surtout à la suite des évènements qui traversent l'Algérie aujourd'hui.

Les valeurs de la bande peuvent être classées selon les motivations fondamentales de tout individu selon Thomas : *le désir de reconnaissance ou de statut ; le désir de pouvoir ; le désir de sécurité ; le désir d'expériences nouvelles*[13].

Les principales valeurs de la bande suivent les trois premières motivations que ses membres partagent avec le reste de la société, et qu'ils négocient en fonction de leur appartenance au groupe et de leur positionnement social. Quant au *désir d'expériences nouvelles*, la structuration au sein de la bande nous paraît le combler en elle-même, ainsi que les diverses actions menées, en particulier les virées, avec les limites liées à l'enclavement du groupe. Ce désir particulier peut aussi engendrer des prises de riques, comme nous le verrons plus loin.

2 - La vulnérabilité sociétale

Il ne faut jamais perdre de vue quelle est la position sociale des jeunes du groupe et en quoi ce positionnement et le stigmate dont ils sont l'objet à plusieurs points de vue a pu conditionner leur rapport au monde et leurs habitudes, c'est-à-dire leur sous-culture de groupe. La théorie de la vulnérabilité

---

[12] Mead, 1979, 58.
[13] Thomas, Znaniecky, 1918, cité par Mackenzie, 1984, 223 *in*, Joseph, Grafmeyer, 1984.

sociétale nous est fort utile à ce propos (Walgrave, 1992, 91).
Les familles en situation de *vulnérabilité sociétale* sont celles qui n'ont aucun contrôle sur les institutions sociales, mais sont elles-mêmes l'objet d'une *masse de contrôles, de discriminations et de sanctions, sans qu'elles profitent de l'offre que les institutions sociales procurent*[14].

L'appartenance à l'ethnie minoritaire des Algériens augmente la vulnérabilité des familles et des jeunes [15]. Ce n'est pas vers la recherche de caractéristiques liées à la culture qu'il faut s'orienter pour l'analyse de la constitution du groupe déviant qu'est la bande, mais dans l'analyse de la manière dont cette culture est perçue par la société française environnante et l'effet que ces représentations induisent sur le comportement des jeunes. Issus de familles particulièrement vulnérables et déconsidérées par les agents de contrôle social, ils sont eux-mêmes en échec au niveau de leur scolarité et cumulent plusieurs obstacles dans leur processus de socialisation : celui d'être sans formation professionnelle, sans emploi et les derniers à pouvoir en obtenir sur un marché du travail saturé et discriminant.

3 - L'algérianité

Par contre, dans cette sous-culture de résistance au stigmate, l'attachement empreint de fierté rageuse à une communauté distincte du reste de la société française, rejoint d'une certaine manière celui des adultes d'origine algérienne [16]. Mais à la différence de la plupart des adultes et des jeunes d'origine étrangère qui les entourent, ils associent *Arabes* à *délinquants* et semblent mettre comme un point d'honneur à correspondre à l'image qui leur a été renvoyée par les adultes extérieurs à leur groupe d'appartenance depuis leur enfance.

L'intériorisation profonde du stigmate dont ils sont l'objet est renforcée par l'enclavement en groupe fermé.

Cette association *Arabe-délinquant*, est intériorisée par les jeunes, associée au sentiment profond de subir une discrimination non pas pour ce qu'ils font mais pour ce qu'ils

---

[14] Walgrave, 1992, 90.
[15] Malewska-Peyre, 1983.
[16] Gillette, Sayad, 1984, 206.

sont. Elle les conduit à constituer une contre-identité négative renforcée involontairement par certains parents exprimant le même sentiment de dévalorisation liée à leur origine ethnique. Leurs enfants auront pu se saisir de ce type d'arguments pour justifier échec scolaire et actions délinquantes, s'en servant comme des *alibis*[17].

Ce n'est que très tardivement que certains parents commenceront à rappeler à leurs enfants que tout ne peut être justifié par la discrimination réelle dont sont l'objet les populations immigrées.

L'algérianité, attachement à un pays d'origine plus mythique que réel, qui va de pair avec une critique acerbe de la vie quotidienne qu'ils en perçoivent lorsqu'ils s'y rendent, est une affirmation d'identité dans un pays d'installation qui dévalorise justement cette identité là. Elle devient ainsi une valeur interne à la bande qui retourne le stigmate qu'elle porte pour en faire un signe d'appartenance valorisant et une raison supplémentaire de se défier de l'extérieur.

Ceci explique que les jeunes de la bande s'attachent à conserver des habitudes héritées de leurs parents au sein même de la vie du groupe et se réfèrent à ces habitudes sur des points importants (condition des femmes, respect des aînés...), quand bien même ils vivent des conflits relationnels sérieux avec leurs parents. La bande dépasse et gomme les origines différentes des quelques membres d'origine européenne qui pour pouvoir en faire partie, adoptent le même langage que leurs camarades et ne critiquent aucune des coutumes des parents réinterprétées par la bande.

Cette particularité culturelle est d'autant plus importante que la bande est à la recherche de signes distinctifs, nécessaires à la différenciation en milieu urbain[18]. Ainsi les jeunes, à l'inverse de ce que l'on observe quelquefois, conservent leur prénoms arabes et ne les francisent jamais, même pour ceux qui sont d'origine franco-algérienne, comme l'affirme Jawad : *moi je m'appelle Jawad Bernard, mais si on m'appelle Bernard, je me retourne pas!*

---

[17] Walgrave, 1992, 97.
[18] Hanners, 1980, 299.

La bande, le risque et l'accident

    L'algérianité devient *une variante de la sous-culture des quartiers populaires où sont regroupés les jeunes Algériens*[19].

4 - Les croyances et le langage

    Tous les jeunes portent des chaînes ornées d'un petit Coran ou d'une main de Fatma, certains y ajoutent l'insigne kabyle. L'un d'entre eux le fit même inclure dans un pull-over en jacquard. La main de Fatma est un porte-bonheur dont les jeunes pensent qu'il les protègera du mauvais œil. Le mauvais œil, l'Aïn, empêche de rendre public un évènement heureux de crainte de devoir souffrir par le réveil d'un esprit malin attiré par cette nouvelle. Le mauvais œil peut influer sur des trajectoires, y compris empêcher des changements de comportements, malgré les efforts des intéressés. Il peut aussi provoquer des évènements graves. Ainsi Omar s'est inquiété quand Sabrina est montée dans sa voiture : *elle a dit, hum, ça sent bon dans cette voiture ! Et le soir, j'ai eu un accident ! Elle a signé un pacte avec Satan, c'est une sorcière !*

    Lors de la circoncision d'Idriss, le fils de Faïza et de Ramon, en sortant de l'hôpital où avait eu lieu l'intervention, sa mère lui a passé du henné sur les mains en guise de porte-bonheur. A cette occasion, elle nous a expliqué que lorsque son beau-frère a acheté une voiture, sa mère a passé du henné sur les roues, afin de porter chance au propriétaire et lui éviter des accidents. Les jeunes de la bande reprennent ces pratiques directement héritées de leur culture d'origine, en les adaptant à leur mode de vie marginal.

    Dans le même état d'esprit, les interdits alimentaires concernant le porc sont respectés par certains d'entre eux, surtout par les *leaders*, à l'intérieur comme à l'extérieur des familles : nombreux sont ceux qui comme Farouk refusent de manger de la nourriture qui aurait été touchée par du porc et considèrent comme une atteinte à leur honneur l'incompréhension de restaurateurs à ce sujet. Les jeunes essaient de suivre le jeûne du Ramadan. Bien peu y arrivent effectivement mais tout au moins s'abstiennent-ils de manger, de fumer ou de boire en public au nom du respect dû à la

---

[19] Mécheri, 1984, 41.

La bande, valeurs et normes

religion. Certains dévorent cependant des gâteaux et des cafés-crème en journée, dans l'arrière-salle discrète du café du Perron...
 Lakhdar nous expliqua même qu'il avait interdit à la bande de *voler du lever au coucher du soleil pendant le Ramadan,* ce qui est une réinterprétation de celui-ci suivant les critères propres à la bande, le vol étant interdit pour tout musulman. De fait, on observe un ralentissement de l'activité délinquante pendant le Ramadan, les jeunes qui s'efforcent de le suivre étant aussi les plus influents de la bande. On peut les voir assis ensemble sur *le Champ,* se soutenant mutuellement dans leur effort.
 Pendant le Ramadan, les filles serrent la main aux garçons après leur avoir demandé s'ils suivent le jeûne, sinon elles les embrassent. Les garçons s'appliquent à ne pas regarder les jeunes femmes extérieures à la bande et à ne pas faire à leur sujet les réflexions grossières dont ils sont coutumiers.
 Le langage des jeunes est émaillé de mots arabes, manouches pour ceux de la Source (par imprégnation de la langue gitane parlée dans un quartier très proche du grand ensemble). Ce langage traversé de multiples origines peut devenir à dessein totalement incompréhensible au profane s'il est entremêlé de mots d'argot.

III - Le respect

1 - Les jeunes filles

 La notion de respect est omniprésente dans la vie de la bande : la déférence partagée par tous envers la Mère interdit les injures ou les critiques publiques envers l'une ou l'autre d'entre elles. Le respect régit les relations entre garçons et filles : les plaisanteries sexuelles sont rares et réservées à celles qui se déconsidèrent à leurs yeux.
 La bande de la Source comptait une dizaine de jeunes filles. C'est au nom du respect que les garçons furent d'abord très réticents à l'entrée des filles dans le groupe. L'enjeu de leur présence en son sein était d'autant plus importante qu'elles étaient la pierre angulaire de l'honneur familial : quels que soient les désaccords entre les parents et leurs fils,

La bande, le risque et l'accident

tous s'accordaient à maintenir les jeunes filles dans le cadre familial, leur proposant comme avenir une répétition du destin de leurs mères, les garçons exigeant d'elles à tout le moins qu'elles soient prêtes à les servir lorsqu'ils rentraient chez eux. Celles qui ont fait partie de la bande appartenaient à des familles dont les membres n'étaient pas en mesure de maintenir les interdits traditionnels : parents en désaccord sur l'éducation de leurs enfants, débordés par leur nombre ou se conformant à la *Tarbya* (la tradition) de manière trop rigide. D'autre part, les jeunes filles purent négocier leur entrée dans la bande par une complicité avec leurs frères dont elles couvraient les activités délinquantes auprès des parents, les garçons se trouvant ainsi redevables de leur silence. Elles n'entrèrent pas dans la bande par effraction mais *en douceur*, progressivement, sans remettre en cause les valeurs viriles qui assuraient la suprématie des garçons.

En entrant dans la bande, les jeunes filles se trouvèrent ainsi sous la protection plus ou moins volontaire de leurs frères. Leurs parents, ignorant des activités menées par les jeunes, étaient rassurés en les sachant ensemble, le frère servant traditionnellement de *bouclier* à la vertu de sa sœur, quel que soit son âge, uni à elle dans une relation proche de celle décrite par Germaine Tillon : *il est lui (...) personnellement comptable vis-à-vis des siens du petit capital fort intime de la belle jeune fille qui est un peu sa servante, un peu sa mère, l'objet de son amour, de sa tyrannie, de sa jalousie... bref : sa sœur*[20].

Tous les jeunes du groupe se connaissaient depuis l'enfance, plusieurs étaient frères et sœurs, cousins ou très proches voisins : il était impensable que les jeunes filles soient des objets sexuels pour les garçons. Elles échappèrent ainsi au rôle traditionnel dévolu aux filles dans les bandes et décrit par plusieurs chercheurs (Robert, Bloch, Trasher, Monod...) : celui d'objets d'échange entre les garçons et de moyen d'initiation sexuelle, souvent collective, pour ceux-ci.

Mais leur place dans la bande ne put se maintenir qu'au prix de ruses constantes et de dissimulations. Le moindre manquement aux normes dominantes du groupe était

---

[20] Tillon, 1966, 113.

La bande, valeurs et normes

sanctionné par des réflexions acerbes des garçons, des exclusions temporaires ou des réaffirmations de leur pouvoir, comme nous le verrons dans le chapitre suivant.

Par ailleurs, si les filles gagnèrent dans la bande un espace de liberté toujours remis en cause par les garçons, elles y perdirent pour la plupart définitivement l'estime de leurs familles : alors que les garçons ont toujours gardé un contact avec leurs parents, les transgressions opérées par les filles se soldèrent pour plusieurs d'entre elles par l'exclusion du groupe familial[21].

2 - La hiérarchie des âges

Une autre valeur directement héritée de la culture d'origine est le respect des aînés. Les *leaders* sont pour deux d'entre eux les aînés de leur fratrie mais ils partagent cette particularité avec d'autres membres de la bande. Ceux-ci forment une sorte de *conseil informel* détenteur d'une autorité implicite due à leur âge. Nous avons déjà évoqué le rôle des aînés dans les familles algériennes. Ce sont eux qui dans la bande, décident qu'un de leurs cadets est prêt à entrer dans le groupe.

D'une manière générale, les *petits* font leurs premières armes en dérobant quelques auto-radios qu'ils remettront aux plus âgés, en assurant des fonctions de guet dans les *coups* ou en passant des messages de l'un à l'autre. Ils jouent un rôle important dans la mobilisation du groupe en cas d'atteinte au territoire.

Il est courant qu'un aîné *fasse travailler* plusieurs petits ravis de l'honneur qui leur est fait. Il pourra ainsi tester les qualités d'habileté et de courage des débutants et assurer sa popularité en les faisant entrer dans un café malgré leur jeune âge et en leur payant une consommation non alcoolisée avec une bienveillance mêlée de paternalisme.

Les aînés assurent une fonction de protection des plus jeunes en échange des services rendus. Ils surveillent leurs premières épreuves de délinquants tout en maintenant vivantes les marques du respect :

---

[21] Esterle, 1991a.

Mon petit frère est en prison. Il a pris quatre mois ; ça va il tient le coup, c'est un homme, il est fort. Il me respecte. Longtemps il a pas fumé devant moi, ça fait pas longtemps que je lui ai donné l'autorisation ; sinon il allait dans les toilettes tout le temps, au restaurant, au café ; je me disais, aussi bien il se drogue ! Alors maintenant je l'autorise, il fume devant moi. Mais il vendra pas de la drogue, ça jamais ! (Abdallah). La bande de la Source est en cela bien différente des bandes décrites par Monod, qui comprenaient au mieux deux frères de la même famille et dans lesquelles la valeur de respect n'avait pas la même importance.

3 - La honte

Le corollaire du respect, la honte, est également très importante dans la vie de la bande et liée au mode de vie du groupe à détermination traditionnelle selon Riesman : *La sanction du comportement tend à être la peur d'avoir honte*[22]. Cette honte, la *H'achouma*, est d'ailleurs présente dans le discours des jeunes : ce mot est un des premiers qu'apprennent les personnes qui entrent en contact avec des jeunes issus de l'immigration maghrébine. La *h'achouma* interdit de manger dans la rue ou devant des personnes extérieures à la bande, de fumer devant un aîné avant que celui-ci ne l'ait autorisé, de manquer de respect aux parents, d'avoir une altercation publique avec un autre membre de la bande.

La honte s'abat sur celle qui a transgressé les interdits sexuels : les filles avaient intériorisé ce tabou et se montraient beaucoup plus timorées dans l'expression de leur sexualité que dans leurs actions délinquantes : *le premier garçon qui m'a embrassée sur la bouche, le pauvre, il lui a fallu une patience ! Je lui disais : attends, attends un peu s'il te plaît... Comme ça pendant une heure ! Et pourtant je l'aimais, j'en étais folle ! Après j'ai craché par terre. C'est dégoûtant je pensais ! J'avais seize ans* (Sofia).

A la même époque, elle volait sans sourciller des piles de pantalons avec ses amies et pratiquait déjà à merveille le vol dans les supermarchés. Les filles exerçaient les unes sur

---

[22] Riesman, 1964, 48.

les autres un contrôle serré quant à leur sexualité : *Sheherazade, elle a attendu deux ans avant de coucher avec son copain ! Si elle l'avait fait au bout d'un mois qu'elle était avec lui, on lui aurait plus parlé ! Haram !*[23]. C'est grâce à la *honte* et au *respect* qu'elles ont pu faire partie de la bande et y exercer une certaine influence.

Dans le cas des groupes qui nous occupent, la revendication d'algérianité fait l'originalité de la sous-culture de la bande. Elle permet à celle-ci de se démarquer de la société française et d'autres minorités ethniques ou confessionnelles tout en maintenant l'attachement à sa communauté d'origine, au delà des conflits parents-enfants occasionnés par la non-conformité de la bande aux valeurs et aux normes de travail et de responsabilité familiale.

Elle est donc double mouvement, rapprochement-distanciation, constitutive d'une *déclaration d'identité* dirigée autant vers la communauté d'origine que vers la société française. Elle permet sans doute aussi de construire une identité compensatoire et plus gratifiante que celle de jeune *inactif et dangereux*. Ces éléments culturels permettent aux jeunes, bon an mal an, de se repérer à une culture réinterprétée dans le cadre de la ségrégation réciproque entre la bande et l'extérieur et de l'adaptation à un mode de vie marginal.

---

[23] Péché en arabe.

BANDE, DELINQUANCE ET CONTROLE SOCIAL

Nous avons analysé les principales valeurs héritées de la culture d'origine et légitimées par la recherche identitaire dans le milieu semé d'embûches dans lequel évoluent les jeunes du groupe. Nous allons maintenant nous intéresser la place de la délinquance dans sa sous-culture, et au positionnement explicite du groupe par rapport à la hiérarchie sociale.

I - Les effets du contrôle social

1 - Les bandes de jeunes et le milieu social

On trouve des jeunes structurés en bandes dans d'autres milieux que ceux que nous étudions. Cependant nous pouvons dire que la plupart d'entre eux se satisfont de regroupements sporadiques ou de participation à des mouvements culturels, sportifs ou de loisirs organisés par la société adulte : ils trouvent une valorisation et une identité dans un cursus scolaire, un début de vie professionnelle ou l'appartenance à une catégorie sociale valorisée. De fait, pour les jeunes de tous les milieux, le groupe des pairs, qui peut être la bande, prend une importance d'autant plus grande que la société offre peu de repères identificatoires. Dans les années 1960, l'expression blousons dorés côtoya celle de blousons noirs. Elle symbolisait l'existence de bandes de jeunes bourgeois, mis en scène dans le film *Les tricheurs*[1], ou décrits par Monod comme des mauvais garçons[2].

Plus récemment, les *Skinheads* parisiens, bande de jeunes néo-nazis dont la violence raciste n'est plus à démontrer, sont issus dans leur noyau initial de la grande bourgeoisie dont ils commencèrent par dévaster les réunions mondaines avant d'essaimer sur le pavé des rues.

---

[1] Carné, *Les Tricheurs*, 1958.
[2] Monod, 1968b, 258-259.

La bande, le risque et l'accident

La situation de vulnérabilité des jeunes de milieu populaire précarisé implique qu'ils ont plus recours à ce type de rassemblement autonome étant donné le faible encadrement social dont ils sont l'objet aujourd'hui.
Plus les jeunes sont éloignés des voies classiques d'intégration sociale, plus ils auront tendance à se regrouper en bande, qui devient alors la principale forme de socialisation qui leur soit offerte. Ceci explique qu'outre la visibilité des groupes de jeunes de milieu populaire et la médiatisation accordée à leurs faits et gestes, on trouve principalement les bandes d'adolescents dans les milieux les plus touchés par la mutation économique et atteints au premier chef par le chômage et la précarisation des conditions de vie.

2 - Un contrôle social différencié

Le contrôle social s'exerce nettement plus sur les jeunes de milieu populaire et les connaissances sociologiques sont plus développées concernant les couches pauvres de la population, y compris en ce qui concerne le phénomène des bandes, ainsi que le soulignent Bloch et Niederhoffer[3].
Il en est de même pour la délinquance. De nombreuses études identifient comme délinquants les jeunes repérés comme tels par les agences de contrôle social. Or ces dernières exercent un contrôle nettement plus important sur les jeunes de milieu populaire[4]. Par ailleurs il est communément admis chez les professionnels du contrôle social que la pauvreté engendre la délinquance, avec comme facteurs aggravants la situation de migration, l'âge ou la situation familiale.
Certains services sociaux en arrivent à parler d'enfants à risque, les risques allant de la précarité d'emploi des parents au type d'habitat en passant par l'origine ethnique ou l'appartenance à une famille nombreuse ou monoparentale.
Les critères de risque dépendent pour une grande part des présupposés moraux de ceux qui les établissent et non de critères objectifs et scientifiques. On trouve même encore le

---

[3] Bloch, Niederhoffer, 1974, 30.
[4] Robert, Lascoumes, 1974, 48.

vocable barbare de pré-délinquant, comme si l'on pouvait, par un déterminisme discutable, prédire l'avenir d'un enfant quant aux actes délictueux qu'il ne manquera pas de commettre. Il s'agit bien là d'un étiquetage social qui s'applique principalement aux enfants et aux adolescents qui vivent dans les grands ensembles populaires[5].

La réponse sociale à la délinquance juvénile (éducateurs de terrain, police, justice) est beaucoup plus présente et spectaculaire dans les milieux pauvres que dans les milieux aisés et l'on trouve par conséquent une documentation beaucoup plus abondante sur la délinquance dans les grands ensembles suburbains ou les quartiers pauvres.

On se trouve donc face à la trilogie : pauvreté-jeunesse-délinquance, renforcée aujourd'hui par un quatrième paramètre : la figure de l'étranger. L'archétype de l'immigré clandestin vient aujourd'hui, dans des discours tout à fait officiels, se combiner avec l'idée de l'insécurité.

D'ailleurs le traitement social réservé à ces transgressions à la norme n'est pas le même selon les couches sociales. Les milieux économiquement et socialement dominants traitent leurs jeunes déviants dans des circuits spécialisés internes[6]. A titre d'exemple, un juge des années 1960 reconnaît l'inadaptation des structures de contrôle social au cas de jeunes délinquants routiers : - Et surtout, pour le juge des enfants, l'impression d'être désarmé devant ces jeunes adultes, l'absence de solution éducative valable : la rééducation, ses méthodes, ses établissements ne sont pas adaptés aux cas de ces "jeunes bourgeois"[7]. On ne saurait mieux dire que les jeunes issus des couches supérieures de la société ne relèvent pas des services sociaux classiques qui concentrent leur attention sur les jeunes de milieu populaire.

Cependant le contrôle social ciblé sur les jeunes de milieu populaire et la relative pauvreté des données sur la délinquance juvénile en milieu bourgeois ne peuvent suffire à conclure que les phénomènes de délinquance de proximité sont aussi répandus dans toutes les couches juvéniles de la

---

[5] Presdee, 1992, 70.
[6] Roumajon, 1989, 16.
[7] Peigne, 1963, 9-14.

La bande, le risque et l'accident

société[8]. Les phénomènes de délinquance de proximité se rencontrent majoritairement en milieu pauvre, en situation de vulnérabilité sociétale.

II - La délinquance de précarité

Walgrave distingue trois types de délinquance : la délinquance symptôme d'un dysfonctionnement psychologique, la délinquance passagère propre aux adolescents qui cherchent les limites de l'interdit dans le cadre la crise d'adolescence (Parsons), et la délinquance de précarité, liée à la vulnérabilité sociétale des couches pauvres[9].

La délinquance des bandes que nous étudions relève de la catégorie de la délinquance de précarité, avec une particularité liée au stigmate négatif qui touche les jeunes d'origine étrangère.

Cette délinquance liée directement au statut socio-économique des jeunes et de leur environnement les mène à commettre des actes en rupture avec la loi pour accéder aux biens dont ils sont privés de par la faiblesse de leurs ressources. En effet, les jeunes valorisent la propriété (quand il s'agit de la leur), l'acquisition des biens matériels, la réussite sociale. Ainsi les jeunes se livrant à des actes de délinquance ne présenteraient aucune psychopathologie particulière mais n'auraient pas intégré les normes dominantes[10]. Ils organiseraient leur système de normes par le biais de l'association différentielle selon Sutherland[11], par l'intermédiaire du groupe qui renforce les comportements et rassemble les personnes connaissant les mêmes trajectoires. Les institutions de socialisation n'ont pas fonctionné du fait de l'inadaptation des familles et de l'absence d'investissement dans la scolarité. C'est le statut social du jeune et l'écologie du milieu dans lequel il vit qui peuvent expliquer les formes de délinquance en milieu pauvre.

---

[8] Walgrave, 1992, 22-23.
[9] Walgrave, 1992, 5-7.
[10] Shaw, Mac Kay, 1929.
[11] Sutherland, Cressey, 1966, 88-90.

Bande, délinquance et contrôle social

1 - La délinquance contre l'ennui

Si la bande est un groupe informel, elle n'en est pas moins capable d'activités relativement organisées, en particulier en ce qui concerne la délinquance. La délinquance fait partie de la vie de la bande mais n'en est pas le but premier. La vie quotidienne de la bande, loin de l'imagerie classique à ce sujet, *se déroule dans une routine bien monotone*[12] selon le mot de Bloch. Nous l'avons constaté pour les membres des deux bandes rencontrées : un temps considérable est passé à se retrouver, à parler, à rester ensemble au bas des tours ou près des centres commerciaux. Les journées sont longues à occuper et beaucoup de jeunes avouent s'ennuyer très souvent.

Les activités délinquantes ne sont pas aussi courantes qu'une image médiatisée de la bande tendrait à le faire croire : les jeunes parlent beaucoup de leurs coups, mais agissent peu.

Les vols commis à plusieurs occupent le temps vide et permettent de partager ensemble des émotions fortes : *le moment avant le vol c'est important. Quand on attend... Le voleur revole toujours, pour combler le vide, le vide il est en moi, j'aurai toujours la tentation de revoler* (Lakhdar, leader de la bande de la Source).

2 - Les vols et les échanges

La délinquance remplit également dans la bande une fonction essentielle : celle de la souder et d'assurer les échanges en son sein. A travers le vol, les jeunes instaurent un système de services : lors de l'incarcération de Saadi, Guillaume a revendu deux auto-radios afin de lui envoyer un mandat pour la cantine de la prison, à charge de revanche par la suite. Ce système de réciprocité avait déjà été souligné par Monod[13].

Les vols plus organisés donnent lieu à des tractations avec échange d'argent : par exemple un jeune vole pour quelques centaines de francs de nourriture et fait payer la moitié du prix affiché à un autre qui lui a passé commande.

---

[12] Bloch, Niederhoffer, 1974, 226.
[13] Monod, 1968b, 328-329.

La bande, le risque et l'accident

Ces vols assurent des revenus sans grand risque au voleur et permettent aussi de maintenir la cohésion du groupe, une dénonciation par un client soudain pris de frayeur étant catastrophique pour celui qui exécute sa commande et pour le restant de la bande, qui pourrait ainsi voir l'attention attirée sur ses activités.

3 - Les vols de conformité

Les jeunes volent souvent en groupe, en particulier dans les grandes surfaces, pour se retrouver ensuite et partager leur butin : nourriture, objets usuels ou plus inhabituels. Le plaisir du repas partagé et le sentiment d'être comme tout le monde légitime le vol : *si on volait pas, on n'aurait pas pu réveillonner normalement*, disait Houria, après s'être faite interpeller avec ses amies dans le centre commercial de la Source pour avoir tenté de voler des produits de luxe. En fait il s'agit de vols effectués dans un désir de conformité, pour être comme tout le monde.

D'autres volent également pour s'approprier de manière fugace des signes extérieurs de richesse (vêtements, chaussures, voitures...) illustrant ainsi leur proximité avec certaines valeurs dominantes (dont l'accumulation des biens matériels, symboles de réussite sociale), autant que leur distance avec les normes classiques de leur acquisition. C'est ce que Presdee appelle la futilité d'un consumérisme qui ne contente pas le désir qu'il a fait naître chez ses participants, pas plus qu'il ne leur alloue une situation sociale satisfaisante, qui ne laisse espérer de changements personnels qu'à la mesure de l'importance véhiculée par telle ou telle possession[14]. Aux étapes d'accession à ces biens, ils préfèrent le raccourci du vol, à l'objet de valeur moyenne acquis en travaillant, ils préfèrent l'attribut luxueux tiré d'une appropriation délictueuse. Nous reviendrons largement sur cet aspect de la sous-culture délinquante des bandes dans le chapitre consacré aux vols de véhicules motorisés.

---

[14] Presdee, 1992, 70.

4 - Quelques problèmes d'organisation...

Si la délinquance fait partie de la vie de la bande, il ne s'agit cependant pas d'une délinquance à grande échelle ou très organisée, d'abord parce que la bande, par son caractère informel, ne peut pas produire d'actes très sophistiqués, ensuite parce qu'une trop grande spécialisation transformerait la bande en gang de malfaiteurs, gommant ainsi l'aspect convivial et fraternel qui en fait sa raison d'être.

En effet les jeunes des bandes ont le plus grand mal à organiser leurs activités collectives, qu'elles soient festives ou autres : ayant décidé de se rendre sur une base de loisirs située assez loin de La Source, le groupe s'est donné rendez-vous à 14 h, un après-midi d'été. Beaucoup manquaient à l'appel ; certains des premiers arrivés allèrent chercher les manquants, lesquels arrivaient par un autre chemin et commencèrent à attendre ceux qui étaient partis à leur recherche. Les jeunes s'invectivaient les uns les autres, se reprochant leurs retards mutuels ou expliquant longuement les raisons des contretemps.

Quand l'ensemble du groupe fut à peu près réuni, plusieurs s'aperçurent qu'ils avaient oublié maillots de bain et serviettes et repartirent les chercher. De fil en aiguille, il était beaucoup trop tard pour aller à la base de loisirs et les jeunes se rabattirent sur la piscine du centre commercial, distante de cinq cents mètres. Au long du chemin qui y menait s'égrenait une colonne clairsemée et bruyante, les uns et les autres reprenant des explications sans fin sur les raisons de leurs retards respectifs et l'impossibilité de remplir le programme prévu : *de toutes façons on aurait dû partir à 11 heures, ça vaut pas le coup d'y aller l'après-midi.*

5 - La délinquance des amateurs

Ces défauts d'organisation se remarquent aussi dans les activités délinquantes. Sofia explique comment elle essaie de trafiquer avec l'argent d'autrui : *je demande à untel de me prêter 500 F (lui est honnête, il a rien à voir) ; avec ça j'achète un blouson volé, je le fais revendre par quelqu'un à 1 000 F, il garde 250 F, moi pareil, et je rends ses 500 F à Untel. J'ai gagné 250 F avec de l'argent qui était pas à moi !*

La bande, le risque et l'accident

Cette démarche demande une certaine intelligence et beaucoup d'organisation : dans la réalité, Sofia n'est pas en mesure de respecter les délais fixés par son prêteur car elle n'a pas trouvé tout de suite un revendeur qui n'a pas forcément trouvé preneur pour le blouson au prix prévu et n'a pas toujours tenu parole quant au partage avec elle... En admettant que la transaction s'effectue jusqu'au bout, une fois en possession de l'argent qu'elle doit rendre, elle le dépensera pour se nourrir (elle assure seule sa subsistance) ou pour calmer un autre débiteur impatient : au bout du compte, elle s'est grillée auprès d'un naïf qui ne reverra pas de sitôt son prêt et ne s'y fera pas reprendre à deux fois. Il y a loin de la parole à l'acte.

Cet exemple nous semble illustrer la citation de Robert : *Il y a peu d'infractions "astucieuses" du type escroqueries ou abus de confiance. Dans les bandes, l'activité délinquante reste à un niveau beaucoup plus primaire*[15]. Les jeunes ont le plus grand mal à spécialiser les fonctions dans la bande (guetteurs, instigateurs des actions, chauffeurs, spécialistes de réparations et maquillages de véhicules divers) qui laissent largement à désirer.

Il en est de même pour les armes à feu dont la possession implique une organisation plus développée que celle de bandes d'adolescents : il n'y a pas refus de la violence, mais inorganisation, improvisation[16]. Cette organisation plus sophistiquée serait le fait de *dealers* de drogues telles l'héroïne, la cocaïne ou le *crack*, dont nous avons indiqué qu'ils ont formé sur la Source un petit *gang* qui n'est pas l'objet de notre étude.

Les jeunes de la Source s'armaient le plus souvent de serpettes ou de couteaux qui servaient autant à intimider l'adversaire qu'à un usage concret mais se battaient le plus souvent à mains nues, sans mesurer les conséquences des coups portés et se donnant à voir inutilement, ce que n'auraient pas fait des malfaiteurs professionnels.

Ainsi de nombreux jeunes des bandes sont tombés à la suite de flagrants délits de vols dans des magasins munis d'alarmes ou au moment d'une ronde de police qu'ils n'avaient

---

[15] Robert, Lascoumes, 1974, 254.
[16] Robert, Lascoumes, 1974, 24.

pas prévue. Alors qu'ils cherchaient qui les avait balancés, la police n'avait eu qu'à suivre une trace cousue de fil blanc pour les retrouver : tels ces échanges et reventes de vêtements volés au centre commercial de la Source qui s'effectuaient au vu et au su des passants, ou l'attaque d'un groupe de jeunes dans une commune voisine pour leur dérober leurs scooters, sans qu'aucun garçon n'ait caché son visage, alors que les deux groupes se connaissaient.

Un autre critère est l'absence de réseaux de receleurs, révélateur de la faible organisation de la délinquance[17]. Les vols importants se font rarement sur commande et les jeunes ne savent pas toujours comment écouler les objets : c'est ainsi que certains se retrouvent avec des ordinateurs, des appareils photos qu'ils sont bien en peine de revendre et qu'ils finissent par brader pour un prix dérisoire quand ils n'en ont pas faussé le fonctionnement par des manipulations hasardeuses.

Ils volent souvent pour voler et comme le dit Lakhdar, *quelquefois j'ai volé des objets sans savoir à quoi ça me servirait et une fois que je les avais, ils ne me faisaient plus envie.* Les jeunes font un usage personnel de beaucoup de leurs petits vols et si des réseaux existent, ils sont aléatoires, localisés et ne concernent que le petit matériel (auto-radios, vêtements...).

6 - Les limites de l'auto-contrôle

Quant aux actes délinquants comportant des agressions ayant entraîné quelquefois des meurtres, ils résultent de ce que Robert appelle un jeu qui devient destruction par le fait d'un hasard malheureux ou d'une maladresse[18]. Le groupe ne contrôlant pas sa violence, un geste en entraînant un autre, la bande se retrouve effarée devant des actes qu'aucun de ses membres n'avait souhaité consciemment. Certains actes dits gratuits, appelés communément vandalisme ne sont pas des provocations ou des défis envers le monde adulte, mais plutôt des débordements adolescents qui ne rapportent à la bande que le sentiment de

---

[17] Robert, Lascoumes, 1974, 248.
[18] Robert, Lascoumes, 1974, 260.

sa force et de son impunité, lorsque les responsables ne sont pas inquiétés. Des tentatives ont bien lieu pour imposer des règles de morale et d'efficacité dans les activités délinquantes, mais elles sont singulièrement difficiles à appliquer. Le code du bon voyou déjà repéré par Monod[19] stipule de ne pas voler des personnes connues, qui ont accueilli des jeunes chez elles, *a fortiori* la famille : dès lors qu'ils établissent avec elles des relations personnalisées, elles sortent de l'anonymat qui autorise le passage à l'acte délinquant. De même il est inadmissible de s'en prendre à des personnes isolées, âgées, à des femmes : dans ces cas là les membres de la bande ne font pas montre de courage et ne peuvent en tirer aucun prestige.

Ces quelques interdits sont difficiles à respecter car ils ne tiennent pas compte de l'impulsivité des jeunes de la bande, délinquants amateurs, qui agissent souvent sur le désir du moment, sans prévision. Ils seront totalement bouleversés par l'apparition de la toxicomanie dans la bande : les membres qui tomberont dedans en transgresseront toutes les valeurs morales et contribueront à sa disparition.

De plus ces valeurs, défendues au nom du respect et de la fierté sont souvent de pures justifications[20] car ce type d'actions attire l'attention de la police pour un piètre rapport. L'interdit le plus caractéristique porte sur les délits commis dans les lieux stratégiques : les *leaders* de la bande rendirent un jour son scooter volé par un plus jeune à un adulte qui l'avait stationné dans le centre commercial. Ils disaient publiquement : *ça ne se fait pas de voler un père de famille*, mais en petit comité soulignaient que *le commissariat se trouvant à trente mètres de là, ce vol impulsif allait attirer l'attention de la police sur la bande qui se réunissait à cet endroit pour régler des affaires autrement plus importantes...*

De même voler une femme n'est pas rentable : *elle a souvent pas grand-chose dans son sac, ça vaut pas le coup de risquer de tomber pour si peu ; en plus ça peut être une copine ou une voisine de ma mère, la honte !* (Medjoub).

---

[19] Monod, 1968a, 446.
[20] Monod, 1968a, 446.

7 - Les filles et le code de la délinquance

Le vol d'un sac à main par une jeune toxicomane proche de la bande de la Source fut commenté en ces termes par une jeune de la bande : *d'abord voler devant Auchan, bravo ! On va avoir les flics sur le dos pendant une semaine ! Ils vont en profiter... En plus, un arraché en talons aiguille, elle a pas idée ! Bien sûr elle s'est fait prendre tout de suite ! Et puis les arrachés c'est l'affaire des garçons, ils font ça en moto, avec des baskets, si tu dois courir ! Alors elle, c'est n'importe quoi...* La condamnation de ce vol est faite en fonction de considérations techniques. Avec leur comportement chaotique, les toxicomanes gâchent le métier.

De plus, les filles doivent en rester au domaine qui leur est reconnu comme celui où elles sont le plus efficaces : le vol en supermarché. De la même manière qu'elles ont développé des tactiques de ruse et d'évitement dans leur enfance par rapport à leurs parents, elles les mettent en œuvre tant dans leurs relations avec les garçons que dans leurs activités délinquantes. Plus discrètes et inspirant moins de méfiance que les garçons au premier abord, elles pratiquent à merveille l'art de la dissimulation selon Goffman : elles se mettent en scène, l'une occupant la vendeuse pendant que l'autre dérobe discètement la marchandise avec les apparences du plus grand calme.

Lorsque naîtront les premiers bébés, les objets volés passeront inaperçus dans les poussettes aux caisses des supermarchés.

8 - Viols et agressions, ou quand l'autre n'existe pas

Certains actes commis par le groupe illustrent bien la manière dont sont entrevues les victimes, *ces êtres humains déjà faiblement appréhendés, déjà stéréotypes anonymes, deviennent des silhouettes falotes, choses inconnues et sans valeur*[21].

Le phénomène de ségrégation réciproque nie la victime de l'agression en tant que personne, et la transforme

---

[21] Bloch, Niederhoffer, 1974, 214.

La bande, le risque et l'accident

en objet[22]. Elle peut être rendue responsable de l'acte, pour s'être trouvée là au mauvais moment. Cela est particulièrement frappant dans le cas des viols collectifs, où les jeunes de bande partagent avec l'ensemble des violeurs une inconscience complète sur le caractère criminel de l'acte, et s'étonnent d'être poursuivis pour ça.

De fait le viol est une manière d'affirmer la force de la virilité collective du groupe, sans la manifestation de la moindre empathie à l'égard de la victime[23]. Il semble d'ailleurs que ce type de délit soit plus banalisé que d'autres[24]. La victime extérieure au groupe se réifie, devient bouc émissaire et la bande finit par considérer qu'elle s'est rendue justice à elle-même en prenant ce qui semblait lui être offert. Nous analyserons dans un chapitre ultérieur un viol et ses résonances dans l'une des deux bandes étudiées.

Lorsqu'il s'agit d'autres actes délinquants, un regard de travers, un geste ébauché, parfois la seule présence de la victime suffit à légitimer l'agression qu'elle subit. Le transfert de biens opéré par le vol peut aussi être considéré comme réparant une injustice liée à la différence sociale induisant des disparités dans les capacités de consommation.

III - La bande et l'ordre établi

L'ensemble des valeurs et des normes que nous venons d'analyser forment-elles une sous-culture rebelle à l'ordre institué ? Les explosions de violence, les commentaires des représentants des institutions et de certains médias pourraient le laisser penser. Nous disposons cependant de quelques éléments de réponse qui infirment cette hypothèse.

1 - Le désir de conformité

D'après Cohen, la sous-culture délinquante des bandes induit le rejet explicite et total des normes bourgeoises[25]. Si tel était le cas, cela impliquerait que les individus les

---

[22] Robert, Lascoumes, 1974, 268.
[23] Robert, Lambert, Faugeron, 1976, 31.
[24] Robert, Lambert, Faugeron, 1976, 58.
[25] Cohen, 1958, 25.

composant opèrent des choix conscients, en toute connaissance de cause. S'il y a bien rejet des normes, il n'est certes pas explicite et résultant d'une analyse précise. Par ailleurs, j'ai pu constater que certains des comportements des jeunes que j'ai rencontrés présentaient comme une caricature des valeurs dominantes de notre société : lutte pour le pouvoir, possession de biens matériels, vitesse... Les normes mises en place (vol comme pratique courante d'appropriation, silence collectif sur les actions délictueuses), sont des instrumentalisations nécessaires à l'obtention de ces biens. Elles comblent dans le même temps le besoin de se mesurer aux autres par le biais du corps en faisant intervenir la violence physique[26].

Nous avons d'ailleurs insisté dans ce chapitre sur les vols dits de conformité, visant à suivre des rituels les plus traditionnellement reconnus dans l'ensemble de la société. De même les *gangs* des quartiers pauvres aux Etats-Unis, pour mener à bien leurs activités, développent des capacités d'organisation sur le modèle de la société officielle américaine : capacité de planifier et prise de risques, sens du défi et de la débrouille, désir d'enrichissement et quête d'un statut social reconnu, toutes ces qualités hautement valorisées sur Wall Street ne le sont pas moins dans les *back-alleys* de Harlem, Roxbury et South Central de Los Angeles[27].

Wacquant rejoint en cela le point de vue de Bloch et Niederhoffer en décrivant les valeurs de base de la bande comme l'hypostase des vertus fondamentales de la bourgeoisie, comme la compétition, le matérialisme, le droit du plus fort, la loyauté, la déification du succès (...)[28].

2 - Un certain conformisme

S'ils ont certes conscience d'une injustice fondamentale liée à la situation de précarité économique qu'ils partagent avec leur entourage et par le manque de respect dont ils sont l'objet par les représentants des

---

[26] Walgrave, 1992, 70.
[27] Wacquant, 1994, 94.
[28] Bloch, Niederhoffer, 1974, 219.

La bande, le risque et l'accident

institutions, les membres de la bande sont loin de traduire ce sentiment en conscience politique.

Les bandes ne perçoivent pas la société comme un système d'interactions entre groupes sociaux occupant des positions différentes dans l'échelle sociale. Pour elles le monde ne se divise pas non plus en bourgeois et exploités mais entre riches et pauvres, les *cheri* étant l'ensemble des gens qui travaillent et disposent de signes extérieurs de richesse supposée (vêtements, voitures, vacances...) acquis légalement. Le vol de vêtements et de voitures leur permet de s'approprier temporairement ces signes extérieurs de richesse. Ils ne dédaignent pas non plus d'envisager de les posséder durablement : *moi plus tard, je veux être patron. J'achète un café, et je fais travailler les autres, moi je touche à la fin du mois... Les patrons y font rien. T'es à ton compte, tu travailles quand tu veux* (Saadi, la Source).

Les jeunes de la Source ou ceux du Vert-Pré se montrent attachés à la défense de la propriété (ils n'envisagent la possession d'un pavillon plus tard qu'avec un système d'alarme sophistiqué et au moins un chien dressé à l'attaque). Pour nombre d'entre eux, l'intégration dans le monde du travail se fait par le biais d'emplois de vigiles, veilleurs de nuit ou maîtres-chiens, c'est-à-dire d'emplois liés à la défense de la propriété. Ils sont d'ailleurs généralement appréciés de leurs employeurs : ayant connu dans un passé récent des expériences délinquantes, ils connaissent l'envers du décor et repèrent les points d'accès qui resteraient ignorés de gardiens moins avertis.

Ils ne répugnent pas à riposter par la violence à certaines incursions et se montreront sans pitié par rapport aux voleurs qu'ils prendraient sur le fait. Mais ils ne sont pas à l'abri d'accointances avec ceux-ci et certaines grandes surfaces remplacent régulièrement leur personnel de surveillance à la suite de *hold-up* dans le déroulement desquels certaines complicités internes étaient évidentes.

Un jeune de la Source a longtemps utilisé ses bergers allemands pour terroriser les victimes de ses agressions et les dépouiller de leurs avoirs. Lorsqu'il a décidé de cesser ses activités délinquantes, il a fait une formation de maître-chien et utilise ses bergers, qu'il adore, dans le cadre de son travail.

Il a réussi une reconversion professionnelle en modifiant le ciblage de son outil de travail.

Les jeunes de la bande peuvent analyser les situations individuelles, les conflits dans le groupe et dans les familles de leurs camarades, car c'est là un milieu qu'ils connaissent bien et sur lequel ils ont prise, mais ils ne peuvent développer une analyse globale de la société, manquant des éléments de base pour cela. Ils ne disposent en effet que de leur expérience pour réfléchir à l'organisation de la société, qu'ils conçoivent à partir de leur groupe fermé. La plupart d'entre eux ont suivi un cursus scolaire court et n'ont pas l'habitude de mettre en mots leur expérience.

Si les bandes de jeunes de milieu populaire ne sont pas l'expression consciente d'une révolte contre l'ordre établi, (Cohen, 1959), elles ne se réduisent pas non plus à l'imitation grossière de l'idéologie bourgeoise, comme l'analysent Wacquant (1994) ; Bloch, Niederhoffer (1974). Ce type d'analyses me semblent incomplètes en ce qui concerne les bandes que j'ai rencontrées, car elles ne tiennent pas compte d'emprunts issus d'un processus d'acculturation continu et mouvant, qui n'est pas épargné par les contradictions, lesquelles contribuent à en faire la richesse.

Lorsque les années ont passé, que les expériences diverses se sont accumulées, que la bande s'est assouplie, les jeunes commencent à tirer le bilan de leur adolescence. Alors peut-être sont-ils en mesure de se situer dans l'ensemble de la société. Mais à ce moment là la bande n'existe plus en tant que telle puisque ses membres sont en mesure de choisir des chemins différents.

107

BANDES, ESPACE ET TERRITOIRE

De la première à la deuxième partie

La première partie a été consacrée à l'étude du concept de bandes de jeunes de milieu populaire : la ségrégation réciproque entre le groupe dominant et celui des enfants doublement marginalisés par leur place dans l'échelle sociale et leur origine ethnique génère la constitution d'un groupe soudé par une histoire et des réactions communes. La bande est le seul lieu de socialisation possible pour des jeunes éloignés des voies classiques d'intégration sociale. Elle se caractérise par la structuration des jeunes en groupe hors de l'intervention adulte, par la cohésion du groupe face à l'extérieur, par un ensemble de valeurs repérables et de normes différentes de celles du reste de la société.

La sous-culture de la bande est constituée d'éléments de leur culture d'origine et de celle de la société d'installation, dans un bricolage culturel marquant une forme d'acculturation spécifique. Dans un contexte de développement du chômage et de la précarité, aux contradictions entre les différents messages émis par leurs parents et par le système scolaire s'est ajoutée la conscience de la stigmatisation liée à l'origine ethnique. La bande a retourné le stigmate dont elle est l'objet (jeune-étranger-délinquant) pour en faire une partie de son identité.

La bande n'est pas une révolte consciente et organisée contre l'ordre établi, elle est une revendication diffuse et réactionnelle face au rejet social dont elle est l'objet. Elle apparaît en période de crise, elle est l'expression guerrière de la résistance à la stigmatisation dont est l'objet le groupe de référence des jeunes.

La délinquance n'en est pas le but premier mais elle est élément d'une histoire commune, permet les échanges de service entre jeunes, rompt avec l'ennui quotidien et répond au désir de conformité du groupe.

Si les valeurs de la bande sont proches des valeurs dominantes de notre société, en termes d'acquisition de biens matériels et de reconnaissance sociale, les normes d'acquisition de ces biens diffèrent.

Dans la deuxième partie de cette recherche, nous nous intéresserons aux formes de mobilité des bandes de jeunes et à leur territoire. Nous verrons que les jeunes de bandes sont à la fois enclavés sur un territoire dont ils tentent de sortir et utilisent les véhicules pour de brèves incursions à l'extérieur de ce territoire, sans que cela implique pour eux un rapprochement avec l'extérieur.

Nous continuerons l'approche du système des valeurs de la bande, et l'illustration de ces valeurs à travers l'utilisation des véhicules motorisés : le pouvoir, le prestige, la fierté, le respect, la mise en scène des attributs supposés de l'âge adulte.

Nous verrons que les véhicules sont devenus objets d'échange et symboles de prestige intégrés au système de valeurs des bandes. Nous illustrerons notre démonstration par l'analyse de la délinquance liée aux véhicules, en particulier les vols, avant d'aborder les prises de risques liées aux vols et à la conduite routière.

Les jeunes des deux bandes que nous avons étudiées vivent en banlieue. La notion de banlieue a-t-elle un rapport avec la territorialité des bandes ? Qu'est ce que la banlieue aujourd'hui ? La deuxième partie de ce chapitre sera consacrée à l'occupation du territoire par la bande. Nous aborderons enfin le rapport à l'espace, par l'intermédiaire des virées.

I - La banlieue, définition et symbole

Le mot banlieue désigne à l'origine (XIIème siècle), le territoire situé hors des murs d'une ville et sur lequel s'étendait la juridiction de cette ville (*banum*) ; il est généralement d'une lieue environ[1]. La banlieue a longtemps été privée d'identité propre, située dans la dépendance générale d'une ville.

Dès le Moyen-Age, la différence était nette entre le centre et la périphérie, le dedans et le dehors, le centre pour la

---

[1] Fourcaux, 1988, 16.

vie institutionnellement organisée, la périphérie pour la marge, les déviants[2].

1 - Sous les préjugés, la banlieue

Les banlieues sont aujourd'hui constituées d'un grand nombre de villes, petites ou moyennes, qui rassemblent plus de la moitié des habitants en zone urbaine en France (rappelons que la ville de la Source compte environ 55 000 habitants et que celle du Vert-Pré avoisine les 90 000). Ces villes sont distinctes par leur composition sociale et leur histoire, traversée par toutes les contradictions sociales actuelles. Il n'en reste pas moins que dans le langage courant, la banlieue reste assimilée aux quartiers pauvres, situés souvent eux-mêmes en périphérie des villes qui entourent les grandes agglomérations.

La naissance des grands ensembles dans les années 1960, l'échec du brassage social, le développement du chômage dans les quartiers ouvriers et les évènements largement médiatisés dans les années 1980 ont mené à l'image des banlieues populaires que nous connaissons actuellement, symboles de relégation, synonymes de violence et d'anomie.

Les grands ensembles sont aussi l'objet d'une opprobre générale du fait de leur architecture : bâtiments collectifs, béton, ils deviennent des agglomérations, aux antipodes de la ville portée par son histoire[3]. La laideur du béton devient la cause des difficultés à y vivre de ses habitants et la question sociale est de plus en plus identifiée à la question urbaine et aux formes qui à l'heure actuelle la symbolisent[4], alors que l'on oublie le considérable progrès représenté par l'installation en HLM[5] de familles qui s'entassaient auparavant dans des bidonvilles ou des logements insalubres.

On en viendrait presque à regretter un passé mythique, celui d'une ville conviviale malgré sa pauvreté et l'inconfort

---

[2] Geremek *in* Le Goff, 1989, 388.
[3] Baudrillard, 1981, 116.
[4] Toubon, Tanter, 1991, 7.
[5] Habitations à Loyers Modérés.

de ses logements, que des chercheurs et des historiens s'emploient pourtant à nous restituer le plus objectivement possible : pas meilleur, peut être pire, en tous cas différent et ne pouvant se comparer au présent qu'en références aux valeurs et modes de pensée de chaque époque. Les classes dangereuses seraient aujourd'hui ces catégories de population que la mutation économique rejette hors du marché du travail, ces surnuméraires, selon l'expression de Castel[6], dont la plupart vivent dans les grands ensembles qui encerclent les grandes villes[7]. La banlieue est chargée d'une image de dangerosité, et l'expression jeunes des banlieues la redouble.

La banlieue sécréterait les bandes violentes : la banlieue est incontestablement malade (...) Ce paysage de banlieue, tiraillé par des enjeux politiques, c'est celui des bandes[8], commente une journaliste à propos des représentations médiatiques.

Si l'on s'en tient à ces représentations, on pourrait croire que tous les problèmes sociaux résident dans nos banlieues tant ce mot est chargé de représentations négatives. Le terme de banlieue est ainsi devenu dans les représentations véhiculées par les médias synonyme de délinquance, de violence et de marginalité.

2 - La marge et le centre

En fait la banlieue reste symboliquement le lieu de la marginalité, opposée au centre ville, telle que le définit Vieillard-Baron : par opposition, la banlieue reste floue. Elle est assimilée mentalement à une *masse urbaine informe* et comme telle, elle ne peut engendrer que des évènements *massifs*[9]. Notons d'ailleurs que la symbolique de la banlieue, chargée de menaces et de dangerosité, n'est pas universelle. Les Etats-Unis, entre autres, se caractérisent par des centres-villes occupés par les couches les plus pauvres de la

---

[6] Castel, 1995.
[7] Delarue, 1991.
[8] Negroni, 1991, 6.
[9] Vieillard-Baron, 1991, 20.

population, alors que la périphérie est plutôt le lieu d'habitation de prédilection des classes aisées.

Il semblerait donc que le terme de banlieue, dans son acception courante, en France tout au moins, désigne une réalité plus symbolique que réelle. Séparation symbolique entre le dedans et le dehors, entre le légal et le délictueux (...) : distance symbolique entre l'espace de la certitude et celui de l'incertitude. C'est surtout celle des conditions de l'émergence d'un discours sur l'exclusion[10]. De plus, la zone de relégation que constitue le quartier du Vert-Pré développe sa propre marge, devenant le centre inaccessible d'une périphérie sociale encore plus précarisée que les habitants du Vert-Pré eux-mêmes.

Les jeunes sont les premiers visés par le regard social péjoratif. L'imaginaire collectif les décrit comme piaffant à la porte des villes, dans ces cités de banlieue d'où ils ne sortiraient que pour des virées; aussi épisodiques que dévastatrices. Cette situation des jeunes dans la périphérie, autant réelle que symbolique va influer sur leur notion du territoire et sur leur mobilité.

II - Le territoire de la bande

Nous tenterons maintenant de répondre à la question suivante : comment les jeunes des deux bandes que nous avons étudiées investissent-ils et perçoivent-ils leur territoire, c'est-à-dire le quartier où ils habitent, dans le contexte socio-économique que nous connaissons aujourd'hui ?

Le vingtième siècle est celui du développement des transports et de technologies liées aux transports.

Les grands ensembles, construits à proximité des centres industriels, ont consacré la dichotomie lieu de travail lieu d'habitation par l'appellation de cités-dortoirs. Mais si nombre d'habitants font encore des trajets importants tous les jours pour rejoindre leur lieu de travail, un nombre croissant d'entre eux n'accomplit plus ces trajets : près de 8% des habitants de la Source et 15% des habitants du Vert-Pré étaient sans emploi au moment de l'enquête. Les jeunes sont particulièrement touchés par ce phénomène.

---

[10] Vieillard-Baron, 1991, 20.

1 - La mobilité inaccessible

Les jeunes des deux bandes se trouvent en porte-à-faux avec une valeur fondamentale de notre société : la mobilité, garante d'efficacité, menant à la réussite. Les grands ensembles dans lesquels ils ont grandi se caractérisent par le sentiment qui anime ses habitants les plus pauvres d'une relégation, une impossibilité d'en sortir. Cette relégation, aussi réelle que symbolique, renforce à son tour l'enclavement social des habitants, perceptible à travers l'enclavement spatial[11]. C'est bien le cas des jeunes des deux bandes et de leur famille : les uns (la Source) sont tenus à distance symboliquement, par un mur invisible qui les sépare du reste du quartier, les autres (le Vert-Pré) sont tenus à distance physiquement, habitant dans un quartier dont l'ensemble des occupants connaît l'éloignement des biens les plus rares sans grand espoir d'en sortir.

Ceux qui sont les moins armés pour entrer dans le monde du travail (absence de compétences et de diplômes monnayables) - ils ont tendance à se regrouper en bandes -, se trouvent pris dans cette contradiction : dans une société qui valorise la vitesse, donc les moyens de transport rapides (voitures puissantes, Train à Grande Vitesse...) à des fins de rentabilité économique, ils ont à portée de main les outils de la rapidité sans pouvoir les utiliser dans un processus d'intégration. Dans une société où le mouvement, la mobilité apparaissent comme vitaux, ils restent sur leurs quartiers, partie visible d'une population qui, en tout ou en partie exclue du monde du travail et de celui de la consommation, occupe les mêmes appartements depuis des années et arpente quotidiennement les mêmes allées, places et centres commerciaux des quartiers.

Pour eux, mobilité implique perte des repères et des réseaux constitutifs de leur identité. Une angoisse de nombreux jeunes que j'ai rencontrés était de se retrouver comme des *clochards*, condamnés à la mobilité sans objectif de l'errance. Leur marginalité aussi spatiale que sociale les place dans l'impossibilité de s'approprier cette valeur

---

[11] Bourdieu, 1992, 167.

communément admise, qu'ils ressentent comme dangereuse. De plus, cette marginalité accentue leur ancrage sur le quartier, lieu de relégation mais aussi refuge rassurant. L'utilisation des véhicules, symboles de cette mobilité sociale qui leur est refusée, se fait sous la forme des virées dont nous verrons qu'elles ne modifient pas leur rapport au corps social.

2 - Un mode d'appropriation différent de l'espace

Les deux villes sont coupées en deux : la vieille ville et la Source, dont l'image ne cesse de s'améliorer, et la ville du Vert-Pré et ses quartiers excentrés, dévalorisés, dont les habitants ne se vivent pas comme habitants de la ville mais de leur quartier[12].

Mais les habitants les plus pauvres de la Source, enclavés dans la nombreuse population du grand ensemble, hétérogène socialement, apprécient la modernisation du quartier, son raccordement avec Paris par le biais d'un RER et d'un réseau autoroutier très proche, même s'ils l'utilisent peu.

Ceux du Vert-Pré vivent dans un quartier éloigné du centre-ville, et ne disposant pas jusqu'à la récente procédure de Développement Social de Quartier des commodités élémentaires d'une vie sociale ordinaire. Ils considèrent avec méfiance les transformations du quartier, en craignant des effets négatifs pour eux : augmentations de loyers, expulsions, intrusion d'agents de contrôle social... Ils sont animés par le sentiment de dépossession dont parle Bourdieu, y compris en ce qui concerne les programmes de rénovation de leur quartier, auquel beaucoup se disent très attachés.

3 - Le territoire, lieu de l'enracinement

C'est dans le contexte spatial de villes qui n'existaient pas il y a encore vingt ans, dont les habitants ont construit ensemble les prémices d'une histoire, que se sont développées les deux bandes que nous étudions.

Les parents des jeunes ont longtemps vécu la société française comme un lieu transitoire. Certains parents sont

---

[12] Le lecteur trouvera de plus amples détails en annexe.

rentrés au pays, mais pour beaucoup le retour est aujourd'hui plus mythique que réel, d'autant plus depuis le durcissement de la situation en Algérie. Les jeunes de la bande, dont la plupart sont nés ou arrivés en France très jeunes, n'envisagent pas leur vie ailleurs que dans le pays où ils ont grandi. Se trouvant à l'adolescence hors des circuits scolaires, professionnels et dans une moindre mesure familiaux, ils accordent à l'occupation et à l'appropriation du territoire de leur vie de groupe une importance que souligne Jean Charles Lagrée : en effet, il reste le dernier "domaine d'activité" où ils peuvent participer à la vie sociale et conquérir auprès de leurs proches la reconnaissance dont ils sont privés par ailleurs[13].

La Source est une mosaïque de milieux différents qui cohabitent sans se rencontrer. C'est d'ailleurs le cas de nombreux grands ensembles qui deviennent ainsi de petites villes. Chaque mini-quartier jouit d'une réputation particulière : sur la Source, ceux de la Citadelle et du Perron sont l'objet de l'image la plus défavorable. Les jeunes de la bande, issus en majorité du Perron, occuperont tout d'abord ce micro-quartier avant de pousser plus loin leurs investigations.

4 - Vivre dans la rue, réminiscence du pays ?

Les bandes vivent principalement dans la rue et en font leur domaine propre. Mais pour celles de la Source et du Vert-Pré, vivre dans la rue est aussi lié aux références culturelles héritées de leurs parents : en France la rue est un lieu de passage, un lien entre des lieux "utiles" et fermés (appartement, travail, école, loisirs). On s'y transporte, on y court souvent, en retard d'un bus ou d'un métro, ou l'on s'y promène en regardant les vitrines. On y stationne rarement, sauf pour attendre un moyen de transport ou quelqu'un avec qui on a rendez-vous.

Au Maghreb, comme dans d'autres cultures du pourtour de la Méditerranée, la rue est un lieu de vie en elle-même : aux terrasses des cafés, sur les places publiques, les hommes se retrouvent sans rendez-vous fixe, y échangent les nouvelles, y vivent des histoires. Les femmes par contre

---

[13] Lagrée, Lew-Fai, 1985a, 49.

doivent rester dans les maisons et ne sortir que pour des raisons précises[14].

Il existe même une expression particulière pour désigner les jeunes chômeurs Algériens qui passent leurs journées dans la rue : les hittistes, venant du mot arabe *hit*, (le mur) traduit en français par l'expression les jeunes qui tiennent les murs. Comme certains jeunes des grands ensembles français, ils développent une sociabilité dans ces lieux intermédiaires pourvus d'une vie sociale plus intense qu'en France. Pour les jeunes des deux bandes issus de cette culture, il n'est pas incongru de passer du temps dans la rue, d'y attendre les nouvelles, d'y repasser souvent aux mêmes endroits, de s'y réunir pour régler des comptes ou commenter un évènement. Ils alternent ces stations dehors avec des moments passés dans les cafés, la gare... Cette occupation des espaces publics se comprend aussi par le fait qu'il ne leur est pas possible de recevoir des amis au domicile de leurs parents, pour respecter la dichotomie femmes-dedans/hommes-dehors et pour éviter d'éventuels conflits provoqués par des questionnements trop précis sur l'occupation de leurs journées. C'est ainsi que nous pouvons les voir sur leurs quartiers respectifs, accroupis contre un mur ou regroupés à côté d'un café, semblant veiller.

Souvent les pères de famille transmettent cette habitude par l'exemple à leurs fils. Ainsi à la Source, une dizaine de pères des jeunes de la bande se réunissent quotidiennement, aux beaux jours, autour de deux bancs, près de leur lieu d'habitation. Ils y commentent le soir les évènements de la journée, le week-end ceux de la semaine. Notons que cette habitude de vivre dans la rue est propre aux garçons et que les jeunes filles ont du mal à y conquérir leur place.

5 - Le lieu de regroupement : le centre commercial

La bande de la Source se regroupe autour de deux pôles : le centre commercial, lieu de regroupement des adolescents, surtout l'hiver, et le RER, point de départ des virées sur Paris, lieu de trafics et de règlements de compte.

---

[14] Begag, 1991, 118.

La bande, le risque et l'accident

Au RER se trouvent également une gare de bus, et une station de taxis. L'ensemble est proche d'une autoroute.

Au moment où s'effectuait l'enquête, une seule ligne d'autobus reliait le Vert-Pré au centre-ville, jusqu'au début de la soirée. Les voitures ou deux roues facilitent largement les déplacements hors du quartier. Les regroupements de jeunes se faisaient au pied des immeubles (le bâtiment 5 pour la bande) et devant le petit centre commercial. L'hypermarché de la Source, qui augmente régulièrement en surface depuis sa création, draîne autour de lui une nombreuse population des communes avoisinantes qui viennent s'y approvisionner. C'est au centre commercial que s'évaluent les rapports de force entre la bande et l'extérieur : des incidents plus ou moins violents opposent jeunes et vigiles accompagnés de chiens, jeunes et commerçants ou jeunes de la bande et passants.

Vieux de quinze ans pour le premier, fruit d'une politique de Développement Social de Quartier toute récente pour le second (ouverture en 1992), les centres commerciaux sont bien le cœur du quartier, là où s'évaluent les tensions éventuelles, l'évolution des relations entre les différentes catégories qui l'habitent.

Le lieu de consommation a remplacé le lieu de production, l'usine, ancien cœur des cités ouvrières. Il a remplacé aussi l'église, qui dans les deux villes se trouve excentrée par rapport aux grands ensembles. Il existe bien à la Source une synagogue, mais elle ne joue le rôle de lieu de rassemblement que pour les Juifs pratiquants. Une mosquée sera installée dans un des bâtiments d'où est issue la bande de la Source, plusieurs années après la fin de cette recherche. Au Vert-Pré, aucun lieu de culte n'existe sur le quartier.

Il est logique dans ce contexte que les supermarchés soient la cible des attaques des jeunes lors des émeutes qui secouent les quartiers, même si les magasins détruits et pillés ne sont pas à l'origine de leur colère : ils sont le symbole de la société dans laquelle ils ne pourront s'intégrer pleinement[15]. Les voitures sont également détruites lors de ces explosions : elles sont un deuxième symbole de notre société, lié au

---

[15] Presdee, 1992, 71.

pouvoir, à la rapidité, à cette mobilité interdite aux jeunes des quartiers pauvres.

Le centre commercial est un lieu de rencontre pour toute la population. Les habitants de la Source y passent pour aller vers le RER, ils y trouvent aussi de nombreuses boutiques, des cafés, des restaurants... Ceux du Vert-Pré prennent l'habitude de s'y retrouver sur l'esplanade aménagée devant l'entrée.

Le nom du premier hypermarché rappelle de manière affadie ce rapprochement ville-campagne : Auchan. Une publicité rappelle par un jeu de mots la Vie Auchan, l'ancienne destination du quartier de la plaine sur lequel a été construite la Source : une zone de vergers et de potagers et où se trouvaient de nombreux jardins ouvriers. Les publicités le présentent comme un magasin où l'on achète joyeux des produits diversifiés. De fait les jeunes de la bande prenaient le magasin comme un terrain propice aux vols et venaient y satisfaire leur faim en consommant sur place. Par contre ED (Epicier Discount) qui est le seul a avoir accepté de venir dans le quartier chaud du Vert-Pré et est connu pour ses produits bon marché mais peu diversifiés. ED réduit au maximum les frais de présentation et de publicité, alors qu'Auchan fait de la publicité à la télévision et dans les médias en général.

Au Vert-Pré, l'installation d'ED est venue témoigner de la bonne santé du quartier après deux ans d'opération de Développement Social de Quartier et raviver les angoisses récurrentes des habitants : un groupe d'adolescents ayant déclaré qu'ils feraient brûler l'établissement, les adultes (équipe de DSQ, travailleurs sociaux, habitants) les ont crus, signe de la crainte qu'inspirent les jeunes.

Le jour de l'inauguration fut marqué par l'inquiétude des adultes devant la possibilité d'une réalisation de cette menace. Les jeunes étaient filtrés à l'entrée du magasin et ainsi, bon nombre d'entre eux rôdaient aux portes sans pouvoir participer à l'inauguration. Plus d'un an après l'ouverture du magasin, aucun incident notable n'est venu émailler son fonctionnement.

L'idée générale répandue dans la population était qu'il ne pouvait pas y avoir de centre commercial au Vert-Pré, à l'image des autres centres multi-fonctions de la région, parce

119

que le quartier est pauvre et dangereux, il ne mérite pas un centre commercial. A l'ouverture de l'hypermarché ED, on a vu descendre des appartements des hommes et des femmes qui ne savaient pas acheter, regardaient sans oser toucher, retournaient les boîtes et les paquets comme des objets étranges. Ils portent sur leurs corps les stigmates de la pauvreté : visages marqués, couperose, vêtements dont certains venaient probablement des vestiaires d'organismes caritatifs.

Des jeunes adultes habitant le quartier, embauchés par une agence de sécurité spécialisée dans la surveillance des grandes surfaces en banlieue, assurent le service d'ordre dans le magasin et bloquent en particulier les enfants qui voudraient chaparder ou transformer le magasin en terrain de jeu. Des membres de la bande reconvertis sont ainsi devenus les garants de la respectabilité du lieu.

Tout hypermarché s'accompagne d'un parking[16]. Celui du centre commercial de la Source est devenu un lieu de vol et de recherche de butins pour certains jeunes : les enfants prennent les pièces de monnaie dans les caddies, les adolescents de la bande font des vols à l'arraché. Un autre parking du quartier n'est plus utilisé comme tel, il est le refuge des voitures volées et décarcassées, les habitants répugnent à garer leur véhicule en sous-sol.

Un projet d'installation d'un marché au cœur de la Source, dans le quartier du Perron, n'a jamais vu le jour. Il correspondait au rêve des intervenants sociaux de produits frais, d'échanges entre habitants du quartier qui sortent rarement, du mélange inter-générationnel et inter-ethnique. Sur la surface rêvée du marché, persistait à la fin de cette recherche un parking où régulièrement venaient s'affaisser des voitures volées.

Les fêtes organisées par le service municipal de la jeunesse, sur le terrain que les jeunes appellent le Champ, ne rassemblent que des jeunes et provoquent régulièrement des interventions de riverains (la pelouse est entourée de bâtiments) pour faire cesser la musique, souvent à des heures qui correspondent au début de soirée pour des adolescents (22h environ).

---

[16] Baudrillard, 1981, 115.

6 - La bande occupe les espaces intersticiels

L'utilisation des lieux centraux des quartiers, les centres commerciaux, a toujours été malaisée pour les jeunes des deux bandes. Ceux de la Source y ont vécu des conflits violents, ceux du Vert-Pré n'y disposent que d'un espace restreint. La bande tente d'occuper les espaces publics du quartier, et se réserve les espaces instersticiels à son usage exclusif[17]. Depuis leur enfance, ceux de la Source l'ont vu se transformer : de la Plaine où ils jouaient sont sortis de terre des immeubles, des routes, des magasins. Encore aujourd'hui, des jeunes qui reviennent sur la cité après de longues périodes d'absences (service militaire ou incarcérations) ne reconnaissent pas leur quartier tant en quelques années il a pu changer.

On peut dire que les jeunes ont grandi dans un immense chantier, espace incertain et mouvant, dont ils ont exploré les multiples recoins, zones cachées interdites au public, fissures et ruptures de l'organisation sociale[18].

Plus tard, la bande occupa les vastes esplanades entre certains bâtiments, en particulier ceux du quartier du Perron, sorte de *no man's land* dont l'utilisation par les adultes paraissait problématique : que faire de ces grandes dalles bétonnées, battues par les pluies ou écrasées de soleil ? *Tous les soirs*, raconte Nordine, *on se retrouvait là, jusqu'à deux , trois heures du matin... Quelquefois y avait les mecs de X,Y... Les voisins avaient peur, imagine le type y rentre chez lui, y a des fois cent jeunes qui sont là ! Des fois ils appelaient la police, mais c'était à V..., on savait bien qu'ils pourraient pas venir à temps... On faisait ce qu'on voulait.* La bande s'approprie des lieux intermédiaires qui sans elle, resteraient inoccupés.

Ils ont occupé aussi une vaste esplanade située à l'orée de la Source, qu'ils ont appelé le Champ. Elle est entourée de bâtiments des fenêtres desquels rien n'échappe aux habitants de ce qui s'y passe ; à l'inverse, les jeunes voient arriver et

---

[17] Trasher, 1927, 20.
[18] Trasher, 1927, 20.

repartir de loin tous ceux qui s'approchent de leur terrain. Une partie du Champ est pourvu de buts de football. Les jeunes y ont joué souvent : le terrain a tellement été foulé aux pieds que sur cet espace l'herbe a complètement disparu. Des petits (douze-treize ans) jouent dans l'après-midi et disparaissent dès que les grands arrivent. Pendant les soirées d'été, on pouvait rencontrer jusqu'à une cinquantaine de jeunes, membres de la bande et satellites, qui se retrouvaient sans rendez-vous précis et restaient ensemble toute la soirée.

Au Vert-Pré, la situation est différente : le quartier est resté longtemps sans entretien ni aménagement d'aucune sorte. Ce n'est qu'en 1990 que commença une rénovation qui ne fut pas sans incidences sur l'appropriation de l'espace par les diverses bandes d'adolescents du quartier. Habituées pour la plupart à se réunir dans les entrées d'immeubles, elles ont vu celles-ci se fermer avec l'installation d'un système d'interphones. Aucune solution alternative ne leur a été proposée. Plus tard, après la fin de cette recherche, l'immeuble près duquel ils se retrouvaient a été détruit. Jusque là, aucun des partenaires locaux ne se mettant d'acord pour lui trouver une destination, ils profitaient de cet interstice dans la politique de rénovation pour continuer à occuper un passage traversant le bâtiment au niveau du rez-de-chaussée pour mener à la place centrale du quartier.

La situation y était en milieu de journée et en soirée assez similaire à ce que décrit Nordine au sujet de l'occupation des dalles bétonnées de la Source : les passants devaient traverser un groupe d'une trentaine de jeunes qui n'avaient pas conscience de la crainte que leur rassemblement pouvait susciter. Ils appréciaient l'occupation de ce tunnel sous le bâtiment 5 car il occupait une position stratégique sur le quartier : il en est de fait l'une des principales entrées. Il était de plus abrité en cas de mauvais temps et permettait ainsi des regroupements en automne et en hiver.

Quelquefois en été, on pouvait voir les jeunes de la bande du Vert-Pré organiser des matchs de boxe en soirée, dans une entrée du bâtiment 5 : de l'extérieur, on ne voit qu'un groupe compact de jeunes gens qui s'agitent, regardant visiblement un spectacle à l'intérieur : ils crient des encouragements ou des insultes selon les performances de leur champion. Dans un très petit espace, dans l'entrée de l'immeuble, elle-même de taille réduite, deux jeunes se battent à poings nus, s'inspirant librement de cours de boxe qu'ils ont pu suivre dans un centre sportif. Ce faisant, l'ensemble du groupe bloque complètement l'unique accès à toute une colonne d'appartements (escalier et ascenseur).

7 - Des lieux pour l'adolescence

Lieux intermédiaires d'un âge intermédiaire pour lequel aucun espace précis n'est prévu, les jeunes appliquent dans l'espace du quartier le traitement qui est fait à leur adolescence[19].

A la Source, un local fut proposé au début des années 1980 par les animateurs municipaux aux jeunes du quartier du Perron, dont beaucoup faisaient partie de la bande, à charge pour eux d'y organiser des temps de détente. De fait la bande s'y regroupa et se réappropria la salle, la transformant en lieu de rendez-vous d'affaires, de règlements de comptes, de recels divers, ne respectant aucune des règles de comportement édictées par les animateurs. Le mécanisme de la ségrégation réciproque les amena à adopter des comportements contradictoires avec les règles de bon voisinage, ce que firent remarquer vigoureusement les voisins.

Complètement débordés, les animateurs fermèrent la salle au bout de quelques mois et l'expérience ne se renouvela plus. La bande en conçut une grande amertume, se sentant spoliée d'un lieu qui lui appartenait. L'incompréhension mutuelle entre la bande et les autres s'accentua et le groupe continua ses habitudes de rassemblement dans les espaces intersticiels du quartier.

Sur le Vert-Pré, beaucoup moins avancé en matière d'activités socio-culturelles pour adolescents, aucune expérience de ce genre n'a été encore menée. Les jeunes ne peuvent investir qu'un local annexe de la Maison des Jeunes de la ville dont il est bien clair qu'il est géré par des animateurs et non par les jeunes. De fait la bande du bâtiment 5 y vient peu et ce lieu est surtout fréquenté par des enfants et des adolescents plus jeunes.

---

[19] Trasher, 1927, 32.

La bande affectionne les lieux cachés, où comme le souligne Goffman, le contrôle sur les activités est difficile[20].

Cette remarque peut s'appliquer aussi aux caves que les jeunes investissent : *on passe de cave en cave, comme dans les souks* (Nordine). Les adultes les leur abandonnent rapidement après divers essais de protection des portes et aujourd'hui encore, les sous-sols des deux immeubles du Perron répondent rarement à leur fonction première. Il en fut de même pour les caves du bâtiment 5 du Vert-Pré.

8 - L'occupation des cafés

La bande de la Source ne fréquenta longtemps qu'un seul café, au centre du Perron, qu'elle occupait surtout l'après-midi, non sans conflits avec le patron. C'était un café de quartier, tout le monde s'y connaissait. Quant au centre commercial, il se trouvait excentré par rapport au premier territoire de la bande. Les jeunes y apparurent tout d'abord à la lisière, se regroupant dans un couloir en plein air, devant la patinoire, puis petit à petit dans le centre lui-même, adossés en file le long des vitres d'un restaurant.

A l'époque où je les ai rencontrés, ils investissaient un grand café-brasserie situé sur le parking, en face du centre commercial. Vaste, de forme circulaire, meublé de sièges confortables qui lui donnent une allure de pub, il est fréquenté à midi par des employés de bureaux et de magasins. En début d'après-midi, les jeunes garçons s'y installent peu à peu. Beaucoup jouent au *baby-foot* installé sur la terrasse vitrée.

C'est vers dix-huit heures, heure de pointe de la bande, que l'on peut mesurer l'appropriation des lieux par le groupe : l'ensemble des tables de la salle est occupé par une cinquantaine de jeunes, les uns assis, les autres debout. Ils s'interpellent en verlan d'une table à l'autre, crient, rient, s'injurient. Certaines tables sont le lieu de rendez-vous de trafics et de conciliabules divers : estimation d'objets volés en vue de leur revente, préparation des prochaines opérations.

La présence de la bande interdit celle d'autres consommateurs ; les quelques personnes non prévenues

---

[20] Goffman, 1973b, 270.

battent rapidement en retraite vers d'autres cafés. Au bout de quelques mois, les incidents se multiplièrent avec le patron et les serveurs. Le groupe de jeunes faisait littéralement sa loi dans la brasserie et le point final de l'occupation de ce lieu fut donné par la découverte d'une jeune fille en train de se faire une piqûre d'héroïne dans les toilettes. La bande se replia alors vers un autre café, où les mêmes incidents se reproduisirent plus rapidement, eu égard à la présence en journée d'une population adulte qui n'entendait pas céder le terrain.

C'est au moment où la bande se lézardait que ses membres s'aventurèrent par petits groupes dans les autres cafés du centre commercial, fréquentés par des employés de bureaux, des techniciens, des commerçants et des lycéens. Les garçons commencèrent par lier connaissance avec des lycéennes, dans le but premier de profiter de leurs ressources, supposées plus importantes que les leurs. Des flirts s'ensuivirent, qui débouchèrent pour certains sur des liaisons stables.

C'est ainsi que certains jeunes, ayant épuisé les possibilités relationnelles de la bande, arrivés à une période de leur vie où ils souhaitaient sortir du groupe fermé, le quittèrent peu à peu en cherchant dans le même temps à entrer dans le monde du travail. Leur évolution fut perceptible à travers l'occupation des lieux publics du quartier : d'abord entre eux aux abords du centre commercial, puis en groupe dans les cafés, enfin mêlés aux membres de l'*out-group* parmi lesquels ils choisirent de nouvelles affinités électives.

III - La défense du territoire

1 - Les lieux stratégiques

Tous les espaces occupés par la bande ne sont pas cachés. Au contraire, certains espaces intersticiels sont des lieux stratégiques : en se regroupant dans les halls d'immeubles ou sur les esplanades qui les relient, les jeunes contrôlent les entrées et les sorties, non seulement du groupe des pairs mais aussi des habitants. Sur la Source, un de leurs lieux de prédilection sera le hall de la gare du RER[21], pourvu de plusieurs rangées de fauteuils prévus pour l'attente de voyageurs. Les jeunes s'y regroupent et savent ainsi qui arrive sur le quartier et qui en repart. Quelquefois certains qui se trouvent là font office de sentinelles, en particulier lors de l'arrivée d'éléments susceptibles de remettre en cause leur hégémonie sur le quartier : c'est le cas de quelques punks parisiens qui furent reconduits avec arguments frappants vers le RER, et sommation de ne plus reparaître sur la Source.

De même les arrivées de la police étaient repérées de loin par des jeunes en mobylette et selon les circonstances la bande se volatilisait ou se regroupait, prête à l'affrontement.

Au Vert-Pré la bande regroupée au bâtiment 5 contrôlait une entrée importante du quartier : toute personne qui arrivait ou repartait, à pied, en deux roues ou en voiture ne pouvait échapper à son regard. Lorsqu'un individu lui semble suspect, elle resserre insensiblement les rangs pour freiner son passage sous le bâtiment et il s'en trouve un pour demander à l'étranger les raisons de sa visite. La principale crainte réside dans l'intrusion possible de policiers en civil venus contrôler les allées et venues et les petits trafics auxquels elle se livre.

Un véhicule inconnu, qu'il soit à deux ou à quatre roues, fait également l'objet d'une surveillance particulière : repéré, il est évalué de loin, éventuellement volé et maquillé si l'occasion se présente. S'il est déterminé qu'il appartient à un travailleur social, un membre de l'équipe de Développement Social de Quartier ou un visiteur, un habitant estimé par la bande, les jeunes n'y toucheront pas.

Ils entretiennent en effet des relations trop proches avec certains habitants ou travailleurs sociaux du quartier pour risquer de les mettre en danger par un vol intempestif. Ces relations leur permettent en effet de couvrir certaines activités délinquantes. Ils éprouvent par ailleurs une réelle sympathie et du respect pour les personnes qui s'adressent à eux sans démagogie.

---

[21] Réseau Express Régional.

Pour légitimer son existence, la bande a besoin de se sentir en danger[22]. Ce danger réel ou supposé renforce sa cohésion et donne lieu à de nombreux récits souvent empreints d'affabulation sur les attaques d'autres bandes et les ripostes qu'elles occasionnèrent. La défense du territoire est une nécessité première pour tout groupe humain, à plus forte raison pour la bande, pour qui l'offense principale est alors l'incursion, l'intrusion, l'empiètement (...) bref la violation[23].

2 - Le réseau

Le fait est que lorsqu'un ou plusieurs membres de la bande sont importunés par des "étrangers", elle est capable de se regrouper en quelques minutes et de mettre en déroute les agresseurs. Sur la Source, plusieurs interventions eurent lieu en particulier pour défendre des filles molestées par des jeunes d'autres quartiers, qui ignoraient à quoi ils s'exposaient. Quelle que soit l'opinion des garçons sur la présence des filles sur le quartier et les reproches qu'ils leur en faisaient par la suite, il reste que, sur le moment, il était impensable pour eux de les laisser démunies, il y allait de leur honneur et de la réputation du groupe.

Les jeunes qui semblaient l'instant d'avant paisiblement occupés à bavarder sur un muret se précipitent sur un signe et font fuir les assaillants. La bande est donc aussi réseau qui permet de légitimer son existence sans cesse remise en cause.

Pour que des membres de la bande acceptent de se battre sans défendre des intérêts personnels, il faut qu'ils soient assurés de la réciprocité absolue et puissent être reconnus par des jeunes d'autres quartiers comme faisant partie d'un groupe respecté. *En vrai la bande de la Source elle a jamais été battue sur son terrain* dit Saadi.

Pour continuer à exister, le groupe doit sans cesse se donner à voir et réaffirmer son existence, tant pour ses membres que pour l'extérieur. C'est sa réputation qui permit à la bande de la Source d'établir des contacts avec des bandes-sœurs et même de les accueillir parfois sur son territoire, dans

---

[22] Robert, Lascoumes, 1974, 251.
[23] Goffman, 1973b, 57.

un équilibre précaire et une obligation pour les invités de respecter les us et coutumes de leurs hôtes. Ces rencontres étaient aussi l'occasion d'évaluer les effectifs des groupes et de régler quelques différends sans passer forcément par une bagarre entre deux bandes. Ce type de rassemblement avait lieu sur l'esplanade séparant les deux bâtiments du Perron.

Au Vert-Pré je n'ai pas constaté de confrontations de ce genre : solidement installée sous le bâtiment 5, la bande de jeunes n'y rencontre jamais d'autre groupe : chacun conserve son territoire, sur le quartier même ou sur d'autres cités proches.

3 - Le danger de l'intérieur

La bande n'était évidemment pas le seul groupe de jeunes sur la Source. Mais elle interdisait aux autres une expression publique, soucieuse de défendre son territoire menacé de l'extérieur et de l'intérieur. Ils étaient ceux de la Source et devaient rester les seuls, alors qu'en fait ils ne représentaient qu'une petite partie du grand ensemble.

Les groupes de jeunes Antillais et Africains prenaient soin de ne pas circuler sur le quartier du Perron et se cantonnaient au quartier du Bosquet où la bande se déplaçait très rarement. Dans les lieux centraux du quartier, lorsqu'elle commença à investir certains cafés, elle n'autorisait les jeunes noirs qu'à utiliser les jeux électroniques qui se trouvaient près de la porte et à rester debout. Seuls un ou deux d'entre eux, appréciés pour leur compétence en matière de trafics, pouvaient s'asseoir à une table, dans une relation d'ordre plus "commercial" que convivial.

Par contre il n'était pas question pour eux de prendre place au milieu du café, sous peine de s'exposer à des réflexions ou plaisanteries racistes et d'être ainsi sommés de répondre en se situant sur le même terrain. De même ils ne pouvaient stationner à proximité de celle ci dans le centre commercial ou devant la patinoire : là les réflexions se faisaient vives et souvent le geste se joignait à la parole. En fait, par l'appropriation des lieux intersticiels stratégiques du quartier, la bande interdit aux autres groupes de jeunes de rivaliser avec elle.

Par contre au Vert-Pré, l'interdiction de stationner sous le passage du bâtiment 5 ne s'appliquait qu'à des membres d'autres bandes, quelle que soit leur couleur de peau. Les quelques jeunes noirs, minoritaires dans le groupe à majorité d'origine maghrébine, étaient admis parmi ces derniers sans que l'on remarque de conflits inter-ethniques.

4 - La bande crée son propre territoire

Lorsque la bande se déplace hors du quartier, que ce soit lors de séjours organisés par des animateurs ou de manière plus autonome, elle resserre les rangs et exaspère sa visibilité : comme inquiète de ne pas se trouver en territoire connu, elle s'entoure d'un halo agressif, territoire invisible destiné à prévenir les attaques éventuelles dont elle ne sait d'où elles peuvent venir : ayant perdu ses repères spatiaux, sa force et sa cohésion s'en trouvent diminuées. Elle est refus craintif et repli frileux selon le mot de Robert[24].

Goffman définit l'*umwelt* de l'individu comme étant la région à l'entour où peuvent apparaître les signes d'alarme auxquels il est sensible et où se localisent également la Source de ces alarmes[25]. Cette définition concerne les individus pris isolément, mais étant donné la cohésion de la bande, nous pouvons l'appliquer au groupe qu'elle forme.

Les jeunes les plus intravertis habituellement deviennent silencieux, coulant des regards méfiants autour d'eux, les plus extravertis au contraire adoptent un comportement provocateur, bruyant, à la mesure de leur inquiétude. La bande tente de s'approprier les lieux inconnus où elle s'introduit en bloquant les passages, en s'interpellant à voix haute, en faisant des commentaires désobligeants sur les autres personnes se trouvant dans le lieu, comme si celles-ci étaient sourdes, en faisant allusion à voix haute à son origine géographique (personne ne peut ignorer qu'ils sont ceux de la Source ou du Vert-Pré, même s'ils se trouvent dans un chalet de montagne en Savoie), et en accentuant les particularités de son langage, spécifique de la banlieue parisienne.

---

[24] Robert, Lascoumes, 1974, 343.
[25] Goffman, 1973b, 241.

La bande, le risque et l'accident

Certains jeunes se mettent même à parler manouche, langue totalement inintelligible au profane provincial. De tels comportements collectifs ont d'ailleurs eu lieu dans les cafés du centre commercial de la Source et occasionnèrent des heurts avec patrons et serveurs. Ces manifestations visent à insécuriser les autres personnes et à occuper l'espace ainsi rapidement libéré, dans une impossibilité de cohabitation avec les autres. Goffman parle des terrains considérés comme publics, au sens où ils ne sont pas revendiquables[26], sur lesquels empiètent certains individus par rapport à d'autres. N'ayant pas en propre d'espace privé, la bande ne peut revendiquer que les espaces publics, lieux de son existence, et essayer de les occuper sans partage.

IV - Les virées

Les virées illustrent à merveille l'enclavement sur le territoire qu'ils reconstituent en accentuant leurs signes distinctifs lorsqu'ils le quittent. Ils utilisent les véhicules, voitures principalement, pour de brèves incursions à l'extérieur (expéditions guerrières ou virées) dans une logique de réassurance groupale des valeurs viriles. La voiture est le lieu de l'anonymat des agressions, sa mobilité permet de quitter rapidement les lieux et d'échapper à la confrontation prolongée avec l'extérieur.

Le mot virée vient du latin virare, qui signifie tourner, peut-être par croisement avec *vertere*, tourner, ou *vibrare*, agiter[27]. Il est couramment utilisé pour désigner des sorties sans but autre que celui d'être ensemble et de laisser trace de son passage. La virée est plutôt masculine, toujours collective, la plupart du temps nocturne, à bord de véhicules motorisés (voitures ou deux roues). Elle implique une excitation commune et des comportements outrés par rapport au quotidien. Elle suppose enfin de revenir au point de départ. La version édulcorée de la virée serait aller faire un tour, expression qui implique elle aussi un retour au port d'attache.

---

[26] Goffman, 1973b, 63.
[27] Dauzat, 1938, 753.

Bloch et Niederhoffer soulignent l'importance de la voiture dans le développement de la délinquance : pour la bande de n'importe quelle classe ou quartier, la voiture libère de la monotonie de la société du coin de la rue. Avec une voiture, les garçons peuvent s'évader vers leur propre pays de Cocagne. Dans le secret et l'anonymat de la voiture, la nuit, l'étroite surveillance des autorités se relâche (...). Elle est la clé même qui ouvre de nouveaux horizons au délit. Ce n'est pas seulement un instrument de délit, mais une fin en soi[28].

La virée ritualisée est moyen de reconnaissance du groupe par lui-même, elle permet de confronter les forces d'une bande par rapport à une autre[29].

Catani et Verney font état des virées organisées par des jeunes de milieu populaire dans une zone semi-rurale du bassin parisien : *on part sans but, pour être ensemble et courir l'aventure, c'est-à-dire l'exploit technique, la bagarre, les filles*[30]. Ils font allusion à des virées au volant de véhicules volés.

Si la possession même éphémère de véhicules, permet de sortir du quartier, la bande le fait avec armes et bagages : elle transporte ailleurs son mode de vie et son rapport au monde, sans qu'ils soient modifiés par le déplacement.

J'ai pu vérifier ces analyses lors de mes observations de terrain, en particulier au cours de déplacements avec des jeunes de la Source. Le type de comportements qu'ils pouvaient avoir lors de virées en voiture sont significatifs de la réification de l'extérieur. Dans un véhicule à neuf places, nous sommes partis à l'aube d'une journée de printemps vers une ville côtière normande, avec six des membres les plus actifs de la bande. Protégés des ripostes éventuelles par l'habitacle, ils commencèrent à baisser les vitres de la camionnette lorsque celle-ci s'arrêtait aux feux rouges ou ralentissait. Les rares femmes présentes sur le trottoir étaient l'objet de réflexions sur un mode obscène de la part du *leader*, Lakhdar, qui riait avec ses amis des regards effarés des passants.

---

[28] Bloch, Niederhoffer, 1974, 233-234.
[29] Barjonet, Gossiaux, 1990, 15.
[30] Catani, Verney, 1986, 37.

La bande, le risque et l'accident

Pour les jeunes, il s'agissait là d'innocentes plaisanteries visant à montrer que Lakhdar était un homme. Ces plaisanteries ne portaient pas à conséquence puisque le véhicule quittait les lieux immédiatement. Elles étaient plutôt dirigées vers l'intérieur de l'habitacle que vers l'extérieur, dans une logique de cohésion groupale. Tout au long du trajet, les jeunes poussaient l'éducateur qui conduisait à accélérer, à doubler sans visibilité : *double-le, allez, c'est un cave !* Ils lui proposaient ainsi d'adhérer à leur propre système de valeurs basé sur la domination sur des membres de l'extérieur. Refuser calmement de doubler en expliquant les dangers d'une conduite de ce type faisait partie de la réaction attendue par les jeunes de la part des éducateurs. Ils auraient probablement été fort déçus et surpris que le contraire se produise. Dans le véhicule coexistaient deux types de comportements, significatifs des groupes de référence des protagonistes.

Ces constatations ne sont que des indices car, pour des raisons facilement compréhensibles, je n'ai pas pu observer *in situ* les jeunes lors de virées. Mais le grand nombre d'accidents survenus lors de déplacements de ce type et les récits des jeunes confirment l'habitude de ce type de conduites.

Lors des virées de la bande de la Source, au milieu des années 1980, les bagarres étaient fréquentes et violentes, motivées par l'insécurité liée au déplacement à l'extérieur du territoire habituel.

La recherche d'expériences sexuelles à laquelle font allusion Catani et Verney ne s'est pas exercée auprès des filles de la bande de la Source, protégées par leurs liens de parenté ou de proximité avec les garçons et par la valeur de respect interne au groupe. Par contre des jeunes filles ou femmes extérieures au groupe ont eu à subir des viols, considérés comme non-délits par les garçons, au nom de la réification des personnes extérieures au groupe[31].

Les garçons de la Source et du Vert-Pré sont coutumiers de virées, avec l'argent des coups : ils partent à trois ou quatre dans une voiture louée, le plus souvent vers les plages normandes, et pendant un week-end, *font les*

---

[31] Robert, Lambert, Faugeron, 1976, 49.

Américains, selon leur expression : ils descendent dans des hôtels de luxe, passent des soirées dans des *night-clubs* huppés en compagnie de *call-girls*, déjeunent dans les meilleurs restaurants en se montrant intraitables sur la qualité du service et, ayant dépensé en trois jours la paye d'un ouvrier, s'en retournent sur leur quartier. Ils y retrouvent les appartements dont leurs parents ont souvent du mal à payer le loyer, ou pour ceux qui doivent s'assumer seuls, les quasi-taudis dans lesquels ils ont établi une tannière de survie.

1 - Le contact impossible

La bande est un groupe fragile, incapable de s'adapter à des situations inconnues. Elle se déplace en bloc sans pouvoir entrer en contact avec ceux qui n'en font pas partie : dynamique et évolution font de la bande une déformation exacerbée du besoin social ou groupal de l'adolescent qui se prend comme fin, en définitive un cul-de-sac de socialisation[32]. C'est le bilan qu'en tireront, avec des mots moins savants, les jeunes qui les premiers, iront à la rencontre d'autres modes de vie sur la Source. Leurs déplacements et leur installation sur différents lieux du quartier seront significatifs de leurs relations avec les personnes et les groupes extérieurs à la bande. Cependant aucun de ses membres ne reniera son passé et ne dénigrera la forme d'organisation qui avaient été la leur à l'adolescence.

Quant aux jeunes du Vert-Pré, leur existence de bande est encore trop courte pour que des fissures apparaissent dans son fonctionnement. La situation économique s'est aggravée depuis quelques années, renforçant la tendance à l'auto-suffisance du groupe.

Par ailleurs on ne trouve encore sur le quartier que très peu d'adultes extérieurs au groupe qui soient en mesure de nouer contact avec les jeunes de la bande. Le déficit de lieux de sociabilité sur le Vert-Pré n'a pas permis à celle-ci de tenter les expériences qui ont permis à celle de la Source d'évoluer. Les nouvelles installations sont encore trop récentes pour que l'on puisse constater un changement significatif dans les relations avec l'extérieur.

---

[32] Robert, Lascoumes, 1974, 269.

La bande utilise et défend son territoire dans une logique de réassurance indispensable à sa continuité. Elle affirme ainsi le désir d'enracinement des jeunes dans leur quartier et son attachement à celui-ci. Elle confronte sa puissance et son hégémonie par rapport à d'autres bandes en occupant les espaces intersticiels et stratégiques de son quartier d'appartenance. Elle ne peut, lors de confrontations avec d'autres milieux, que se trouver en conflit ouvert ou larvé avec ceux-ci, tant son comportement est indissociable du terrain sur lequel elle exerce d'ordinaire ses activités. Elle transporte son fonctionnement à l'extérieur de son territoire d'origine par le biais des virées en voiture, se donnant parfois l'illusion de la richesse, sans modifier pour autant ses relations avec le reste de la société.

VEHICULES ET BANDES DE JEUNES

L'automobile exerce un attrait considérable sur les jeunes en bande. Symbole de puissance, de mobilité, disponible sur la voie publique, la voiture est abondamment utilisée par ces derniers. Nous verrons de quelle manière et de quelles valeurs et normes elles peuvent être investies.

I - Normes et valeurs

Le développement de l'automobile comme bien de consommation de masse a instauré la banalisation de la présence d'un espace privé sur la voie publique. Yonnet a souligné que si l'automobile a multiplié les possibilités de déplacement individuel, son utilisation n'a pas eu pour conséquence le développement de l'intégration sociale, mais plutôt celui de l'individualisme[1].

L'analyse de Yonnet éclaire sur un *déracinement du privé* du territoire des bandes qui utilisent les véhicules motorisés pour leurs déplacements de groupe, sans que cela implique une intégration sociale particulière, comme nous l'avons évoqué lors des virées.

1 - Retour en arrière

Les voitures ont longtemps été l'apanage des possédants. Les premières automobiles ont attiré dès leur apparition les jeunes de milieu populaire. Les débuts de l'automobile en France ont entretenu un triple conflit : classes aisées contre classes pauvres, citadins contre ruraux, tenants du changement contre partisans de l'immobilisme[2]. C'est la naissance de la 4 CV Renault qui va amorcer en France un changement profond en mettant à disposition des ouvriers les véhicules qu'ils construisent. La voiture va se démocratiser au point de devenir aujourd'hui un élément de train de vie plutôt banal.

---

[1] Yonnet,1986, 279-280.
[2] Fridenson, 1991, 306-313.

La bande, le risque et l'accident

     Michèle Perrot note deux bonnes raisons d'utilisation de l'automobile par les Apaches : la possibilité d'utiliser la voiture, identifiée aux possédants, marques de masculinité, et plus prosaïquement, les incursions possibles hors du territoire.
     Dès le début du siècle, les voitures seront suspectées par les forces de l'ordre, car susceptibles d'être utilisées par les truands[3]. Les premiers délinquants qui les utiliseront seront d'ailleurs dotés de véhicules plus puissants que ceux des forces de l'ordre, qui ne disposeront sur Paris de motos qu'à partir de 1920[4].
     La première bande de malfaiteurs adultes qui utilisa les voitures dans ses activités délinquantes fut la *Bande à Bonnot*. Elle n'était pas composée d'adolescents mais d'adultes et fut baptisée par la presse *les bandits en automobile* : le 30 mars 1912, ils volèrent le chauffeur, attaquèrent la Société Générale de Chantilly et s'échappèrent au volant d'une magnifique De Dion : c'était le premier *hold-up* commis dans une banque au moyen d'une automobile, le premier crime moderne selon la presse de l'époque[5]. En utilisant des voitures, les gangsters renversaient le discriminant social à leur avantage, puisque les policiers n'étaient pas encore équipés de véhicules pouvant concurrencer les leurs.
     Les voitures et les deux roues sont, depuis le développement du parc de véhicules motorisés, en bonne place des biens volés par les jeunes de bandes. A mon sens, cinq raisons motivent le développement des vols et des dégradations de véhicules : leur disponibilité sur la voie publique, les déplacements hors du territoire de la bande par l'intermédiaire des voitures, les valeurs liées à ces dernières et leur personnalisation dans les règlements de compte et les deuils, enfin l'*utilité des risques* liés aux vols de véhicules, dont nous parlerons dans le chapitre suivant.

---

[3] Perrot, 1978, 391.
[4] Borgé, Viasnoff, 1995, 179.
[5] Bastin, 1989, 8.

2 - Voitures et valeurs dans les bandes

La voiture est devenue un objet de consommation très couramment utilisé par l'ensemble de la population. Elle est appropriée par les hommes jusqu'à une époque très récente et fortement chargée de symboles : puissance, rapports de forces entre individus, vitesse. La montée en force des femmes dans la vie sociale a induit celle de la valeur de sécurité, qui prend le pas sur les valeurs précédentes dans le discours officiel. Mais cette tendance générale n'a pas atteint les bandes de jeunes de milieu populaire.

Leurs membres continuent à utiliser les véhicules comme des objets d'échange et des symboles de prestige et de domination, ce qui est d'ailleurs le cas d'une partie de la population. De nombreux vols de voitures non destinés au maquillage et à la revente correspondent au besoin d'emprunter le statut représenté par le véhicule : *sa possession est un symbole indéclinable de virilité, de maturation magique : le maître d'un tel véhicule ne peut être qu'un homme adulte*[6]. En cela les jeunes de bande se situent dans le droit fil des valeurs dominantes, qui associent la voiture et sa représentation au statut social de son possesseur.

La différence tient au fait que les uns achètent les véhicules alors que les autres auraient tendance à les voler, que les uns invectivent un conducteur ou au pire lui assènent quelque bourrade, alors que les autres vont jusqu'à détruire par le feu le véhicule de l'offenseur supposé... Si les valeurs sont proches, les normes sociales diffèrent. Le vol de voitures demandent des compétences accessibles aux jeunes des bandes : *les talents requis pour voler une voiture, mode d'effraction, démarrage sans clé de contact, relèvent tous de la culture des prolétaires de sexe masculin*[7].

3 - La conduite sans permis

Une autre différence de taille est la conduite sans permis, pratique courante dans les bandes de jeunes que nous avons étudiées.

---

[6] Robert, Lascoumes, 1974, 258
[7] White, 1990, cité par Presdee, 1992, 70.

Ils ne ressentent pas la honte soulignée par Maurizio et Catani chez les jeunes de Jaricourt lors d'une arrestation : *l'exploit devient impossible parce que l'on est trop loin de la règle fondamentale*. On ne peut transgresser que lorsqu'on est admis à jouer[8]. La découverte d'infractions par la police est chose courante et les agents de l'ordre public sont plutôt considérés comme des ennemis dont ils ne reconnaissent pas la légitimité à les sanctionner. Tout au plus un jeune arrêté et sanctionné pour conduite sans permis sera-t-il critiqué pour sa maladresse par ses pairs.

Les jeunes des deux bandes sont trop loin d'une intégration normalisée pour ressentir la honte de ne pas avoir le permis. Les conduites sans permis sont chose courante, d'autant plus que l'obtention du permis nécessite un apport financier que bien peu sont capables de fournir, même s'ils disposent de revenus épisodiques liés à la délinquance. Ils ne sont pas en mesure pour autant de se plier aux règles d'une auto-école et d'honorer les versements réguliers liés à l'apprentissage de la conduite.

Il faut déjà un certaine forme de socialisation *aux normes* pour envisager de passer le permis de conduire et s'y tenir : *le permis n'est pas une chose en soi, rien qu'une brève période de formation. Au contraire, il est seulement le moment central d'un processus en trois temps : il faut d'abord disposer de moyens pour suivre la formation, ensuite il faut pouvoir acheter la voiture et payer l'assurance et, enfin, il faut pouvoir continuer à rouler*[9].

La conduite sans permis fait partie de multiples infractions par rapport à la conduite routière, de même que la conduite sans assurance. Certains jeunes ont essayé de passer le permis, mais ayant essuyé plusieurs échecs, ont fini par en acheter un dans des réseaux de trafic organisés.

Si la plupart des jeunes rencontrés conduisent couramment sans permis et sans connaissance de la technique de conduite, personne dans le groupe ne viendra souligner le danger : conduire de cette manière est chose courante et fait partie des normes du milieu. Le risque de la conduite sans

---

[8] Catani, Verney, 1986, 93.
[9] Catani, Verney, 1986, 92.

permis est d'ailleurs plus lié dans leur esprit aux arrestations et aux conséquences de celles-ci pour le jeune si l'absence de permis était découverte, qu'aux accidents par manque de maîtrise technique. Les quelques jeunes qui ont obtenu leur permis ont réalisé le danger lorsqu'ils ont commencé à conduire avec un moniteur et *a fortiori* lorsqu'ils ont obtenu le permis. Rétrospectivement, ils se sont rendus compte qu'ils n'utilisaient ni clignotants ni rétroviseurs, franchissaient les feux rouges, ne tenaient pas compte des panneaux *stop*. Ils conduisaient comme s'ils étaient seuls, calquant leur comportement sur celui de la bande.

Quelques jeunes de la bande du Vert-Pré ont le permis de conduire. Leurs parents, inquiets de les voir conduire sans permis, ont largement contribué au financement de la préparation. Mais ce sont des exceptions. Ce n'est que lorsque certains se détachent de la vie de la bande qu'ils envisagent de préparer leur permis de conduire. Il leur faut pour cela affronter leurs multiples difficultés à se plier à un apprentissage : difficultés de lecture, de compréhension, de rapidité intellectuelle, ponctualité, respect des consignes. Comme nous l'avons constaté dans une étude récente, le permis de conduire représente la dernière étape d'un processus d'intégration et de normalisation sociale : *la conduite sans permis, de véhicules non assurés, est d'ailleurs la dernière marque de marginalité. Elle subsiste après l'entrée dans un poste professionnel stable, après l'installation en couple et la responsabilisation liée à cette situation et à la naissance d'enfants*[10].

4 - Les chiffres de la délinquance

En 42 ans, les vols ont augmenté considérablement, en particulier les cambriolages et les vols de voitures : *De 1950 à 1992, le nombre de prédations est passé de 187 000 à 2 600 000, soit une augmentation de 1300%. Ces infractions, qui représentaient le tiers de la délinquance en 1950, en représentent aujourd'hui les deux tiers*[11]. Les vols de voitures

---

[10] Esterle-Hedibel, 1995, 26.
[11] Robert *et al.*, 1994.

viennent en bonne place dans l'ensemble des délits et leur nombre augmente régulièrement. Les vols de véhicules à deux et quatre roues constituent plus de la moitié des vols répertoriés. Les voitures puissantes et rapides sont les plus recherchées : Golf GTI, suivie de la Golf GLI et parmi les voitures françaises, la R21 turbo, la Renault Super 5, la Peugeot 205...[12].

On ne dispose pas de statistiques sur les véhicules volés par les jeunes. On sait seulement que les mineurs forment 58% des personnes mises en cause dans les vols de deux roues à moteur[13].

Des statistiques datant de 1990 mentionnent cette hégémonie des vols de voitures par rapport aux autres délits : en 1990, les vols en tous genres représentaient 66% de l'ensemble des *crimes et délits*. Or les vols liés à l'automobile et aux deux roues constituent 52% de l'ensemble des vols et 34,36% de l'ensemble des crimes et délits[14].

Dans l'ensemble, on constate que l'augmentation du nombre des vols de voitures correspond à celle du parc de voitures : *entre 1972 et 1990, leur nombre a augmenté de 75%, celui des vols de 78%*[15]. Les dernières statistiques de la gendarmerie et de la police indiquent pour 1995 une baisse des vols de voitures ainsi que des vols dans les voitures.

5 - Des vols à portée de main

Tremblay *et al.* distinguent vol d'usage et vols destinés à la revente, comme étant différents à tous points de vue[16].

La première raison du grand nombre de voitures volées est leur disponibilité remarquable par rapport à d'autres objets de consommation : *c'est ainsi que Cohen et Felson ont véritablement réussi à faire débloquer l'analyse de la criminalité en posant que la probabilité de l'occurrence*

---

[12] Toussaint, 1992.
[13] Inciyan, *Le Monde*, 7 février 1996.
[14] Boixière, 1992, 7.
[15] Tourancheau, 1991.
[16] Tremblay *et al.*, 1992, 159.

Véhicules et bandes de jeunes

d'un crime en un lieu et à un moment donné est fonction de la convergence spatio-temporelle d'un délinquant potentiel, d'une cible intéressante et de l'absence de gardien capable de la protéger[17].

Si les voitures sont volées, c'est d'abord parce qu'elles sont nombreuses et disponibles. Les bandes de jeunes pratiquent une *délinquance amateur*, comme indiqué précédemment. En ce qui concerne les vols de véhicules motorisés, en particulier les voitures, il s'agit, d'après mes observations, pour une très large part de vols destinés à l'usage et non à la revente, ces derniers étant plutôt le fait de délinquants professionnels plus âgés.

Cependant certains jeunes de la Source ou du Vert-pré ont pu commencer à lier partie avec le milieu en maquillant des voitures et en les passant à des réseaux de revente. Rares cependant sont ceux qui réunissent les qualités de rigueur et de discrétion nécessaires au vol dans des conditions proches de la délinquance *professionnalisée*. La bande du Vert-Pré pratique le vol de voitures et la revente de quelques pièces détachées : le contrôle social étant nettement moins intense au Vert-Pré que sur la Source, on peut voir couramment, principalement le week-end, des groupes de jeunes qui s'affairent autour de voitures dont ils enlèvent des pièces monneyables (enjoliveurs, pare-chocs, portières, roues...), laissant en fin d'opération des squelettes de voitures qui servent temporairement de jeux pour les enfants, jusqu'à ce qu'un service préfectoral d'enlèvement d'épaves ne vienne retirer ce qui en reste.

6 - Les vols d'usage

La majorité des vols de véhicules dans les bandes de jeunes restent des vols d'usage. Leur disponibilité sur la voie publique favorise d'autant plus leur prédation que les jeunes de bande agissent souvent dans l'impulsion du moment, interprétant le vol d'usage plutôt comme un *emprunt*. Les vols de véhicules à moteur ne sont pas le propre des jeunes organisés en bande mais leur structuration particulière en

---

[17] *Ibidem*.

groupe favorise sans doute les vols d'usage, en particulier pour organiser des virées. Objets anonymes, les voitures sont comme à disposition des jeunes de la bande, garées le long des trottoirs : lors d'un séjour dans une ville du midi de la France, auquel je participais avec des jeunes de la bande de la Source, il nous fallait faire une dizaine de kilomètres à pied pour rejoindre l'hôtel où nous dormions, aucun taxi n'étant disponible à cette heure avancée de la nuit. Najib, avisant une file de voitures garées, s'apprêtait naturellement à ouvrir une portière avec un fil de fer et à *emprunter* un véhicule qu'il aurait déposé près de l'hôtel avant de s'endormir du sommeil du juste.

S'ensuivit une discussion où Najib mettait en balance la pénibilité d'un retour à pied avec le peu de gêne occasionnée au propriétaire de la voiture s'il empruntait celle-ci pour quelques minutes. C'est ainsi que de nombreux jeunes de bande sont franchement surpris quand ils sont l'objet de poursuites pour avoir *simplement* utilisé une voiture jusqu'à consommation complète de l'essence contenue dans le réservoir.

Ainsi, la plupart des jeunes volent des voitures pour des raisons strictement utilitaires, (se déplacer d'un point à un autre), et abandonnent le véhicule, abîmé ou non, quelques kilomètres plus loin. Certains ont tellement peu conscience de commettre un délit, puisqu'ils ne comptent ni garder ni revendre le véhicule emprunté, qu'ils se font remarquer de la police par une vitesse excessive, le non port de la ceinture ou une manière de conduire brutale et imprudente.

Des jeunes s'étant fait arrêter pour excès de vitesse, les policiers se rendirent compte que le véhicule était volé. Le commentaire laconique d'Abdenbi, délinquant plus expérimenté et plus mûr que les jeunes de la bande fut : *quand on vole une voiture, on ne fait pas d'excès de vitesse.*

Il apparaît ainsi que délinquance routière et délinquance générale ne sont pas toujours corrélées. En effet, si l'objectif du vol est le maquillage et la revente du véhicule, son auteur sera attentif à ne pas provoquer un contrôle qui l'amènerait à être l'objet, non pas d'une contravention, mais d'une arrestation pour vol de voiture ou trafic de papiers. Les délinquants avertis comme Abdenbi veilleront à ne pas se

Véhicules et bandes de jeunes

faire remarquer : *le passage d'une révolte ouverte à une délinquance spécialisée s'accompagne sur le plan vestimentaire, de la neutralisation d'une apparence agressive dans son rapport avec la société globale*[18].

Nous rajouterons que ce passage s'accompagne aussi de la *neutralisation du comportement routier* pour les délinquants spécialisés dans la revente de véhicules.

7 - Les vols d'apparat

Les jeunes de bandes s'approprient de manière fugace les attributs supposés de pouvoir et de richesse de l'*outgroup*, d'une manière qui s'apparente aux rituels d'inversion : cette appropriation éphémère maintient la cohésion du groupe et ne remet pas en cause le fonctionnement social global[19].

Les voitures et quelquefois les deux roues font ainsi partie de la panoplie du possédant, revisitée par l'imaginaire de la bande. Il est ainsi courant de voir des jeunes des deux bandes portant des blousons de cuir doublés de fourrure, des polos de grande marque, des chaussures de prix, au volant de voitures habituellement conduites par des cadres supérieurs. Ils portent rarement plusieurs fois de suite les mêmes vêtements : outre qu'ils sont trop voyants pour ne pas attirer l'attention, ils ne sont pas entretenus, disparaissent ou sont eux-mêmes volés... par d'autres.

De même, ils changent souvent de voitures : mal entretenues, accidentées, elles sont régulièrement remplacées. Dans la bande de la Source, la voiture la plus prisée des jeunes hommes de la bande était la BMW, de couleur grise le plus souvent. Ces voitures étaient celles des *leaders* du groupe. Il ne s'agissait jamais de voitures neuves, souvent de voitures d'occasion rachetées à des garages dont les jeunes connaissaient bien les gérants, ou de voitures volées et grossièrement maquillées. De toutes façons les jeunes de la bande changeaient souvent de voitures et s'attachaient plus à la possession symbolique qu'à la possession réelle du véhicule.

---

[18] Monod, 1968a, 183.
[19] Catani, Verney, 1986, 37.

La bande, le risque et l'accident

8 - Les deux roues

Il existe une hiérarchie d'utilisation des véhicules en fonction de l'âge, de la position dans le groupe ou du degré d'engagement dans la délinquance. Les jeunes accordent une importance symbolique plus grande à la voiture, marque de pouvoir qui dans certains cas va jusqu'à les représenter, mais ils ne dédaignent pas d'utiliser les deux roues, surtout les scooters. Ils s'en servent pour les déplacements dans les quartiers ou à petite distance de ceux-ci.

La bande pratique les vols en groupe avec quelquefois si peu de discrétion que l'on peut se demander si la principale motivation n'en est pas la recherche de prestige, au risque d'une arrestation collective.

D'un prix d'achat élevé, les scooters sont régulièrement volés par les jeunes. Un vol collectif de ces engins marqua durablement la vie de la bande de la Source. La bande masculine au complet, soit une quarantaine de garçons, sortit de la Source pour aller attaquer un groupe de jeunes et leur voler des scooters dans une commune limitrophe. Ces derniers appartenaient aux classes moyennes et fréquentaient pour certains le lycée de la Source. L'attaque avait été précédée de multiples *emprunts* plus ou moins forcés. La dizaine de jeunes agressés, terrorisés par la violence et le nombre des attaquants de la Source, n'opposèrent aucune résistance. Le lendemain, les sept scooters volés lors de l'expédition circulaient sur la Source, montés par des jeunes de la bande. Ils ne s'en servirent pas hors de leur territoire. N'ayant pris aucune précaution pour dissimuler leurs visages, nombreux sont ceux qui furent facilement reconnus par les victimes de l'agression, arrêtés quelques jours plus tard et incarcérés pour plusieurs mois. Les scooters furent récupérés par la police et restitués à leurs propriétaires.

Du point de vue strict d'une économie de la délinquance, ce vol qui avait demandé une organisation conséquente, ne présentait aucun intérêt et se solda par une désorganisation temporaire du groupe et l'ouverture de casiers judiciaires pour certains de ses membres non encore repérés comme délinquants jusqu'à cet évènement. Une hypothèse explicative peut être la recherche d'appropriation d'éléments

9 - Les achats d'apparat

Les voitures utilisées par les jeunes des bandes peuvent aussi être achetées avec l'argent des activités délinquantes. Ils disposent en effet de manière sporadique de sommes importantes qu'ils investissent immédiatement dans des symboles de richesse : blousons, bijoux, voitures, provenant la plupart du temps de circuits de revente dont, à défaut d'être les organisateurs, ils sont des consommateurs assidus.

L'achat de la voiture avec l'argent provenant de trafics abolit l'idée de futur car il réunit en lui-même l'effort et le résultat de celui-ci ; une consommation rapide de l'objet acheté ainsi le sanctionne : *j'avais acheté un coupé sport... Un beau! Avec de l'argent... pas gagné quoi! J'avais payé cash en liquide ; j'étais venu avec mon cousin, on s'est fait passer pour des représentants ; je l'ai gardé deux mois! Plié! On faisait la course avec un copain, lui il avait une voiture volée, on a tapé une voiture, une autre, trois en tout ! Après on a mis le feu au coupé pour qu'on nous retrouve pas... Mais ça m'a rien coûté, je voulais une voiture, un jouet quoi !* (Patrick, la Source).

L'achat d'apparat ; permet de sauter d'un statut socio-économique à l'autre, dans une mise en scène qui donne l'illusion d'échapper aux contraintes du milieu social, du quartier, du destin tracé qui les attend. La bande veut *tout, tout de suite* et emprunte à l'*out-group* ses attributs supposés, quitte à les abandonner quand elle aura satisfait son besoin de mise en scène.

Loumis, à la Source, se passionne pour les voitures. Il les vole, les conduit, les revend entières ou en pièces détachées, mais surtout, il les aime. Quand il se promène dans la rue, il repère les voitures de sport, pour le plaisir de les regarder. Ses goûts l'entraînent, dans l'ordre, vers *la bagnole, l'argent, les meufs* (filles en verlan). Pour lui ce sont trois éléments de train de vie, indices de statut et sources de plaisir.

10 - Le coupé de Youssef

Lors d'un séjour que nous organisions dans le midi avec plusieurs jeunes mères de la bande, Youssef, compagnon de Sheherazade et père de leur petite fille, vint rendre visite à sa famille au volant d'un superbe coupé BMW de couleur noire. Il était vêtu avec recherche et arborait une *main de Fatma* deux fois plus grande que celles que portent habituellement les jeunes de la bande, au bout d'une chaîne en or massif. Il proposa aux jeunes femmes de les emmener au restaurant et le groupe partit dans la voiture. Il ramena tout le monde à l'heure dite, après avoir passé une partie de la soirée dans un restaurant de première catégorie et le reste de la nuit dans une boîte de nuit huppée de la côte, le tout à ses frais.

Aux yeux d'observateurs non avertis, Youssef et Sheherazade pouvaient passer pour un couple de jeunes bourgeois en goguette. La jeune femme d'ailleurs montrait des "goûts de luxe", sourcilleuse sur la qualité des plats servis, ne sortant jamais sans s'être longuement préparée afin de dispenser à l'extérieur toutes les marques possibles d'une couche sociale à laquelle elle n'appartenait pas.

Mais le coupé de Youssef ne fit pas l'unanimité ce jour là : alors que les jeunes femmes de la bande enviaient leur amie de bénéficier de telles largesses, Messaouda, plus jeune que les autres et extérieure au groupe, développait un autre point de vue : *regarde ça, un cabriolet, mais ça coûte dix bâtons, ça ! Si les flics le voient, ils vont lui demander : d'où tu le sors ? Et qu'est ce qu'il va répondre ? Au lieu de sortir comme ça, il ferait mieux d'acheter un appartement à sa femme ! Tu te rends compte, s'il est arrêté, elle a rien, elle sait rien faire, et c'est pas ses amis qui vont l'aider !*

Messaouda fait partie de la génération des "petites sœurs" qui disposent d'un certain recul pour apprécier les conséquences d'un mode de vie délinquant fondé sur l'apparence. Elle se rapproche des *styles de vie conformes* définis par Mauger[20] où l'accent est mis sur le travail salarié et les revenus qui lui sont liés. Elle ne fréquente les jeunes de la bande que dans un cadre précis et jamais à l'occasion d'activités délinquantes.

---

[20] Baudelot, Mauger, 1994, 365.

II - La voiture, symbole de son possesseur

Depuis les évènements que les médias ont appelé les rodéos des Minguettes, dans la banlieue de Lyon, au début des années 1980, les destructions et incendies de voitures dans les quartiers populaires sont régulièrement mis en exergue, symbolisant le danger représenté par les jeunes s'attaquant au bien de consommation le plus courant et le plus vulnérable dans l'espace public : la voiture.

1 - L'honneur retrouvé de Brahim

Marque de pouvoir, de puissance, c'est par l'intermédiaire de la voiture que se font les règlements de compte entre jeunes de la bande : incendies de voitures, luttes pour le *leadership* du groupe.

L'histoire de Youssef et de Brahim est à cet égard exemplaire. Ils étaient au début de la vie de la bande de la Source, deux des trois leaders du groupe. Ils se partageaient une valeur importante dans le groupe, l'autorité. L'autorité des leaders n'est d'ailleurs pas absolue, elle dépend de la manière dont ils incarnent les aspirations du groupe[21]. Dans la bande de la Source, les leaders étaient ceux qui restaient le plus proche de la culture d'origine, ceux qui mettent en mots les désirs de ses membres, qui édictent la norme, autorisant telle ou telle attitude en fonction de *ce qui se fait et ce qui ne se fait pas*. Les membres de la bande n'arrivent pas toujours à suivre les directives des leaders mais exigent de ceux-ci qu'ils s'y conforment. Chaque leader développe des qualités différentes : Lakhdar est l'interprète et le porte-parole des désirs de la bande, Brahim fut reconnu en son temps pour son courage et sa force physique, Youssef pour sa détermination inflexible lors des actions et son sens de la justice au sein du groupe. Le leader doit pouvoir arbitrer un conflit entre deux membres de la bande sans faire intervenir ses affinités électives, en s'en tenant strictement au code de conduite de la bande. Lorsqu'un des *leaders* est incarcéré, celle-ci continue à fonctionner grâce au partage du *leadership*.

---

[21] Robert, Lascoumes, 1974, 154.

Chacun des *leaders* incarnait à sa manière une valeur fondamentale de la bande, nécessaire à sa survie : le courage en toutes circonstances, incarnation de la force virile. Lors d'une arrestation collective, Lakhdar invective les policiers, refuse de se taire, défend les plus jeunes contre les brutalités au risque de les subir à leur place, ne bronchant pas sous les coups. Brahim, plus renfermé, affronte deux ou trois adversaires à lui seul. Youssef mène les actions jusqu'au bout. Courage et intelligence des situations sont les deux qualités principales des *leaders*[22].

Petit à petit, alors que l'offre d'héroïne se répandait sur la Source, Brahim en devint un consommateur alors que Youssef allait s'orienter, d'abord sans le dire, puis ouvertement, vers la constitution d'une clique à l'intérieur de la bande, qui allait devenir un *gang* orienté vers le trafic de drogues.

Au fur et à mesure que Brahim devenait toxicomane, il perdait son rôle de *leader* dans la bande : même si, physiquement, ses activités sportives antérieures lui permettaient d'*encaisser* assez honorablement la prise de drogue, il ne pouvait plus participer aux activités de la bande, qu'elles soient centrées autour de la convivialité ou de la délinquance. Livide, en sueur, les mains tremblantes, il semblait un roitelet déchu dont les camarades savaient que son père oscillait entre la colère et la pitié devant son état. Qui plus est, Brahim partageait avec son frère jumeau Adil, le rôle de frère aîné dans sa famille. Adil étant de santé fragile, les deux frères qui les suivaient avaient repris ce rôle. Déchu dans sa famille, déchu dans la bande, dont Lakhdar et Youssef partageaient désormais le *leadership*, Brahim errait sur le quartier, toléré par son groupe de pairs dont il ne partageait plus que très épisodiquement les activités.

Peu à peu, sous les efforts conjugués de ses parents, d'éducateurs de prévention, de certains membres de sa famille, Brahim sortit de sa léthargie, accepta de rencontrer un médecin, de suivre un traitement médicamenteux pour l'aider à diminuer les doses d'héroïne qu'il s'injectait quotidiennement. Encadré par deux cousins, il commença même à travailler de nuit. En même temps, il réapparut dans

---

[22] Trasher, 1927, 239.

les lieux de rassemblement de la bande sur le quartier, visiblement très fier de montrer de lui une image plus "virile" que dans un passé récent.

Youssef, entre-temps, après une velléité vite oubliée de trouver une activité légale, appliquait sa devise (*moi, je veux être indépendant par moi-même*) à des activités délinquantes de plus en plus organisées et lucratives. Brahim, s'estimant *guéri* essaya de retrouver son rôle de *leader*. Il tenta de le faire sous une forme symbolique.

Un soir de juin, au pied de l'un des deux bâtiments où habitaient des membres de la bande, Sheherazade, la compagne de Youssef, était assise dans la BMW de celui-ci. Plusieurs jeunes de la bande stationnaient autour de la voiture, sans autre intention que celle d'être ensemble. Brahim se mit au volant de la voiture et refusa d'en sortir sur demande de Youssef, qui saisissait parfaitement l'enjeu de pouvoir dans le groupe que représentait cette *installation* : Brahim prenait possession de la voiture de son rival, et assis à côté de sa petite amie, attaquait directement sa virilité en prenant sa place. Devant le groupe réuni, Youssef tira trois balles dans les jambes de Brahim. Celui-ci tomba sur le trottoir. La bande se volatilisa immédiatement, non sans que quelqu'un ait prévenu le SAMU[23].

Lorsque quelques jours après, je rendis visite à Brahim, je le trouvai, radieux, dans sa chambre d'hôpital, entouré de son père et de deux de ses frères. Lorsque ceux-ci furent partis, Brahim expliqua sa joie : en lui tirant dessus, Youssef lui avait rendu publiquement sa dignité d'"homme" aux yeux de la bande, il avait consacré l'honneur retrouvé de Brahim : *si Youssef pensait que j'étais encore toxico, il m'aurait juste donné une claque pour me faire sortir, mais là il m'a tiré dessus, ça veut dire que ça se passe d'homme à homme, comme des truands, quoi !* me dit-il avec un bon sourire. Brahim ne se trompait d'ailleurs pas : l'ensemble des membres de la bande, garçons et filles, rendit visite au blessé, manifestant respect et admiration pour sa réhabilitation.

Troquer des injections d'héroïne contre plusieurs blessures par balles et en être pleinement satisfait, voilà qui montre que dans la bande de la Source régnait un rapport à la

---

[23] Service d'Aide Médicale d'Urgence.

santé pour le moins différent de celui de l'extérieur. De fait Brahim n'accordait que peu de valeur à son état de santé par rapport à une notion générale de bien-être qui n'avait guère de sens pour lui. Par contre il était extrêmement sensible aux symboles : il avait attaqué Youssef par la marque de son pouvoir dans la bande (la voiture) et sur ses capacités sexuelles (simulation de prise de possession de *sa femme*), ce dernier l'avait pris au sérieux, et c'était cela que demandait Brahim, c'était sur ce point que son honneur était en balance.

En lui tirant dessus, Youssef lui avait reconnu la capacité à s'opposer à lui, donc à récupérer sa place de leader perdue. Il avait refait de lui un *homme : les échanges de violence n'ont pas qu'un caractère négatif : me battre avec quelqu'un, c'est le reconnaître comme mon semblable, même si je ne le connais pas : c'est le considérer comme digne de recevoir mes coups* (...) *On ne se bat pas avec un cave*[24].

Cette certitude suffisait pour le moment à Brahim, qui par ailleurs n'en voulait pas particulièrement à Youssef. Il se garda de porter plainte, respectant ainsi la classique loi du silence dans la bande par rapport à la police et à la justice.

2 - Le deuil de l'ami

Les jeunes de la bande du Vert-Pré ont pris l'habitude de signaler leur mécontentement ou leur révolte par l'incendie de voitures stationnant sur les parkings du quartier. Dans certains cas, ce sont des voitures dont ils connaissent les propriétaires. Il s'agit alors de règlements de compte, comme sur le quartier de la Source, l'agression sur la voiture symbolisant l'intention de vengeance par rapport à son propriétaire.

Mais aussi, ils incendient des voitures choisies au hasard sur la cité lorsqu'ils éprouvent une réaction collective de colère face à un évènement les touchant (mort de l'un d'entre eux, intervention de la police par exemple).

Le Vert-Pré est relié au centre ville par une longue rue étroite. Un jeune du quartier y circulait un jour à grande vitesse en mobylette, sans casque. Il percuta une voiture qui venait en sens inverse et fut tué sur le coup. Ses amis

---

[24] Catani et Verney, 1992, 162.

l'accompagnèrent à l'hôpital. Là, le médecin de garde ne put que constater le décès. Les jeunes s'attaquèrent alors à sa voiture garée sur le parking, devant le service des urgences. Ils se battirent avec lui et furent expulsés de l'hôpital par la police appelée en renfort. Ils rentrèrent sur le Vert-Pré, sans qu'aucun adulte proche ne les entoure dans ce deuil brutal. Le soir même, plusieurs voitures brûlaient sur le parking du Vert-Pré. C'était leur manière de faire le deuil de leur ami, en détruisant les symboles de sa mort, dans une révolte sans ennemis clairement nommés.

Ils donnèrent ainsi à voir leur souffrance de manière spectaculaire, sous forme de défi sans objet, alimentant les réactions des habitants, exaspérés par la destruction de véhicules acquis souvent difficilement. Alertée, la police se rendit sur les lieux et arrêta plusieurs jeunes. Leur journée se termina dans un commissariat où ils passèrent la nuit avant d'être présentés le lendemain matin devant un juge et mis en examen. Dans leur logique, ils avaient détruit des voitures pour marquer la mort de leur ami, devant la société instituée, ils s'étaient rendus coupables de plusieurs délits.

Ces manifestations sporadiques creusent encore le fossé entre les adultes et une partie de la jeunesse réunis pour l'occasion, et une autre partie de la jeunesse, celle qui s'est construit *un espace de style de vie déviant*[25].

Par la suite, plusieurs jeunes du quartier demandèrent à la mairie d'apposer une plaque à l'endroit où leur ami avait été accidenté. Celle-ci refusa, arguant qu'on ne pouvait poser une plaque pour tous les accidentés de la route. C'était pourtant là une demande de reconnaissance du deuil des jeunes et de leurs familles, un essai de ritualisation de la mort par accident, une tentative pour donner du sens au non-sens. A ne pas l'avoir compris, les adultes ont sans doute laissé passer une occasion rare d'entamer une action de prévention avec les jeunes les plus exposés aux accidents de la route.

3 - Le règlement de comptes raté

Les voitures symbolisent leurs propriétaires : les règlements de compte entre membres de la bande ne se font

---

[25] Baudelot, Mauger, 1994, 365-366.

pas toujours en face à face, mais par l'intermédiaire des véhicules. Pour un partage de butin jugé injuste, une insulte publique, une déception amoureuse... Les motifs sont nombreux et le règlement toujours le même : l'incendie de la voiture de l'offenseur supposé.

Une nuit, sur le quartier de la Source, un brasier a subitement éclairé les murs des bâtiments : dans la voiture qui venait de brûler, on a retrouvé quelques instants plus tard le cadavre de Mounir. Désireux de régler un litige (sans doute à cause d'une jeune fille) avec un jeune extérieur à la bande, il avait arrosé d'essence l'intérieur de la voiture de son adversaire et y avait mis le feu. Il contrôlait mal ses gestes : d'après ses copains, il avait bu ce soir là et fumé du cannabis en quantité.

Le propriétaire du véhicule l'a vu des fenêtres de son appartement. Il s'est précipité sur lui, l'a poussé dans l'habitacle qui brûlait déjà, a claqué la portière. Incapable de se défendre, Mounir a explosé avec la voiture. Le tout a duré quelques secondes, sous les yeux effarés de ses copains qui n'ont rien pu faire pour le sauver.

Ce cas extrême de règlement de comptes qui tourne très mal est commenté ainsi par Sofia : *ils voulaient brûler une voiture, d'habitude ça se passe très bien, pas de problème, ils se disputent, ils brûlent la voiture, mais là, qu'est-ce qui s'est passé... de toutes façons, ils finissent tous comme ça, dans une explosion, une balle, un coup. Mounir il était comme ça, terrible.*

L'habitude des règlements de comptes par ce moyen était chose courante parmi les membres de la bande de la Source. La police retrouvait régulièrement des carcasses de voitures carbonisées. Cette fois-ci, personne ne dit rien sur les circonstances de l'accident, pas plus que les autres fois. Les camarades de Mounir ont gardé pour eux l'horreur de la scène qu'ils venaient de vivre et la culpabilité d'avoir dû fuir en le laissant à son sort.

Ce dernier avait sous-estimé la réaction de son adversaire qui avait bien compris le message : identifié à sa voiture, il avait transformé en meurtre réel ce qui était à l'origine considéré par le jeune comme une agression symbolique.

III - La conduite, une affaire d'hommes

Si quelques filles sont tolérées dans la bande, grâce à la valeur de respect et à leur acceptation de la suprématie masculine, celles de l'*out-group* peuvent être l'objet d'agressions au cours des virées ou des déplacements en petits groupes. Par ailleurs, les filles n'investissent pas symboliquement les véhicules de la même manière que les garçons et ne prennent pas les mêmes risques sur la route.

1 - Les filles de la bande et les voitures

Les jeunes filles qui faisaient partie de la bande de la Source ont formé un petit groupe féminin qui a réussi à se tailler une place dans le groupe au fil des mois. On pouvait en voir certaines au volant de voitures volées par leurs copains, circulant sur le quartier, cigarette aux lèvres, interpellant les garçons de leur connaissance. Ce sont celles dont les amis s'orientaient vers une délinquance organisée qui dépassera de loin la délinquance amateur et brouillonne de la majorité des membres de la bande. Elles formeront avec eux un gang qui à mesure que la bande s'effritera, s'appropriera le marché de l'héroïne sur le quartier.

Cependant, ces comportements observés restent minoritaires. De toutes façons, si les mêmes filles ne dédaignent pas de monter dans les voitures de leurs amis, elles ne souhaitent pas posséder le même genre de véhicules ostentatoires : leurs préférences vont aux Renault 5, aux 205 Peugeot, dont elles évoquent la maniabilité, le coût à l'entretien, le montant de l'assurance, mettant en scène leur rêve de future mère au foyer pour lesquelles le véhicule serait surtout utilitaire. Les qualités de prudence, d'économie, de réalisme leur paraissent les plus adéquates dans cette construction imaginaire et les voitures puissantes n'éveillent en elles aucun appétit de pouvoir, qu'elles laissent aux garçons du groupe. Elles ne se situent pas en compétition avec ces derniers : c'est pour elles la seule possibilité qui leur soit offerte pour continuer à tenir la place qui leur est octroyée dans la bande.

Par contre elles partagent le même souci de l'apparence que les garçons. Simplement elles n'investissent pas les mêmes objets : lorsque naîtront les premiers bébés, ils seront pourvus de trousseaux dignes de familles à hauts revenus, alors que leurs mères toucheront l'allocation parents isolés (accordée au parent seul et sans ressources d'un enfant de moins de trois ans). Cette appropriation d'attributs sans liens avec la situation réelle rejoint la valeur de fierté qui fait dire aux jeunes *je préfère voler que mendier* et les conduit à partager leurs ressources plutôt qu'avoir recours aux services sociaux.

Il reste de règle, à travers les entretiens que nous avons réalisés et les observations faites dans les deux bandes, que lorsque des jeunes garçons et filles montent dans une voiture, ce soit un garçon qui conduise. De ce fait les garçons ont peu de référence quant à la conduite féminine : *quand je suis avec une fille, la plupart du temps c'est pas elle qui conduit. J'avais une copine, elle conduit bien, prudente, comme si c'était un homme, aucun problème* (Chérif, Vert-Pré). La référence reste bien la conduite masculine.

Les jeunes filles conduisent lorsqu'elles sont seules ou avec d'autres femmes. L'influence qu'elles exercent sur la manière de conduire de leurs compagnons reste incertaine et reflète la place qui est accordée aux femmes dans les bandes.

Ces observations sont corroborées par d'autres recherches. L'étude de Gossiaux et Barjonet dans la vallée de la Meuse[26] ne conclut pas à une influence des filles sur la conduite masculine. La conduite routière est bien une affaire d'homme en milieu populaire : *l'image de la femme que l'on continue de se faire à Jaricourt (mais n'est-ce pas une image que l'on retrouve aussi ailleurs ?) est celle d'un être qui est subordonné à l'homme. Sa revendication juvénile d'autonomie, qui peut s'exprimer par le désir de conduire une voiture, est finalement en contraste avec d'autres représentations et choix qui sont socialement plus stables*[27].

La voiture est l'expression de la domination masculine en milieu populaire, dont les bandes présentent la manifestation accentuée, par la prépondérance des valeurs viriles.

---

[26] Gossiaux, Barjonet, 1990, 33.
[27] Catani, Verney, 1986, 133.

2 - Le manquement aux normes

L'agression sexuelle contre une fille de la bande est impensable : un des jeunes qui s'était livré à des attouchements sur des jeunes filles de la bande était traité de *sadique* par celles-ci et réprouvé par les garçons, au nom du respect dû aux femmes du groupe. Par contre des simulacres d'agression peuvent avoir lieu à l'encontre d'une fille qui ne respecterait pas le code des valeurs viriles.

Sofia en a fait l'expérience lorsqu'elle s'est retrouvée en pleine nuit sur une bretelle d'autoroute, à une trentaine de kilomètres de la Source. Elle avait invectivé Lakhdar et Youssef, leur reprochant leur attitude lors d'un cambriolage où elle n'était pas présente. Elle avait *mal parlé* aux deux *leaders*, devant deux autres membres de la bande. Etant sortie de son rôle, elle fut sommée de quitter le véhicule, sous peine de se faire violer par les garçons, et de perdre définitivement toute place dans la bande. La menace ne fut pas mise à exécution et Sofia en fut quitte pour faire du stop. En la rejetant ainsi physiquement du groupe, les garçons marquaient leur réprobation et leur refus de la protection due aux filles de la bande. Ils signifiaient ainsi que cette protection ne tient que tant que les filles respectent la place qui leur est assignée dans le groupe. Cette place est donc éminemment précaire.

3 - Un viol en voiture

Monod souligne le code implicite auquel souscrit une jeune femme lorsqu'elle accepte de monter en voiture avec deux barjots. Elle accepte par là-même une relation sexuelle collective avec eux, qui peut devenir un viol si elle résiste[28].

Pour n'avoir pas compris ce que cette proposition cachait, une jeune fille inconnue de la bande de la Source paya d'une nuit de viol ce qui n'était au départ qu'une innocente ballade.

Djalil faisait partie de la bande depuis le début. Taciturne, peu expansif, il se rendait utile par sa force de frappe et sa docilité à suivre les ordres des *leaders*. Il était

---

[28] Monod, 1968b, 420.

La bande, le risque et l'accident

toujours très poli avec les filles et avait depuis peu une liaison avec la sœur d'un des membres de la bande.

Un soir, en compagnie de deux copains extérieurs à la bande, il rencontra une jeune femme. Je ne dispose que de la version des faits répandue sur le quartier par les camarades de Djalil. D'après cette version, elle accepta de monter dans leur voiture. L'ambiance devint vite agressive à son égard. Djalil commença à la toucher malgré son refus. Un des deux autres demanda à arrêter le véhicule et en descendit car, dit-il au procès, il ne voulait pas cautionner l'agression sexuelle qui s'annonçait. Ainsi disparut de la scène le seul témoin qui aurait pu aider la jeune femme. Les agressions sexuelles en voiture laissent en effet très peu de chances à la victime de trouver une aide quelconque[29].

Djalil et son camarade emmenèrent la jeune femme dans un parking proche de la Source, désert à cette heure avancée de la nuit. Ils la violèrent à tour de rôle. Ses supplications, ses cris n'éveillèrent pas leur compassion. Il s'agissait pour eux d'un objet dont ils usaient, d'une femme complètement différente de celles de la bande, qui s'était rendue *coupable* d'être dans un pub tard dans la nuit et d'avoir accepté de monter dans une voiture avec des inconnus. Ce faisant, d'après eux, elle acceptait la suite[30]. Djalil et son camarade avaient tellement peu conscience d'avoir commis un crime au regard de la loi qu'ils laissèrent partir la jeune femme à l'aube et rentrèrent se coucher chez eux sans inquiétude.

La victime porta plainte très rapidement. Elle n'avait à craindre aucune représaille des jeunes ou de leur entourage, car elle habitait loin du quartier. Dans le cas contraire, si elle avait cotoyé les agresseurs quotidiennement, il est probable qu'elle aurait été l'objet de menaces ou de pressions. Les injures proférées à son encontre pendant le procès le laissent penser[31].

Les deux jeunes furent arrêtés deux jours plus tard et condamnés, au terme d'un houleux procès en assises, à respectivement sept et huit ans de prison ferme.

---

[29] Bordeaux, Hazo, Lorvellec, 1990, 149.
[30] Robert, Lambert, Faugeron, 1976, 31.
[31] Bordeaux, Hazo, Lorvellec, 1990, 150.

Le premier moment de stupéfaction passée, les jeunes de la bande gardèrent le silence pendant plusieurs mois sur cet évènement. Certains disaient en confidence ne pas comprendre que Djalil, connu pour son respect des femmes, ait pu commettre un acte pareil. Celui-ci ne pouvait s'expliquer que par l'attitude provocatrice de la jeune femme, et la rumeur courut bientôt qu'il s'agissait d'une prostituée, ce qui la disqualifiait complètement aux yeux du groupe.

L'ensemble des membres de la bande, filles comprises, s'en tint à cette explication, et lors du procès auquel assistèrent deux ans après une vingtaine de jeunes, les insultes fusaient à tel point que le juge dut menacer du huis-clos pour obtenir le silence. Après le procès, la famille de Djalil tenta de faire appel en essayant de faire prouver par son avocat qu'elle se prostituait, ce qui ne fut jamais démontré et de toutes façons n'enlevait rien à l'acte commis d'un point de vue pénal.

A l'occasion de cet évènement, j'ai pu mesurer la distance entre les normes de la bande, où le respect s'exerce à l'égard exclusif des filles du groupe, et celles du corps social représenté par la justice, qui exigeait ce même respect à l'égard de toute femme. La solidarité de la bande s'exerçait autour de Djalil et son co-inculpé, alors que celle de la société se tournait vers la jeune femme.

Il ne s'agissait pas là du premier viol collectif commis sur une femme extérieure au groupe, mais c'était la première fois qu'un viol était dénoncé, les violeurs arrêtés et sanctionnés pour ce qui n'était pour eux et pour le groupe qu'un jeu, ou, au pire, la punition logique d'un comportement féminin hors normes.

De ce choc de normes, la bande tira une cohésion supplémentaire et une incompréhension fondamentale de la nature du crime et de sa sanction pénale.

L'utilisation des voitures par les jeunes de bandes répond à bien d'autres usages que ceux de leur première destination et illustre le système de normes différent de l'extérieur. Les jeunes partagent avec l'ensemble des conducteurs l'attrait pour les véhicules motorisés, mais ils en font un usage différent, tant par le mode d'acquisition que par leur intrumentalisation dans les règlements de comptes. Ils se font symboles des rapports de force internes et externes au groupe, expression du pouvoir sexuel des garçons pouvant aller jusqu'au viol de filles extérieures au groupe. L'appropriation des voitures par les jeunes de bande leur permet de mettre en scène un statut social rêvé, sans fondamentalement impliquer un rapprochement avec le reste de la société.

LA CULTURE DU RISQUE

De la deuxième à la troisième partie

Au cours de la deuxième partie, nous avons défini la place de la bande dans un ensemble territorial donné : la banlieue, et dans un sous-ensemble, le quartier, dont elle occupe les espaces stratégiques et intersticiels, défendant ce territoire contre les intrusions éventuelles d'autres bandes. Nous avons analysé le décalage entre les normes dominantes et celles de la bande, illustré par l'utilisation des voitures et les fonctions symboliques qu'elles remplissent : lutte pour le *leadership* symbolisé par leur possession, règlements de comptes, prédominance masculine dans les virées et les agressions sexuelles contre des filles de l'extérieur, vols et achats d'apparat de véhicules, symboles de richesse et de puissance.

Le territoire des bandes s'est élargi grâce à l'utilisation des moyens de transport individuels motorisés, dans le sens d'un déplacement géographique des affrontements et d'une réassurance groupale de la bande par rapport au monde extérieur.

Les voitures et les deux roues sont objets d'échanges, instruments des rapports de force externes et internes à la bande et moyens d'expression des valeurs viriles du groupe.

La troisième partie étudiera la bande sous l'angle des prises de risque. Nous étudierons la problématique du risque chez les jeunes de milieu populaire précarisé, à partir de plusieurs paramètres permettant de comprendre les prises de risque.

Nous étudierons l'impact des accidents graves et de leurs conséquences dans les deux bandes et l'importance des prises de risques, illustrée par l'absence de fonction dissuasive des accidents graves dans la manière de conduire ultérieure du groupe des pairs.

Nous verrons que l'accident grave est la sanction malheureuse de la prise de risques : loin de gagner une plus grande considération au sein de la bande et dans la société,

La bande, le risque et l'accident

les jeunes accidentés sont progressivement écartés de leur groupe de pairs. Ils partagent l'isolement et les difficultés d'intégration sociale de l'ensemble des accidentés graves, accentués par leur appartenance à un groupe d'adolescents replié sur lui-même et doté d'un capital culturel qui les laisse en marge du corps social.

Nous avons étudié les principales valeurs et normes que nous avons pu repérer dans les bandes de jeunes de milieu populaire, en nous centrant autour de la conduite routière. Nous allons maintenant tenter de répondre aux questions suivantes : quelle est la perception du risque dans la bande et comment cette perception se traduit-elle par des prises de risques sur la route ?

Quels sont le sens et l'utilité du risque ? Autrement dit, les jeunes de bandes peuvent-ils intégrer la prise de risque dans leur mode de vie, leur système de valeurs, en tirer quelque avantage, sachant que toute prise de risques n'est pas sanctionnée par un accident ? La faible perception du risque prendrait-elle sens aussi par ces bénéfices secondaires ?

L'étude des risques liés à la motorisation apporte un éclairage sur un comportement général par rapport aux risques dans la vie quotidienne.

L'adolescence se caractérise dans nos sociétés par la recherche des limites de ses propres possibilités et une notion relativement abstraite de la mort qui, plus que dans d'autres catégories d'âge, *n'arrive qu'aux autres.* Alors que, dans d'autres milieux sociaux, les *tendances adolescentes* du déni de la mort et du danger peuvent être, le cas échéant, canalisées par les adultes, dans le milieu des bandes, l'influence parentale reste très limitée et cette exacerbation des comportements adolescents ne rencontre d'autre obstacle que celui des expériences de vie. De toutes façons, les comportements parentaux respectent dans l'ensemble ceux des jeunes, comme nous le verrons lors de l'étude des deux accidents graves.

Nous allons dans un premier temps aborder une problématique générale du risque en la rapportant au contexte du milieu dans lequel vivent les jeunes des deux bandes et qui participe de leur sous-culture. Le concept de risque ne prend pas en effet les mêmes résonances selon la culture du milieu dans lequel il s'inscrit, comme le souligne Pierre Lascoumes : *il n' y a pas de risque en soi, il n'y a que des façons, toujours spécifiques historiquement et culturellement d'appréhender les situations d'incertitude*[1]. De la même façon, le risque n'est pas évalué de la même manière par les individus selon leur âge, leur sexe, leur catégorie sociale, leurs références culturelles.

I - Le risque

L'Académie Française (17 février 1965) donne du risque une définition précise : *risquer, c'est courir un danger... Ce verbe est donc impropre quand il désigne un évènement heureux à moins qu'il ne s'agisse d'un emploi ironique. On risque d'échouer, et non d'être reçu*[2].

Le risque est selon Assailly *d'une part, la probabilité d'un évènement indésirable... d'autre part, une situation où il est possible mais non certain qu'un évènement indésirable se produise*[3]. Le risque accidentel lui-même *peut être considéré comme le produit de la probabilité de l'occurrence de l'accident par son utilité*[4]. Cette définition se situe à l'interface de la psychologie et de l'anthropologie : elle fait appel à la perception qu'ont les individus, particulièrement les jeunes, du risque et des bénéfices qu'ils peuvent en tirer, en fonction de leur appartenance à différents groupes et aux valeurs qui les imprègnent.

Le risque se distingue du danger ou de la menace. Le danger est présent, il précède de très peu la catastrophe, alors que le risque est une éventualité que l'on peut prévenir, que l'on peut aussi ignorer[5].

En même temps le risque est moteur et permet au monde d'avancer. Le refus du risque lié à toute évolution ou toute découverte aurait depuis longtemps mené l'humanité à sa perte. Toute expérience nouvelle implique une prise de

---

[1] Lascoumes, 1993, 23.
[2] Revue Culture Technique, 1983, 8.
[3] Assailly, 1992, 4.
[4] Assailly, 1992, 30.
[5] Lascoumes, 1993, 23.

risques[6], que ce soit celle du jeune enfant qui commence à marcher ou celle de l'humanité qui expérimente des manières nouvelles de vivre. La prise de risque est nécessaire au développement des étapes de la vie, particulièrement au moment où le jeune expérimente ses propres limites et celles de son entourage : *la prise de risque (...) donne aussi à l'adolescent l'occasion de vérifier son pouvoir sur son corps et sur les choses*[7]. Moins cette vérification sera organisée et canalisée par les adultes, plus les jeunes auront tendance à adopter des conduites de risques poussées.

Cette confrontation à une éventuelle toute puissance s'exerce particulièrement sur la route où tous, adultes ou jeunes, ont tendance à réinterpréter la loi à l'aune de leurs propres représentations, quand bien même ils sont légalistes en ce qui concerne les autres aspects de la vie.

1 - La relativité du risque

Approcher une définition du risque implique de le considérer dans son contexte historique. Chaque société va décider, par un consensus collectif représenté plus ou moins fidèlement par les lois, quelle est la limite du risque acceptable. Le risque de mortalité infantile, par exemple, n'a été considéré comme tel qu'au cours du XIXème siècle, quand les décès d'enfants ont été considérés comme un problème de santé publique appelant un traitement spécifique. De même les risques de maladies liées au tabac n'ont été énoncés comme tels que dans le troisième tiers du XXème siècle. Auparavant, cancers et maladies cardio-vasculaires existaient bel et bien mais n'étaient reconnus comme liés au tabagisme ni par les pouvoirs publics ni par la population. L'archétype de l'homme viril était un fumeur, alors que l'image masculine valorisée aujourd'hui est celle d'un non-fumeur, plutôt sportif.

En matière de conduite routière, nous nous référerons aux normes édictées à travers les lois portant sur la sécurité routière. Ces lois reflètent la norme actuelle du risque. L'ensemble des conducteurs marque une distance certaine

---

[6] Tomkiewicz, 1989, 262.
[7] Turz, Courtecuisse, Jeanneret, Sand, 1986, 85.

avec ces normes comme le souligne l'étude de Renouard : *le bon conducteur s'estime à la fois suffisamment compétent et conscient des dangers de la route pour jouer avec la règle selon la situation*[8]. Les jeunes des bandes que nous avons rencontrés ne respectent pas ces normes pour des raisons différentes que nous expliciterons plus loin.

Le risque a donc deux connotations divergentes : l'une positive (le risque moteur de la vie et du progrès), l'autre négative liée à la demande générale de sécurité et au consensus sur les dangers reconnus dans une société à un moment donné.

De fait le corps social oscille entre la glorification du risque, propre aux valeurs adolescentes, et son éradication dans une optique sécuritaire[9]. Dans un monde quadrillé d'assurances et de certitudes, au développement technologique sans précédent, les accidents individuels ou collectifs prennent des allures de scandale. L'incertitude devient intolérable, il faut tout savoir, tout prévoir, tout prévenir[10], alors même que le développement des technologies engendre des dangers inconnus jusqu'alors.

II - La perception du risque

La perception du risque n'est pas liée à des données objectives. L'automobile *est classée comme la plus meurtrière des activités mais n'est jamais classée comme la plus risquée*[11].

Cette minoration de la demande de sécurité en matière de conduite routière ou, en d'autres termes, cette tolérance au risque routier est analysée par Yvon Chich, qui centre son explication sur l'importance de la voiture, objet de *l'adhésion massive de la population à l'automobile et au mode de vie qu'elle rend possible et qu'elle induit*[12]. Malgré la pénibilité occasionnée par les embouteillages, le coût, le nombre d'acci-

---

[8] Renouard, 1995.
[9] Le Breton, 1993, 57-65.
[10] Lefaure, Moatti, 1983, 22.
[11] Lefaure, Moatti, 1983, 15.
[12] Chich, 1983, 265.

dents sur la route, la voiture continue à recueillir la majorité des suffrages.

1 - Les priorités dans la perception du risque

Ainsi que l'indique Yvon Chich, la demande de sécurité s'exerce de manière prioritaire par rapport à la petite délinquance car elle permet de nommer et d'exclure des individus considérés comme responsables de cette insécurité quotidienne[13].

Tomkiewicz développe une analyse proche de celle d'Yvon Chich en mettant en parallèle les morts liées à la toxicomanie et celles liées à la route : *ainsi il y a cinquante fois plus de jeunes qui meurent sur les routes que d'overdose. Or, la vitesse n'est dénoncée et combattue que par les médecins de la sécurité routière et quelques gendarmes*[14].

Lefaure et Moatti confirment cette analyse : *un risque sera donc perçu comme d'autant plus grave qu'il apparaît comme une menace pour la cohésion sociale*[15].

Il y a donc un décalage important entre les facteurs de risque objectif et leur perception par les individus, toutes couches sociales confondues. Les critères d'appréciation du risque seront liés à l'imaginaire collectif plutôt qu'à une objectivité rationnelle.

2 - L'évitement du risque

D'autre part le risque routier est minoré par rapport au nombre de morts qu'occasionnent les accidents de la route, dans la mesure où les individus, par des *stratégies conjuratoires*, peuvent s'exclure des personnes susceptibles d'avoir des accidents et croire que la réalité confirme cette hypothèse. En effet, la prise de risque n'occasionne pas immédiatement un dégât matériel ou corporel : chaque excès de vitesse, chaque conduite en état d'alcoolisation, chaque infraction mettant en danger la sécurité ne sont pas suivis

---

[13] Chich, 1983, 266.
[14] Tomkiewicz, 1989, 263.
[15] Lefaure, Moatti, 1983, 17.

d'un accident. On peut en déduire qu'il n'arrivera pas, quelles que soient les circonstances.

Même si le nombre de tués sur la route reste proche de la barre des 8 000 par an, dont le quart sont des jeunes de 18 à 25 ans, la probabilité du risque pour chaque individu reste très faible, donc envisagée dans une lointaine perspective qui freine la réflexion spontanée sur ce problème.

De fait la perception du risque routier est une opération intellectuelle complexe qui implique la prévision d'un accident éventuel, donc la projection dans le futur, et l'acceptation de la faute ou de l'erreur éventuelles de conduite, liée à la responsabilisation.

Les représentations des causes des accidents, et donc des facteurs de risque, sont très diverses et liées pour la plupart au déni de la responsabilité individuelle. Au cours de la recherche que nous avons effectuée précédemment sur les représentations du risque chez les jeunes[16], nous avons pu constater que les causes des accidents étaient dans les représentations des sujets, sans rapport avec les circonstances objectives des accidents, dans la majorité des cas.

Le lien entre accident et infraction n'est pas reconnu : certains sujets déclarés responsables dénient ou écartent cette responsabilité alors que d'autres déclarés non responsables relient cet évènement à une *faute* antérieure dont ils auraient ainsi payé le prix. Les causes seront alors de type magique (mauvais sort jeté sur le sujet par un membre de sa famille, en réponse à une transgression), fataliste (le destin), imprévu (le hasard) ou rationnel (responsabilité du conducteur ou d'un tiers).

Chaque personne accidentée a réinvesti dans la représentation de l'accident et de ses causes les éléments culturels dont elle se servait auparavant pour gérer son rapport au monde. Deux sujets n'attribuent aucune cause à leur accident : l'un d'eux est Chérif, membre de la bande du Vert-Pré, dont nous étudierons les représentations dans le chapitre suivant[17]. L'autre est un jeune issu du même milieu socio-économique, habitant un grand ensemble de la banlieue Ouest de Paris.

---

[16] Esterle, 1994a.
[17] Esterle, 1994a, 37-55.

La bande, le risque et l'accident

La tendance à la surestimation de ses propres capacités, entre autres mécanismes psychologiques, bloque la perception du risque et l'acceptation d'une éventuelle responsabilité dans un accident[18]. Il n'est pas notre propos ici de détailler tous les déterminants de l'évitement de la perception du risque en termes de rationalité. Soulignons cependant la confiance en son propre jugement qui est notable parmi les jeunes de bande et perdure malgré les exemples de blessures et de décès qu'ils connaissent autour d'eux. L'irrationalité dans l'appréhension du risque est générale à toutes les catégories sociales mais elle s'exprime de manière différente selon le rapport au corps et à la santé de chaque milieu.

III - Les jeunes de la bande et les prises de risque

Au regard des normes classiques du risque définies par les lois sur la sécurité routière, les jeunes des bandes que nous avons rencontrés, comme d'ailleurs des jeunes placés dans les mêmes conditions sociales et ne participant pas à ces groupes structurés, présentent des conduites à risques développées. L'absence de contacts avec des interlocuteurs d'autres milieux accentue ces comportements. En effet, ils n'ont quasiment pas accès aux messages de prévention et ne disposent d'aucune ritualisation institutionnalisée où ils pourraient vivre des prises de risque dans le sens d'un passage vers une étape différente de leur vie.

Nous allons examiner maintenant les tenants et les aboutissants des prises de risques dans ces groupes.

Nous distinguerons plusieurs paramètres qui peuvent expliquer ces conduites :
- un rapport au corps particulier, marqué par une esthétique singulière,
- la distance par rapport aux médecins et les attitudes qu'elle engendre,
- une mise en jeu du corps dans les interactions avec autrui qui implique des relations de face à face marquées par le refus de céder (importance de l'honneur),

---

[18] Lefaure, Moatti, 1983, 13.

La culture du risque

- un rapport au futur à très court terme, conséquence de l'absence de projets sociaux et professionnels accessibles,
- la recherche de sensations fortes et stimulantes, sources de plaisir.

Enfin nous récapitulerons les enjeux du risque appliqués aux groupes qui nous intéressent.

1 - Le rapport au corps

Les jeunes de la bande sont imprégnés d'un *habitus* corporel propre aux milieux populaires.

Boltanski définit *l'habitus corporel des membres d'un groupe comme système de règles profondément intériorisées qui, sans être jamais exprimées en totalité ni de façon systématique, organise implicitement le rapport des individus d'un même groupe à leur corps* (...)[19].

Il distingue deux types de comportements principaux : ceux de milieu populaire, en situation de risque physique élevée et au recours aux soins médicaux faible, et ceux des couches supérieures, qui n'ont pas besoin de leur force physique pour travailler et développent une attention plus importante que les premiers à leur corps[20].

Il souligne que la perception du risque routier croît au fur et à mesure que l'on monte dans l'échelle sociale, comme si les sujets jugeaient les risques encourus sur la route *d'autant plus scandaleux que les conditions objectives de la sécurité sont plus solidement instaurées dans les autres domaines de l'existence*[21].

Par contre, *la témérité relative (souvent décrite dans le langage de l'insouciance ou de l'inconscience) d'une fraction des conducteurs des classes populaires, ne constitue sans doute qu'un aspect d'une attitude générale à l'égard du risque, elle-même corrélative d'une insécurité objective beaucoup plus forte que dans les autres classes*[22].

On peut expliquer ces comportements par le fait que les membres des couches populaires occupent des postes

---

[19] Boltanski, 1971, 225.
[20] Boltanski, 1971, 222.
[21] Boltanski, 1975, 47.
[22] Boltanski, 1975, 45.

professionnels où la force physique est importante et où le corps est mis en jeu de manière prioritaire. Qu'il vienne à faiblir et c'est le gagne-pain qui est remis en cause. Ecouter les souffrances infligées par le corps et révélatrices d'une éventuelle lésion reviendrait à devoir arrêter son activité. La maladie sera d'autant plus inenvisageable qu'elle (...) *interrompt le temps, ce qui coupe inutilement le déroulement de la vie et oblitère l'avenir tout entier, ce sur quoi on n'a pas de prise, bref une catastrophe économique et familiale à laquelle on n'ose pas penser*[23]. De plus, les conditions actuelles de travail (contrats à durée déterminée, développement de la précarité), rendent aléatoires voire périlleuses pour la continuité de l'emploi les arrêts pour raison de santé. L'avenir aussi sera à *durée déterminée* et les conditions de vie détermineront largement les comportements[24]. L'absence de soins efficaces génère dans ce contexte culturel particulier des prises de risque liées à *l'insécurité objective* dont parle Boltanski[25].

Cette résistance aux messages transmis par le corps se traduit par des comportements bien connus dans les milieux populaires où on *ne s'écoute pas,* on met un point d'honneur à *tenir le coup* même si l'on se sent malade, et on prête une attention toute relative aux messages envoyés par le corps[26]. Preuve de *virilité* chez les hommes, de *force de caractère* chez les femmes, marque de *courage* pour tous, la résistance à la douleur imprègne les comportements, tant est impérative la nécessité de travailler.

Les représentations du corps induisent chez les jeunes des classes populaires la prépondérance de la *force* sur la *forme,* contrairement à ceux des couches intellectuelles et des classes supérieures.

Les jeunes de la bande ont pu constater ce type de comportement chez leurs parents, leurs pères en particulier, dont on connaît la dureté des conditions de travail, dans le bâtiment ou l'industrie automobile, et s'en imprégner à leur tour dans leur vie quotidienne.

---

[23] Boltanski, 1971, 222.
[24] Colin, Moffet, 1995, 178.
[25] Boltanski, 1975, 45.
[26] Pétonnet, 1985, 108.

2 - La distance par rapport au corps médical

D'autre part et dans la même logique, plus les individus appartiennent à des groupes sujets à des problèmes physiques, moins ils ont recours aux médecins[27]. Aller consulter un praticien peut représenter une menace, celle de ne pas comprendre le discours médical, de se voir découvrir des maladies graves sur lesquelles le patient n'aura pas de prise[28].

Nous avons constaté lors de notre recherche sur les accidents de la circulation que les parents des jeunes appartenant au même milieu social que les chirurgiens et soignants spécialisés qui suivaient leurs enfants traitaient d'égal à égal avec ces derniers, étaient bien informés des soins et changeaient leurs enfants d'établissements de soins s'ils jugeaient qu'ils devaient recevoir des soins plus appropriés à leur état. Ils étaient reconnus comme des interlocuteurs et des partenaires par le personnel soignant. Par contre, les parents de milieu populaire avaient peu de prise sur les soins donnés à leur enfant. Quant aux parents des jeunes les moins intégrés socialement, ils n'intervenaient pas du tout dans le suivi des soins, tant auprès des jeunes que des médecins qu'ils ne sollicitaient pas et qui ignoraient leur existence[29].

Joubert et une équipe de sociologues, au cours d'une étude sur un quartier de la banlieue Nord de Paris, ont noté la fréquence du recours au service d'urgence de l'hôpital le plus proche qui *relève également d'une volonté de distancier l'inter-connaissance attachée aux consultations de proximité (médecin connaissant la famille, perception par le voisinage...)*[30].

La crainte de ne pas comprendre le discours médical se double d'une crainte d'affections graves découvertes à l'occasion d'une visite médicale.

---

[27] Boltanski, 1971, 210.
[28] Boltanski, 1971, 214.
[29] Esterle, 1994.
[30] Joubert, Bertolotto, Bouhnik, 1993, 78.

Cette distance maintenue avec le corps médical sera d'autant plus accentuée quand les jeunes se verront reprocher des comportements induisant des troubles graves, par absence de prévision. Incompréhension du discours médical, craintes d'affections irréversibles, appréhension devant des reproches vécus comme moralisateurs et impossibles à intégrer dans un système culturel propre au milieu de référence des jeunes, résument les principales raisons qui expliquent leur faible fréquentation des milieux médicaux.

3 - Le coût des soins

D'autre part les soins peuvent être onéreux. Certains sont fort peu remboursés par la sécurité sociale (les soins dentaires entre autres) et l'absence de mutuelles peut les rendre problématiques. Certains jeunes sont assurés sociaux par l'intermédiaire de leurs parents mais ayant avec eux des relations quelquefois distendues, hésitent à faire appel à leur aide en cas de problème de santé. L'aide médicale gratuite demande des démarches que des personnes déjà peu enclines à avoir recours aux services des médecins hésiteront à faire : il leur faudra fournir des pièces, revenir plusieurs fois, justifier de leur impossibilité à payer... Ces démarches impliquent un contrôle social quant à l'adresse, aux revenus, et une confrontation à des formulaires administratifs qui apparaissent complexes, voire incompréhensibles[31]. Les démarches, même si elles sont commencées, s'arrêtent rapidement en l'absence d'aide extérieure, d'autant plus que la motivation à se soigner, pour toutes les raisons énoncées, s'émousse rapidement.

4 - L'anesthésie de la douleur et l'auto-médication

D'autre part la distance avec le corps médical induit en cas de douleur, le recours aux calmants ou même aux psychotropes illicites plutôt que le recours aux soins médicaux dans l'optique d'un traitement de fond.
Nous avons retrouvé ces comportements chez des jeunes des bandes qui supportaient des douleurs très intenses

---
[31] Joubert, 1995, 96, 97.

(dentaires, osseuses ou autres) sans pour autant aller consulter un médecin pour les faire cesser. Elles faisaient partie de leur vie quotidienne. Au mieux prendraient-ils des calmants, souvent obtenus par des réseaux parallèles, pour soulager la douleur si celle-ci devenait vraiment intolérable[32].
Après plusieurs mois de douleurs violentes atténuées sporadiquement par des calmants, Marina fut hospitalisée en urgence. Elle fut opérée en même temps de l'appendicite, d'une salpingite et d'un kyste. Sofia de son côté, laissa se développer des caries dentaires à un tel point qu'elle se retrouva un matin avec une joue considérablement déformée par plusieurs abcès.

Sofia, comme les autres jeunes de bande, se préoccupe certes de son corps, mais elle partage avec le milieu populaire précarisé dont elle est issue une grande distance avec les médecins et la pratique de l'auto-médication personnelle.

Elle avait l'habitude, comme tous les jeunes de la bande de la Source, de s'arracher les dents elle-même, de percer les abcès avec une aiguille passée à la flamme du gaz, de supporter des douleurs parfois intolérables jusqu'à ce que les dents se nécrosent et ne la fassent plus souffrir... jusqu'à la prochaine fois.

A la suite d'une fracture de la jambe, un autre jeune se vit poser une broche en métal dans la jambe et tarda plusieurs mois avant de la faire retirer.

On pourrait multiplier les exemples de blessures non ou mal soignées, d'arrêt des soins médicaux dès que la douleur disparaît. De fait l'accès aux soins plus formalisés que la médication individuelle n'intervient que lorsque le corps se rappelle à eux de manière pressante par la douleur, lorsqu'ils ne peuvent plus composer avec elle et lorsque les calmants ne font plus effet.

5 - Une esthétique particulière

Les accidents de la circulation prennent place dans une longue kyrielle d'atteintes corporelles : blessures par règlements de compte, malaises liés à une surconsommation

---

[32] Le Breton, 1995, 131.

d'alcool ou de produits psychotropes, problèmes de santé bénins qui aboutissent à des interventions en urgence.

Il n'est pas rare de voir des jeunes de moins de trente ans claudiquant, ayant perdu une bonne partie de leur dentition suite à des caries non soignées, le corps marqué de cicatrices, sans que leur image corporelle en soit autrement atteinte auprès de leur entourage immédiat. La norme du groupe concernant la représentation du corps inclut ces marques, assimilées à des signes de virilité pour certaines (c'est le cas des cicatrices chez les garçons)[33]. Comme nous le verrons au chapitre suivant, il faudra une atteinte très grave au visage ou des séquelles importantes pour modifier la place du jeune dans son groupe.

Mettant leur corps en jeu dans les interactions de leur vie quotidiennes, les jeunes sont habitués aux blessures, à la baisse de possibilité d'utilisation d'une partie du corps, aux séquelles liées aux multiples atteintes corporelles.

L'un d'entre eux ayant reçu plusieurs coups de couteau dans une bagarre se trouvait dans un état grave à l'hôpital. Nous entendîmes à ce propos le commentaire suivant dans la bande de la Source :

- *il est mort, on m'a parlé de 13 coups de couteau.*
- *mais non, voyons, il est vivant, il va très bien.*
- *ah bon, il est vivant, c'est pas grave alors...*

Quelques mois plus tard, Farouk fut victime d'un très grave accident de la route. Défiguré, une jambe cassée, il se trouvait pour plusieurs semaines en centre de rééducation. Comme je demandais comment il allait et si quelqu'un avait de ses nouvelles, Najib me répondit étonné : *mais il va bien, il est vivant, non ?*

Colette Pétonnet remarquait cette même abondance de lésions diverses dans une population pauvre de migrants Espagnols et Portugais[34].

Les enjeux corporels des accidents éventuels seront moindres si les normes de beauté s'accomodent des cicatrices et lésions diverses qui ont laissé des traces sur le corps et réduit ses performances. L'esthétique du corps implique une

---

[33] Mauger, Fossé-Poliak, 1893, 56.
[34] Pétonnet, 1985, 110.

acceptation des atteintes corporelles comme faisant partie d'un ethos corporel commun.

6 - Les valeurs viriles et la culture du face à face

Pour Mauger, la bande est dominée par les *valeurs viriles ;* et intègre la prise de risques dans son mode de vie : *l'intériorisation des valeurs de virilité passe par l'apprentissage collectif de 'conduites viriles' : le défi des règles scolaires, les affrontements verbaux ou physiques dans la bande ou entre bandes, les excès de vitesse, les excès de boisson etc, pratiques dont il faut sans doute plutôt rechercher le sens dans l'héritage culturel, la filiation, la reproduction que dans la révolte et la transgression*[35].

Cette *reproduction* est poussée à la caricature chez les jeunes de bandes, porteurs d'un système de valeurs particulier et confinés de par leur faible capital culturel et le contexte socio-économique dans une adolescence prolongée.

Ils imposent à leur corps des épreuves quotidiennes, sans savoir qu'il s'agit d'épreuves, tant il leur paraît impensable de s'arrêter, de se soigner en suivant les prescriptions médicales. Au contraire, pousser le corps jusqu'aux limites de sa résistance est banalisé et considéré comme signe de virilité. Cette *virilité,* convertie en *force de caractère* chez les filles, doit être sans cesse renouvelée car jamais n'intervient une sanction autre que celle du groupe, qui est constamment provisoire. Une place gagnée un jour peut-être remise en cause le lendemain, les preuves de force et de virilité doivent constamment être répétées.

Nous avons évoqué dans le chapitre précédent les différentes situations qui peuvent éclairer l'incidence de cette culture du face à face sur les prises de risque (conflit Youssef/ Brahim, règlements de compte...). C'est le corps qui est mis en jeu dans les interactions, c'est à travers lui que vont se négocier les places dans la hiérarchie du groupe. Cette logique du face à face mène sur la voie publique à la négociation de situations en fonction de l'interprétation des circonstances particulières et non d'un code qui n'est pas toujours connu ni intégré, étant données les habitudes de

---

[35] Mauger, 1993, 519.

conduite sans permis. Le véhicule peut prendre symboliquement la place de son propriétaire et le conflit se joue alors par conducteurs et passagers interposés.

On peut associer à ces valeurs viriles au *risque prestance* selon Assailly : *prendre des risques pour conforter son image propre (c'est-à-dire, ce qu'il pense de lui) et son image sociale (c'est-à-dire, ce qu'il croit que les autres pensent de lui). De même au sein d'un groupe, la prise de risque est un facteur de popularité, donc de l'acquisition ou du maintien d'un statut*[36]. Les vols d'apparat ou les achats d'apparat avec l'argent produit de vols ressortent du risque de prestance ; ce type de prise de risque est très fréquent dans les bandes.

IV - Le risque et le temps

Anticipation et *programmation* appartiennent à des temporalités bien précises qui à défaut d'être partagées par tous les usagers potentiels, induisent des inégalités en matière d'accès aux soins[37]. Se soigner implique l'idée de la prévision, prévoir c'est envisager le futur, or celui-ci se rétrécit quand la précarité des ressources interdit une projection au delà de quelques mois, voire de quelques jours. Ces phénomènes sont encore plus prégnants dans des groupes enclavés, sans inscription socio-professionnelle ni perspectives de cet ordre.

Deschamps s'appuie sur une étude réalisée dans l'Est de la France pour constater des disparités importantes entre l'état de santé de jeunes de différentes couches sociales. Il a constaté un état de santé général plus dégradé chez les jeunes de milieu populaire précarisé : *l'état nutritionnel est souvent altéré, les troubles auditifs, visuels, les caries, les anémies plus fréquents, les consommations d'alcool et de tabac plus élevés. Les troubles fonctionnels, les difficultés psychologiques, les signes de mal-être sont deux à trois fois plus fréquents*[38].

Les mêmes symptômes ont été repérés lors d'une étude réalisée auprès d'acteurs d'insertion et de soignants en

---

[36] Assailly, 1992, 126.
[37] Joubert, 1995, 97.
[38] Deschamps, Perron, Bon, 1992, 117.

Seine-Saint-Denis. S'il n'y a pas à proprement parler de maladies de la précarité, on constate une accentuation des symptômes classiques présentés par l'ensemble de la population et une absence de prévision et de suivi de maux qui de bénins, peuvent prendre des proportions aggravées[39].

Deschamps et Perron lient directement le mauvais état de santé des jeunes de milieu populaire, dont la situation socio-économique est proche de celle des jeunes des deux bandes, à l'impossibilité à formuler des projets. *C'est l'instant qui devient projet, faute d'un avenir projetable*[40].

La fixation dans le présent dont parle Deschamps se vérifie régulièrement dans le suivi des soins. Sofia, à la suite d'une visite à l'hôpital où un dentiste lui avait enlevé une première dent, ne suivit pas le traitement antibiotique prescrit et ne revint pas quinze jours plus tard pour se faire enlever les autres. La douleur ayant disparu, elle parla longtemps de cet épisode et de la perspective de faire soigner sa dentition pour obtenir un *sourire parfait*. Elle continua ses méthodes particulières de soins par la suite.

En effet, comment envisager l'avenir quand le présent n'est pas scandé par une activité impliquant des contacts réguliers avec d'autres que le groupe des pairs et permettant de faire des projets, comment différencier les jours de la semaine, les mois de l'année, comment établir une mémoire des moments forts vécus auparavant ? *Je ne sais plus quel jour de la semaine on est* me disait Faïza, *le dimanche ou les autres jours c'est pareil alors...* Dans ces conditions, à quoi bon se soigner, en prévision de quelle activité, de quel futur, confondu dans la masse indistincte des jours qui s'écoulent ? Là réside un ressort des conduites à risque, l'enjeu d'une intégrité physique ne pouvant que difficilement s'envisager pour établir des projets d'avenir.

Dans ce contexte, le recours aux urgences fait partie d'un mode de vie où il faut répondre dans l'instant aux sollicitations les plus diverses, sans construction d'un programme préétabli qui permettrait de scander le temps et d'organiser la gestion des soins médicaux. Il se comprend

---

[39] Esterle-Hedibel, 1995.
[40] Deschamps *et al.*, 1992, 118.

aussi par le grand nombre d'accidents de tous ordres qui justifient les soins dans les services d'urgence des hôpitaux[41].

1 - La satisfaction des envies immédiates

Les jeunes des bandes ne diffèrent pas la satisfaction de leurs envies. Ils supportent les mesures de sécurité en voiture ou sur des deux roues dans la mesure où elles ne sont pas génératrices de gêne : *la ceinture, je la mets pas en ville, parce qu'il y a beaucoup de manœuvres à faire, on doit tourner, on doit freiner et franchement, elle me gêne, elle me brûle, là ; dans la route on la met droit, on l'oublie, on n'y pense pas* (Chérif du Vert-Pré).

Un autre jeune du Vert-Pré légitime d'ailleurs ce principe par des exemples de camarades qui ont eu la vie sauve grâce à l'absence de ceinture : *il y a un copain à nous qui a fait un accident avec une 205 GTI, s'il aurait eu sa ceinture de sécurité il était mort, la voiture elle s'est pliée et tout le devant de la voiture elle s'est enfoncée vers lui et lui il a été projeté sous le choc, il a été projeté, avec la ceinture de sécurité il aurait été broyé* (Abdel).

Le port du casque, la ceinture de sécurité sont inconnus et les limites du danger largement repoussées. L'observation participante que nous avons pu faire sur les deux quartiers témoigne de l'omniprésence des moyens de transport individuels dans la vie du groupe : scooters, voitures, s'échangent et donnent lieu à des balades dans la cité et le quartier proche où les jeunes *font des tours* sans but apparent, pour le seul plaisir de se promener ensemble. Au Vert-Pré, les jeunes de la bande conduisent des voitures sur le quartier même à grande vitesse, au milieu des piétons et des enfants qui jouent. Ils pratiquent la conduite de deux roues sur la roue arrière, freinant au dernier moment de manière si brutale qu'ils en tombent parfois de leur véhicule, sans dommage la plupart du temps. La conduite sans casque sur deux roues est une pratique courante, le casque se trouvant au mieux accroché au coude du conducteur.

Un des avatars de la satisfaction des envies immédiates, dans un rapport au temps centré sur le présent,

---

[41] Joubert, Bertolotto, Bouhnik, 1993, 167.

est lié au système de normes autour du vol. Il se rapproche du risque pratique selon Assailly : (...) *prises de risque résolvant un problème pratique, par exemple : augmenter la vitesse de son déplacement si l'on est en retard, ne pas respecter la signalisation afin d'accomplir plus commodément un trajet...*[42]. Nous pourrions rajouter : utiliser un véhicule garé sur la voie publique pour se rendre plus facilement d'un point à un autre. Le désir de satisfaire leurs envies immédiates sans envisager les conséquences les conduisent très souvent à prendre des risques *utilitaires* sous forme de *vols d'emprunt* d'autant plus que le respect de la propriété d'autrui ne fait pas partie des valeurs du groupe.

Leur relation au risque est dominée par l'impossibilité d'envisager le futur : demain n'existe pas, et la jeunesse est éternelle. Ils vivent dans un présent étiré, jalonné d'évènements dont certains viennent leur rappeler brutalement l'échéance de la mort, mais sans provoquer chez eux un changement fondamental dans leurs représentations du temps et de la santé.

2 - Le risque du haschich

Un entretien avec l'un d'eux illustre cette perception du risque : ce jeune fume du cannabis de manière continue et bien que n'ayant pas le permis de conduire, prend couramment le volant en ayant fumé. Il n'a jamais eu le moindre accident et à la question : est ce que vous pensez que c'est dangereux de conduire en ayant fumé du haschich ? Il répond : *il ne m'est jamais rien arrivé, alors je continue.* Le produit étant interdit par la loi, aucune campagne de prévention n'en a averti publiquement les consommateurs quant aux effets sur les réflexes, la perception de l'obstacle, la confiance en soi et leurs conséquences sur les risques d'accident.

Par contre il pourra dire spontanément que l'alcool est dangereux pour la sécurité sur la route, comme beaucoup de jeunes qui ont entendu le discours préventif sur l'alcool, même s'ils continuent à conduire en état d'alcoolisation. Le haschich se situe dans une zone indécise, sans parole. Le

---

[42] Assailly, 1992, 127.

danger n'étant pas nommé, même par une autorité que les jeunes de milieu populaire ne considèrent pas comme très crédible *(ces histoires de prévention, c'est du pipeau, tout ça c'est pour le fric)*, nombreux sont ceux que nous avons rencontré qui affirment que *le shit c'est pas dangereux, tous les effets disparaissent quand on prend le volant.*

D'autre part, la notion de risque induit celle de prévision, de choix entre deux possibilités : avoir un accident ou ne pas en avoir. Le risque est l'éventualité d'un accident, mais dans la majorité des cas, l'accident ne se produit pas. Ce jeune tire du fait qu'il n'a pas eu d'accident la conclusion qu'il n'en aura pas. L'argument *il suffit d'une fois* ne peut pas le convaincre, chaque évènement étant considéré indépendamment des autres, sans relation de cause à effet, et sans étude de la probabilité de son occurrence.

Les choses arrivent ou n'arrivent pas, il ne peut pas se situer dans la perspective de l'éventualité d'un évènement malheureux induit par son comportement. Ce type de relation au risque n'est pas le propre des jeunes de bandes de milieu populaire, comme nous l'avons analysé précédemment. En effet, l'ensemble des conducteurs adopte ce type d'attitude par rapport au risque. Mais la particularité des jeunes de bande réside dans leur fermeture sur un même type de comportement que rien ne vient contrecarrer. Ils ignorent les règles générales ou quand ils en ont connaissance, n'en tiennent aucun compte dans l'éventualité d'un changement.

Par contre des personnes appartenant à d'autres catégories sociales connaissent peu ou prou les normes et se situent par rapport à elles, en les reconstruisant au gré de leur appréciation personnelle des situations. De plus, elles pourront avoir des échanges avec d'autres interlocuteurs, un rapport au temps et à la prévision différent qui leur permettront d'infléchir certains aspects de leur comportement en matière de risque que les jeunes de bandes continuent à présenter de manière exacerbée.

V - La recherche de sensations fortes

Ce n'est pas tant le risque qui est recherché consciemment que les sensations fortes : c'est ce qu'Assailly appelle le risque *stimulation* : *la recherche de sensations et* de nouveautés a été mise en évidence (...) *Le risque est ici, en quelque sorte, activateur*[43].

Il est certain que les virées sont l'occasion de prises de risque accentuées par l'excitation du groupe (cf. chap précédent). Les vols ludiques sont accomplis à plusieurs ; l'excitation du groupe, ajoutée au fait que le véhicule n'appartient pas aux jeunes, peut les conduire à prendre des risques strictement liés à la conduite elle-même. Peuvent se surajouter l'alcoolisation, la fatigue et la connaissance limitée du maniement d'un véhicule qu'ils conduisent pour la première fois.

De la même manière que les consignes de sécurité, pour autant qu'elles apparaissent comme telles, ne sont pas suivies si elles occasionnent une gêne, le vol n'est pas considéré dans ses aspects risqués mais bien par rapport au principe de plaisir. Lakhdar explique : *moi je vole pour combler le vide. Tu ne peux pas savoir, le moment avant le vol, c'est excitant ! Des fois je vole des choses et je ne sais même pas ce que je vole, c'est pour la sensation quoi...*

Ce type de propos est repris par Nordine : *quand j'étais petit je volais pour le plaisir, avec mon petit frère...* Le plaisir dépasse le danger, il naît également du danger. Il vient distraire une vie quotidienne dont nous avons dit qu'elle était marquée par la routine et l'ennui.

Le risque par stimulation mène au *risque emphase* selon Mauger : *emphase du risque en prenant des virages impossibles 'à fond la caisse', en descendant les escaliers, 'en mob' ou en se refusant à porter un casque*[44].

Ce refus du port du casque est revendiqué par la recherche de ces sensations fortes, lors de compétitions informelles organisées dans des terrains non destinés à cet usage : le casque empêche d'entendre le bruit du moteur du deux roues, qui rajoute au plaisir éprouvé lors de la course. Cette recherche de sensations fortes et excitantes mêlées aux valeurs de virilité qui interdisent leur modération peuvent développer dans certains cas une griserie qui génère des prises de risque accrues.

---

[43] Assailly, 1992, 126.
[44] Mauger, Fossé-Poliak, 1983, 56.

La bande, le risque et l'accident

Aucune instance extérieure au groupe ne venant donner un sens social à ces conduites de risque et par là même ne permettant leur canalisation, elles se reproduisent sans limites, bornées quelquefois par les accidents.

VI - Les enjeux du risque

Assailly note plusieurs enjeux qui peuvent freiner la prise de risque : enjeux corporels, matériels, financiers, moraux *(être responsable de la mort d'autrui)*[45]. Nous allons examiner l'importance de ces enjeux pour les jeunes des deux bandes.

1 - Le sentiment d'insécurité des jeunes de la bande

Pour ce qui est des *enjeux corporels*, nous avons détaillé précédemment leur faible impact dans les représentations des jeunes.

Par contre un risque existe, lié au vols de véhicules : celui de courses poursuites avec des voitures de police, où profitant de l'impunité de la nuit, les policiers tenteraient de coincer le véhicule de manière à provoquer un accident grave, ou même de les atteindre avec des armes à feu en invoquant ensuite leur bon droit, en l'absence de témoins.

Plusieurs jeunes des deux bandes ont mentionné ce risque. Alors que la loi, même sanctionnante, ne les impressionne pas, ils se vivent comme sans défense face à la violence policière, à la merci d'une sauvagerie sans règles et sans limites. Loin d'être perçus comme des représentants d'un ordre social qui ferait valeur de référence, les policiers sont alors considérés comme des agresseurs menaçants pour lesquels tous les coups sont permis pour tenter de *faire payer* rapidement et sur place aux jeunes, des délits dont ils craignent qu'ils ne soient sanctionnés avec trop d'indulgence par les voies légales. Les forces de l'ordre incarneraient plutôt un condensé de la violence et du rejet social dont les jeunes de bande se sentent l'objet, en raison de leur appartenance sociale et ethnique.

---

[45] Assailly, 1992, 127.

La culture du risque

Lorsque les membres d'une bande habitent des quartiers pauvres où les habitudes de "débrouille" sont courantes chez les adultes comme chez les jeunes, les vols et les courses poursuites avec la police seront d'autant plus intégrés au quotidien qu'aucune connotation morale ne viendra les tempérer. D'autre part ils constitueront des transgressions permettant aux jeunes de mesurer la force de leur groupe face au reste de la société.

2 - Les enjeux matériels et financiers

Les véhicules utilisés sont souvent volés, auquel cas leur valeur aux yeux des jeunes est nulle, ou achetés avec de l'argent produit de vols. Ils sont considérés comme rapidement remplaçables. *Les enjeux matériels* sont donc bien moindres que lorsque les véhicules sont achetés à la suite d'une période d'activité professionnelle.

Les jeunes ne payent jamais les contraventions, au risque de se retrouver en situation de *contrainte par corps*. Les réparations sont rarement faites, le véhicule endommagé étant simplement laissé et remplacé le plus rapidement possible par un autre, et de toutes façons ils ne sont pour la plupart pas assurés. *Les enjeux financiers* sont donc quasiment inexistants.

3 - Les enjeux sociaux

La menace d'un retrait de permis en cas d'infraction est très faible, la plupart n'en possédant pas. La conduite sans permis de voitures volées est une habitude qui va de pair avec les multiples infractions à la loi commises par les jeunes. Certains d'entre eux passent leur permis dans des délais assez brefs car ils sont familiarisés avec la conduite d'une voiture bien avant d'avoir pris des leçons avec un moniteur.

Les conflits avec les parents sont anciens et l'équilibre très relatif des relations familiales repose sur le non-dit et la non-transparence des activités des jeunes, brisés parfois brutalement par l'intervention de la police et de la justice. Certains parents ignorent que leurs enfants conduisent ou possèdent un véhicule, quelle que soit la manière dont il a été acquis. L'enjeu de conflits avec les parents ne suffit pas à modérer de manière conséquente les prises de risques liées aux vols en particulier.

Pourtant, la seule chose qui freinerait Nordine dans ses activités délinquantes serait la réaction de sa mère : *je ne peux pas aller en prison maintenant, il y a déjà mon frère, pour la mère ça serait trop dur...* Il ne considère pas la prison comme une sanction mais comme un passage un peu ennuyeux, logique après la découverte d'un acte interdit par la loi.

Pour Nordine, Lakhdar ou Abdenbi, déjà habitués à des séjours en prison, et imprégnés du mode de vie délinquant, la prison est un risque lié au vol, c'est un élément gênant certes, mais accepté comme tel. Elle fait partie du système. D'ailleurs les jeunes se disent très souvent *innocents*, victimes d'erreurs judiciaires, alors même qu'ils ont été arrêtés en flagrant délit. Cette appréciation, retrouvée maintes fois au cours des entretiens ou des commentaires sur une arrestation, dépasse le simple déni de l'acte pour préserver une image de soi normalisée devant le chercheur.

Sincèrement, ils pensent et disent n'avoir *rien fait*, en particulier en ce qui concerne les vols dans le magasin Auchan, très grande surface anonyme, et les *vols d'emprunt* de véhicules. Ce qui est délit au regard de la loi des autres ne l'est pas selon leurs propres normes.

Reste qu'ils sortent de prison mûris, différents, plus aguerris et reprennent leur place dans la bande en bénéficiant de l'estime et du respect de leur camarade. Seules les sœurs et les compagnes protestent quelquefois devant le surcroît de travail que leur occasionnent ces incarcérations : visites au parloir, demandes d'aides sociale, envoi de colis et de mandats pour la cantine...

4 - Les enjeux moraux

Nous avons analysé que la bande est un groupe enclavé, qui distingue dans l'expression de ses émotions les pairs élargi au groupe de référence et les autres. Les décès de membres de la bande ou de membres de la famille sont l'objet d'intenses émotions collectives. La mort est le seul évènement qui fait s'arrêter la bande pour quelques jours, le temps de faire un deuil qui sera bientôt concurrencé par d'autres évènements.

A contrario, les décès de personnes extérieures n'acquièrent aucune réalité tangible, et restent dans une abstraction opaque. De multiples justifications portant sur la responsabilité de la victime viendront compenser une éventuelle culpabilité, au cas où le responsable du décès viendrait à être connu. La solidarité du groupe renforcera le responsable présumé dans ses dénégations.

Ceci n'empêchera pas les membres de bande, en entretien individuel, d'exprimer des regrets, voire des remords : *quand j'ai tapé avec la voiture dans celle de l'autre, là, au bord de la rue, je suis reparti tout de suite. Après je me suis arrêté plus loin, j'ai regardé, la voiture brûlait, y avait des gens autour. Moi et mon copain on s'est barrés, je sais pas si le type était toujours dedans, ou s'il est sorti avant... J'y pense des fois, je sais pas si je l'ai tué quoi...* (Mounir, du Vert-Pré).

La bande connaît la vie et la mort. La mort, catastrophe définitive, jamais prévue mais toujours présente, et la vie, où souffrance, regrets, hésitations, sont tus par le groupe, pour conserver son unité, et livrés en confidence, à voix basse, à l'interlocuteur extérieur, dont on sait qu'il n'utilisera pas ces propos pour pointer en public la faiblesse avouée comme en secret. Tant qu'ils participent au groupe, la réflexion ne peut de toute façons avoir lieu qu'*a posteriori* et non *a priori*, car la représentation de la mort et de la douleur d'autrui restent abstraites.

Le décès d'autrui par accident peut conduire un jeune à une réflexion l'amenant à terme à quitter la bande, au risque de s'isoler de son groupe de pairs et de devoir reconstruire un autre réseau de sociabilité.

Les prises de risques sont continuelles dans un rapport au corps considéré comme une *affaire personnelle*, et les conduites à risque viennent à la fois d'une méconnaissance des dangers, d'une non-intégration des normes dominantes, d'un repérage différent dans le temps et de l'enclavement particulier du groupe qui le conduit à ignorer les autres. Ainsi les jeunes qui sont habitués à conduire sans permis, donc qui ont appris par des pairs, ignorent entre autres clignotants et rétroviseurs, soit tous les signaux ou les instruments leur

183

permettant d'avertir les autres de leurs intentions ou de s'enquérir des leurs. Certains découvriront à l'occasion d'une préparation au permis effectuée par un professionnel de la conduite le sens de l'arrêt au feu rouge et du redémarrage au feu vert, qu'ils ignoraient superbement jusque là... La notion de risque prend dans ce contexte un sens complètement différent de la norme dominante. Ainsi Chérif, de la bande du Vert-Pré, dont nous analyserons l'accident et ses conséquences dans le chapitre suivant, déclarait ne jamais prendre de risques en voiture, non plus que le jour de son accident : conduire à l'aube, en automne, sur une autoroute mouillée, à grande vitesse, après une nuit sans sommeil, sans ceinture de sécurité ne constitue pas pour lui une prise de risques. L'analyse du système de normes et de relations propres aux bandes montre que l'utilité des risques liés à la conduite routière est bien supérieure aux pertes liées au risque qui, si elles sont susceptibles de freiner des membres d'autres couches sociales, ne concernent pas les jeunes de bande de milieu populaire.

L'ACCIDENT ET SES CONSEQUENCES

Dans des bandes de jeunes où les prises de risque, s'exercent en particulier dans la circulation routière, il arrive que des accidents graves mobilisent, pour un temps, le groupe autour du jeune accidenté. Ces accidents, agissent comme un révélateur de la sous-culture du groupe, non par leurs circonstances mais plutôt par l'interprétation qui en est faite par le groupe et par les conséquences observées sur l'entourage des jeunes, à savoir leur famille et la bande elle-même.

Nous verrons que les jeunes qui les vivent et en ressortent amoindris à tous points de vue n'en retirent aucun bénéfice en termes de statut dans le groupe et *a fortiori* dans la société. Ils ont *raté* la prise de risque à l'occasion de l'accident. Ces accidents graves n'exercent pas de fonction dissuasive dans leur groupe de pairs. La résistance de la bande à changer ses comportements est révélatrice de la force des comportements à risque et de l'incapacité du groupe à évoluer, en l'absence d'influences extérieures.

Nous allons suivre l'évolution de Farouk et Chérif, respectivement membres de la bande de la Source et de celle du Vert-Pré, tout au long des phases qui ont suivi l'accident grave dont ils ont été victimes.

En préalable, nous aborderons quelques points de problématique par rapport à l'accident.

I - Accident et société

L'accident est un *évènement soudain qui entraîne des dommages et n'est pas provoqué volontairement*[1]. Il est une faillite de la prévision, au sens où de manière consciente et volontaire, l'accidenté n'a pas choisi cet évènement et ne l'a pas prévu : une chose est de prendre des risques, une autre est de savoir les calculer de manière à ce que le danger encouru ne devienne pas accident. L'accident de la route ne diffère pas

---

[1] Veuillez, 1983, 15.

fondamentalement des autres accidents, il est un aspect de la conséquence ultime de la prise de risques.

1 - Le sacrifice

Malgré le développement des techniques et l'ensemble des mesures prises pour prévenir les accidents, la route continue à tuer, particulièrement des jeunes[2]. La mort par accident est la première cause de mortalité des jeunes de 18 à 24 ans, la deuxième étant le suicide.

On peut se demander si le silence social qui entoure les morts par accidents de la route, dont les jeunes font largement partie, ne correspond pas à un sacrifice accepté dans l'inconscient collectif, comme le prix à payer du progrès technologique. D'ailleurs le terme de victime ne s'applique-t-il pas en même temps à la personne qui subit un dommage, accident ou toute autre atteinte à son intégrité sociale ou corporelle, et celle qui est offerte en sacrifice aux dieux ?

Ce sacrifice semble accepté par les plus hautes instances de santé publique, comme l'Organisation Mondiale de la Santé : *les sacrifices qu'exige la sécurité routière sont la rançon de l'évolution sociale, due à la motorisation qui a apporté à l'homme de nouvelles possibilités d'épanouissement et de nouvelles conditions d'existence. Ces avantages doivent se payer, que ce soit en argent ou en vies humaines*[3].

Dans cette conception, il y aurait un Dieu (le *Minauto* de Chesnais) qui exigerait en tribut la vie de milliers d'individus, comme rançon du progrès. Chesnais rappelle que *depuis 1950, le nombre de morts s'élève, en France, par exemple, à près de 400 000, il dépasse le nombre de décès dans la population civile française lors de la Seconde Guerre mondiale. Quant aux effectifs des blessés, il est près de vingt fois plus élevé*[4].

On peut d'ailleurs remarquer que la mort des jeunes par accident fait partie d'un imaginaire collectif incarné par des films cultes et des héros emblématiques (*La fureur de vivre* en est l'archétype). L'accident de voiture mortel de

---

[2] Cf. en annexe les dernières données disponibles en matière d'accidents.
[3] Cité par Chesnais, 1981, 322.
[4] Chesnais, 1981, 326.

L'accident et ses conséquences

James Dean[5] contribua largement à créer le mythe de l'adolescent rebelle magnifié par une mort aussi brutale que précoce. Ce sacrifice collectif répond aussi à des intérêts économiques : on insiste beaucoup sur le coût des accidents de la route mais ils représentent aussi une source de revenus non négligeables et font vivre des pans entiers de l'activité économique : services d'urgence, secteur hospitalier et de rééducation, recherche et fabrication d'appareils et de prothèses diverses...[6].

2 - Le silence

Scandale indicible, l'accident est encore vécu dans le silence et le déni collectif, ce qui renforce l'isolement des accidentés par rapport à leur expérience.

Il semble par ailleurs que l'aspect insupportable de l'accident les empêche de témoigner et l'entourage d'entendre l'expression de leur souffrance. Si les médias accordent une large importance aux accidents qui entraînent la mort spectaculaire de plusieurs personnes, ou d'un champion transformé pour l'occasion en héros commme Ayrton Senna, la plupart des personnes accidentées vivent seules cette stupéfaction devant l'évènement imprévu qui leur arrive, et sans doute la recherche de sens autour de l'accident est-elle avant tout une réaction de défense devant le déferlement de violence incompréhensible qu'ils ont subi.

Elles vivent de surcroît cette expérience unique dans la culpabilité, car dans une société fondée sur la prévention du risque et le développement des assurances en tous genres, l'accident individuel peut être interprété en termes de faute commise par l'accidenté qui, de victime, peut parfois se sentir coupable. Les représentations collectives développent à l'égard des jeunes conducteurs, plus souvent accidentés que les autres, une méfiance diffuse quant à leur responsabilité, pour ne pas dire leur culpabilité en tant que classe jeune, dans les accidents où ils trouvent la mort ou subissent des blessures graves. La notion de *classe dangereuse*, repérée par

---

[5] Le 30 septembre 1955, à 24 ans.
[6] Badr, Triomphe, 1992, 50.

de nombreux chercheurs (Têtard, Perrot, Chevalier), peut également s'appliquer aux jeunes dans la conduite routière.

II - La prédisposition à l'accident

De très nombreuses recherches ont été effectuées dans le monde entier concernant la prédisposition à l'accident (*accident-proneness*). La question est de savoir si l'on peut détecter des facteurs de risque en fonction de critères liés à l'âge, à la classe sociale, à l'influence parentale, à celle du groupe des pairs, au sexe...

Biecheler-Fretel et Moget ont établi au cours de plusieurs études que *près des trois-quarts de la population des conducteurs se partagent les tendances infractionnistes à des degrés divers et présentent un risque potentiel d'accident bien supérieur à celui de la fraction légaliste*[7].

D'après une étude portant sur 5 304 accidents en 1990, 15% des conducteurs impliqués sont des hommes jeunes, débutants, avec un taux d'alcoolémie illégal. *Les accidents se produisent souvent lors de trajets de loisir, en virage, par mauvais temps, hors agglomération, de nuit, le week-end. Les véhicules sont anciens, occupés par plusieurs usagers et prêtés par la famille ou des amis dans un cas sur quatre. Les ouvriers et les chômeurs sont sur-représentés dans cette classe*[8]. Les résultats de cette étude corroborent les analyses de Boltanski et Deschamps sur l'accidentologie en milieu populaire.

1 - Accidents et catégorie sociale

Assailly a repris les principales études concernant la prédisposition à l'accident. Il faudrait d'ailleurs plutôt parler de vulnérabilité à l'accident : (...) *la vulnérabilité aux accidents inclut tous les facteurs environnementaux et personnels qui déterminent le taux d'accidents, la prédisposition ne se réfère qu'à ceux qui sont personnels*[9].

---

[7] Biecheler-Fretel, Moget, 1989, 35-44.
[8] Fontaine, Gourlet, Jurvillier, Saint-Saens, 1992, 22-23.
[9] Farmers, Chambers, 1939, cité par Assailly, 1992, 134.

L'accident et ses conséquences

Plusieurs chercheurs mentionnent une plus forte proportion de blessés et de tués sur la route parmi les membres des classes populaires. Chesnais le résume en une formule : *la classe ouvrière meurt plus de sa motorisation que de son exploitation*[10]. Cette surreprésentation s'explique par la qualité moindre des véhicules utilisés, et par la manière de conduire particulière à ces milieux, liée à une faible attention à soi.

Assailly note l'importance reconnue des accidents dans les milieux populaires : *en ce qui concerne les accidents, l'hypothèse d'une surimplication des enfants de la classe ouvrière par rapport à ceux de milieux plus favorisés a été émise dès 1892 par Engels. Parmi les facteurs invoqués, les fratries nombreuses, les attitudes par rapport à la sécurité et la surveillance parentale*[11].

D'après la recherche de Gossiaux et Barjonet, les accidents seraient directement intégrables au mode de vie de jeunes de milieu ouvrier pour qui les voitures sont un moyen de *prendre possession de la nuit* dans des sorties intrinsèquement liées au mode de vie des jeunes célibataires, avec les risques d'accident qu'elles impliquent, sans qu'il faille y déceler des marques de défi particulières[12].

D'après la théorie des *comportements-problème* de Jessor, *le risque accidentel n'est qu'un aspect d'un syndrôme général de comportements de santé à risque (...)*[13]. Ce comportement implique l'appartenance à un système de valeurs et de normes ainsi que des traits de personnalité que l'on retrouve chez de très nombreux membres du même groupe.

Il en est ainsi de l'*agressivité* et de l'*impulsivité*[14], des traits de personnalité et culturels communs à l'ensemble des jeunes des bandes, aussi l'intolérance à la frustration et le rapport au temps marqué par le besoin de réalisation immédiat des désirs, qui peut provoquer des passages à l'acte porteurs de risques.

---

[10] Chesnais, 1981, 328.
[11] Assailly, 1992, 187.
[12] Barjonet, Gossiau, 1990, 38-39.
[13] Jessor, Donovan, Costa, 1989, 137-152 ; Assailly, 1992, 134-135.
[14] Tillmann, Hobbs, 1949, 321-331, cité par Assailly, 1992, 147.

Un courant de recherches inspirés par la théorie de Jessor (Jonah, Beirness...) a tenté de mettre en lumière l'articulation des comportements dangereux sur la route avec un style de vie caractérisé par la prise de risque et la recherche de sensations[15].
Ce style de vie est particulièrement prégnant chez les jeunes de bande en milieu populaire, qui se situent dans *les espaces des styles de vie déviants* (Mauger), dont les protagonistes de définissent par leur pratique déviante par rapport à la loi.
D'autres études ont confirmé le lien entre délinquance, conduite dangereuse, alcool et accidents[16].

Il faut cependant noter que l'on ne dispose pas de statistiques complètes concernant la mortalité et la morbidité sur route selon les catégories sociales. Et quand bien même nous disposerions de ces chiffres, il nous faudrait les corréler avec le nombre de kilomètres parcourus, la profession exercée, l'âge des sujets, etc.

Assailly fait mention de pistes de recherches concernant des sujets qui sont dans la répétition d'accidents de tous ordre, domestiques, sportifs, routiers, afin d'étudier plus précisément le rapport au risque comme aspect d'un mode de vie. Les jeunes des deux bandes que nous avons étudiées pourraient être des sujets de choix pour ce type d'enquêtes...

2 - Accidents et cultures

Il souligne l'importance de la taille et de l'origine ethnique de la famille, il formule l'hypothèse que la surreprésentation des jeunes d'origine maghrébine dans les accidents serait liée au grand nombre d'enfants dans les fratries et à la liberté importante laissée aux garçons dans ces cultures[17].
Cette hypothèse peut paraître vraisemblable en ce qui concerne les garçons des deux bandes. En effet, ils ont bénéficié d'une liberté à l'extérieur du foyer parental très tôt

---

[15] Assailly, 1992, 138.
[16] Assailly, 1992, 153.
[17] Assailly, 1992, 199.

au cours de leur enfance, alors que les jeunes filles voyaient celle-ci se restreindre considérablement à la puberté. Comme nous l'avons analysé dans la première partie, la socialisation de ces jeunes, particulièrement ceux qui ont grandi dans des familles nombreuses et connaissant une accumulation de difficultés, s'est effectuée plus dans le groupe des pairs que dans le foyer familial.

Mais pour qu'elle soit vérifiée, il faudrait disposer des chiffres d'accidents selon l'origine ethnique des accidentés (et non pas leur nationalité), ce qui paraît extrêmement difficile. Il faudrait également pouvoir comparer des groupes de jeunes d'origine maghrébine et non maghrébine afin d'évaluer leurs comportements routiers et leurs prises de risques en fonction de cette variable. En effet, plus qu'une seule origine ethnico-culturelle, il s'agit bien d'un mode de vie qui concerne d'autres cultures populaires issues ou non du pourtour méditérranéen ou d'autres régions, qui combinent liberté laissée aux garçons et prépondérance des valeurs viriles telles que nous les avons analysées dans les chapitres précédents. D'autre part, la culture d'origine est-elle un déterminant pertinent quand on sait que les jeunes qui nous intéressent vivent un continuel processus d'acculturation dont nous avons analysé les dysfonctionnements dans cet ouvrage ?

Il semble donc que le type de sociabilité enclavée dans la bande, le système de normes déviantes illustrées entre autres par la délinquance, et le mode d'utilisation des voitures et deux roues, puissent expliquer que les jeunes de bande soient particulièrement vulnérables aux accidents de toutes sortes, en particulier les accidents graves de la route.

III - Les accidents graves dans les bandes

Les jeunes des deux bandes banalisent les accidents légers dans l'ensemble des évènements occasionnant des blessures ou des lésions consécutives à des bagarres, règlements de compte ou prises de produits psychotropes. Ils ne tirent aucune gloire de ces accidents, ils font partie de leur vie quotidienne. Les accidents graves ont d'autres conséquences et amènent d'autres types de réactions dans le groupe, que nous allons examiner maintenant.

1 - Les phases suivant l'accident

Au cours d'une recherche précédente[18], nous avons pu repérer quatre phases principales suivant l'accident grave, telles qu'elles sont vécues par les sujets accidentés, quelle que soit leur appartenance socio-économique. Nous suivrons l'évolution de deux jeunes, Farouk et Chérif, tout au long de ces quatre phases.

Farouk faisait partie de la bande de la Source, Chérif de celle du Vert-Pré. Nous connaissions Farouk et sa famille avant l'accident et avons maintenu le contact ensuite. Nous avons pu rencontrer à plusieurs reprises Chérif ainsi que sa mère et ses sœurs, et suivre ainsi l'évolution de l'attitude du groupe des pairs et de la famille par rapport à l'accident.

La première phase est la **phase de choc**, où des sentiments d'étonnement se mêlent au traumatisme physique et psychologique : étonnement devant l'expérience unique de la proximité avec la mort, devant la découverte d'un territoire corporel bouleversé, amoindri. Cette première période est aussi une phase de régression par rapport à l'entourage, avec le sentiment d'une renaissance, et quelquefois une recherche de sens par rapport à l'accident : dans le cas des jeunes des deux bandes accidentés, la recherche de sens a été plus le fait de la famille que de celle du groupe ou du jeune lui-même.

La deuxième phase est celle des **complications** : elle se déroule en milieu péri-hospitalier (centre de rééducation) ou au domicile, avec un intense suivi médical. Les jeunes accidentés réalisent qu'ils en auront pour longtemps, des séquelles inattendues apparaissent : lésions non repérées dans les premiers temps, nécessité d'interventions supplémentaires induites par des retards de consolidations osseuses, douleurs dont les médecins confirment qu'elles seront récurrentes pendant de longues années.

Les sujets sont dans l'ignorance de leur avenir à moyen terme, tant du point de vue juridique (les procès n'ont pas encore eu lieu) que de celui de leurs possibilités effectives de reprendre leur mode de vie antérieur. Pour les jeunes de bandes, peu habitués à scander leur avenir dans le temps, cette période est paradoxalement moins pénible à

---

[18] Esterle, 1994a, 131-172.

L'accident et ses conséquences

supporter que pour ceux qui entrevoient clairement leurs impossibilités futures.

L'entourage amorce un processus de désengagement, une certaine lassitude pointe dans le discours des parents par rapport à la charge imposée par les conséquences de l'accident de leur enfant. Les jeunes apprennent par ailleurs à vivre dans une collectivité composée d'autres personnes handicapées et de soignants, avec pour les membres de bandes des contraintes quotidiennes tout-à-fait inhabituelles.

La troisième phase est celle **des confrontations** : de retour dans le milieu des "valides", la personne accidentée constate chaque jour des différences dans ses capacités physiques, dans son échelle de valeurs. Les jeunes de bandes constatent qu'ils ne peuvent plus suivre les activités du groupe, et que certaines de leurs valeurs antérieures à l'accident n'ont plus cours dès lors qu'elles ne sont plus relayées par leurs capacités physiques.

Les personnes accidentées voient se modifier leur réseau d'amitiés : certains amis s'éloignent, d'autres se rapprochent. Un silence général se fait autour de l'accident, le sujet accidenté se retrouve seul avec une expérience qu'il ne peut faire partager aux autres. Il est dépositaire d'une expérience qui ne se raconte pas, dont le souvenir le poursuit mais auquel l'entourage supporte mal qu'il fasse allusion. Pour les jeunes de bandes, cette expérience traumatique vient s'ajouter aux précédentes, et d'autres évènements violents vécus par ses camarades vont occulter celui qu'il a vécu.

La quatrième phase est celle de **l'adaptation**, ou intégration de l'accident à l'*habitus* du sujet : elle est la plus difficile à vivre pour les jeunes de bandes dans la mesure où ils ont pu encore moins que les autres verbaliser leurs émotions et leurs sensations. Ils vivent difficilement cette période, qui n'a pas été l'occasion pour le groupe d'une remise en question, tant l'accident grave de la route s'inscrit dans un style de vie particulier.

193

2 - La phase de choc

a - L'accident de Farouk

Il est représentatif des accidents graves de jeunes. Comme nous l'avons déjà mentionné, les jeunes de la bande de la Source n'envisageaient pas le permis de conduire comme une nécessité ou une étape initiatique leur permettant d'avoir accès à un statut d'adulte. Comme plusieurs membres de la bande, Farouk conduisait sans permis des voitures quelquefois volées ou plutôt "empruntées". Sans activité professionnelle, il s'orientait vers une carrière de petit délinquant, combinant travail non déclaré et activités plus ou moins lucratives liées à divers trafics ou vols.

Farouk avait par rapport à ses camarades la particularité d'être très beau. Sa beauté qui le faisait ressembler à un éphèbe grec constituait un capital personnel qui l'avantageait par rapport à ses camarades. Il fatiguait ses amis par sa coquetterie et sa fierté un peu naïve d'être doté d'un physique qui lui assurait nombre de conquêtes féminines. Cette beauté lui permettait d'ailleurs, selon certaines rumeurs invérifiables, de démarrer une carrière de proxénète amateur.

Farouk, investi dans le *bricolage culturel* propre à la bande, se réclamait de la religion musulmane, la réification du monde extérieur à la bande et à sa famille proche lui permettant de concilier sans encombre les préceptes de la religion et ses activités délinquantes. Il respectait très soigneusement les interdits alimentaires, refusant de consommer des légumes qui auraient été en contact avec de la viande de porc, et ne touchant jamais une bouteille de vin. Il comptait parmi les jeunes qui suivaient le jeûne du Ramadan avec rigueur, sans céder à la tentation de s'alimenter dans les arrière-salles des cafés du quartier.

Cette rigueur le conduisait à une attitude de respect envers les jeunes filles et les femmes et il ne participait pas aux réflexions des garçons envers les filles de l'*out-group*. Un an avant son accident, il avait été incarcéré pendant six mois pour une agression, au cours de laquelle il s'était cassé un pied en *savatant*[19] un adversaire. Ce mélange de rigueur, de discrétion et de violence faisait de lui non pas un leader mais un membre reconnu et respecté de la bande.

Quelques mois avant son accident, Farouk était tombé amoureux de la plus jeune fille d'une fratrie de la bande, Paola. Il avait respecté les rituels d'appariement dans la bande, s'approchant de la jeune fille tout en n'ignorant pas ses frères, d'autant plus qu'il avait noué une amitié avec l'un d'entre eux. Il s'était *mis en couple* avec elle pendant quelques mois. Il était son petit ami, aussi impérieux que prévenant, lui interdisant de fréquenter tel ou tel garçon de la bande selon des critères qui échappaient à la jeune fille.

Celle-ci, forte de l'expérience accumulée par ses sœurs aînées, ressentit rapidement la pression exercée par Farouk. Seule de la fratrie à n'être mêlée à aucune activité délinquante, elle s'orientait vers la préparation d'un Brevet d'Aptitude aux Fonctions d'Animateur et travaillait dans des centres de loisirs et des colonies de vacances de la ville. Elle comprit que la présence de Farouk dans sa vie la détournerait de cet objectif. Paola faisait partie de cette jeune génération de filles qui *ne voulait pas d'un garçon de la Source* (sous-entendu de la bande de la Source) *car elle ne tenait pas à passer ses samedis au parloir*. C'était en effet probablement son avenir tracé avec Farouk, avec à la clé un ou deux enfants qu'elle élèverait avec l'aide de l'allocation parent isolé et le contrôle des travailleurs sociaux. Paola, à l'inverse des plus âgées des filles, avait la possibilité de choisir.

Elle rompit donc toute relation avec Farouk, surprenant la bande qui était plutôt habituée à voir se perpétuer des relations de couple installées, et commença une série de voyages en France et à l'étranger au cours desquels elle accompagnait des enfants. Farouk accusa le choc, tenta de comprendre, ne comprit pas. Il en parla peu mais ses amis intimes connaissaient sa souffrance et sa déception. Il devint un peu plus fermé, un peu plus caparaçonné, un peu plus distant.

Il s'inscrivit au printemps suivant à un voyage dans le midi de la France avec les éducateurs du club de prévention du quartier. Il avait déjà participé à ce même séjour l'année

---

[19] Savater : frapper avec le pied un adversaire étendu à terre.

La bande, le risque et l'accident

précédente, s'abstenant de tout comportement délinquant sur place, au nom du respect qu'il portait à la personne des éducateurs. Lorsque le projet de deuxième séjour fut mis en place, il se proposa parmi les premiers, paya sa participation et fut présent aux rendez-vous de préparation. Occupant à l'époque une fonction d'éducatrice et responsable de ce séjour, j'étais convaincue qu'aucun problème ne se présenterait de son côté quant à sa participation.

Le jour du départ, les cinq jeunes inscrits étaient peu ou prou à l'heure, sauf lui. Nous le cherchâmes longtemps sur le quartier. Les jeunes firent fonctionner au maximum de ses possibilités le réseau informel qu'ils utilisent pour repérer rapidement où se trouve tel ou tel de leurs camarades. Aucune des "estafettes" envoyées aux nouvelles ne put revenir avec une information précise. De guerre lasse, nous partîmes sans lui.

Le lendemain soir, Farouk sortit dans une discothèque avec des jeunes de la bande. A l'aube du dimanche matin, il reprit le volant de la voiture d'un ami. En pleine campagne, il rata un tournant et précipita le véhicule, à une vitesse estimée de 120 km/h, contre le mur d'une maison. Il heurta le mur la tête la première. Le jeune homme qui occupait la place avant droite tomba dans le coma, lui-même ne fut sauvé que par l'intervention du SAMU.

Nous apprîmes la nouvelle de son accident en revenant du séjour dans le midi. Parmi les jeunes qui en faisaient partie se trouvait Najib, le meilleur ami de Farouk. A la stupéfaction succéda un abattement général et une intense émotion. Najib, qui d'ordinaire montrait un dynamisme à toute épreuve et une énergie débordante, pleura sur le sort de son ami, se cachant à moitié, secouant la tête en murmurant : *mais pourquoi il est pas venu avec nous ?*

Farouk passa plusieurs semaines dans un service hospitalier spécialisé. Seuls les membres de sa famille étaient admis à le voir dans les premiers temps. Deux jeunes filles se glissèrent derrière la vitre de la salle d'où ses proches pouvaient l'apercevoir. Elles crièrent en découvrant le spectacle de son visage mutilé et provoquèrent la colère de la famille : *c'est pas un spectacle, il ne faut pas venir maintenant,* leur dit son frère.

L'accident et ses conséquences

J'ai attendu qu'il soit dans une chambre avant d'aller le voir à l'hôpital. Je suis entrée dans la chambre : Farouk sans nez, sans joues, les mâchoires fracturées soudées l'une à l'autre par un appareillage en fer. Il ne peut pas parler, les médecins ont juste laissé une petite ouverture pour laisser passer des tubes. On voit ses dents tâchées de sang, on entend sa respiration, comme un soufflet de forge. L'un de ses yeux est réduit de moitié, (*on espère le sauver,* dira sa sœur), l'autre me regarde comme un enfant souffrant regarderait sa mère.

C'est un regard qui vient de très loin, un regard effrayé dans un visage dévasté. Aujourd'hui, lorsque je me souviens de ce moment, me reviennent en mémoire l'image du sang coagulé, le regard d'un tout petit garçon, et le bruit de sa respiration. Jamais la distance nécessaire entre le chercheur et l'objet de sa recherche ne m'a parue plus difficile à maintenir que ce jour là, alors que je serrais sa main dans la mienne et que je m'efforçais de réchauffer cette détresse d'un sourire, à défaut de prononcer des mots introuvables pour le consoler du néant dans lequel l'accident l'avait plongé.

L'un des jeunes de la bande se trouvait dans la chambre avec Farouk. Il lui faisait absorber avec une paille les liquides qui l'alimentaient, le consolait quand il avait trop mal. En effet Farouk souffrait non seulement de la tête mais avait aussi une fracture au poignet et à la jambe gauche. Mais l'aspect spectaculaire des blessures au visage occultait les autres atteintes.

Les membres de sa famille, mère, sœurs et frères, entouraient Farouk d'une attention constante. L'une de ses sœurs prit en mains les multiples démarches administratives consécutives à l'accident. Pendant les semaines qu'il passa à l'hôpital, une grande solidarité a entouré le jeune homme. Sa chambre n'a pas désempli de jeunes qui se relayaient à son chevet, lui parlant, le berçant de caresses fraternelles et de paroles. L'accident de Farouk fut pendant un temps l'événement majeur de la bande, et resserra les rangs de celle-ci autour de lui.

Dans le cas de Farouk, la bande relayée par la famille joua dans un premier temps le rôle de *mère* tel que le définit

197

Jean-Luc Simon[20], cocon protecteur contre les agressions du monde extérieur.

b - L'accident de Chérif

Chérif, membre de la bande du Vert-Pré, avait 21 ans au moment de son accident. Il conduisait une voiture appartenant à un ami où avaient pris place trois de ses camarades. Au retour d'une sortie en discothèque en Belgique, à près de huit heures du matin, un vendredi de novembre 1990, sur l'autoroute, alors qu'il faisait encore nuit, il a vu trop tard un car de police qui s'était arrêté pour assister les occupants d'une voiture déjà accidentée. Il a freiné mais n'a pu l'éviter et a percuté le car de police. Un des policiers a été blessé, lui-même a subi de multiples lésions, dont une fracture de l'épaule, une blessure au visage, une fracture du bassin. Le passager arrière gauche a eu une fracture à la jambe et un œdème cérébral.

Chérif avait son permis de conduire depuis trois ans et une certaine expérience de conduite derrière lui : il avait voyagé en voiture à l'étranger, avec des amis.

Au moment de l'accident, Chérif était sans emploi depuis un an et demi. Il partageait son temps entre sa vie de famille, dans un pavillon acheté par ses parents, et la bande du Vert-Pré où il a passé toute son enfance et une partie de son adolescence. Il vivait une adolescence prolongée entre ses copains de la bande, quasiment tous dans la même situation que lui, et sa famille qui lui assure encore aujourd'hui le gîte et le couvert. Sa principale activité était la pratique sportive avec ses pairs : football, ski, natation, sans qu'il n'adhère à aucun club.

Chérif est le troisième d'une fratrie de cinq enfants. Son frère aîné, largement épaulé par ses parents, vit avec une jeune femme dont il a deux enfants. Sa sœur aînée et sa sœur cadette sont respectivement étudiante et employée administrative dans une université. Son plus jeune frère est scolarisé dans un collège.

Au cours des divers entretiens que j'ai eus avec Chérif, la recherche d'emploi, largement ralentie par l'accident grave

---

[20] Simon, 1989, 40.

L'accident et ses conséquences

qu'il a subi, n'apparaît pas prépondérante, sans doute parce que l'obtention d'un emploi ne changerait rien à sa situation actuelle : il habite chez ses parents et ne manifeste aucun désir d'accéder à un logement autonome. Il n'a pas de petite amie attitrée et la bande constitue encore son principal lieu de sociabilité.

L'accident a laissé à Chérif d'importantes séquelles physiques qui n'apparaissent pas au premier abord : son visage n'a pas été atteint gravement, cependant il ne peut plus porter de charges lourdes et note une résistance à l'effort nettement moindre.

L'attention de sa famille fut focalisée sur l'alimentation : durant les quelques semaines qu'il passa à l'hôpital, il fut nourri par sa mère et sa grand-mère, qui amenaient des repas *faits maison* et par son père, qui tous les soirs allait le voir et lui laissait un thermos de café et des croissants pour le lendemain matin. Les copains de la bande lui apportaient quant à eux des sandwichs *Mac Donald*. Il était entendu que Chérif ne *pouvait pas manger* la nourriture fournie par l'hôpital.

Sa famille lui amena également une télévision et un magnétoscope ainsi que des cassettes vidéo. Il pouvait en outre écouter de la musique sur une radio-cassette. Ces objets ne furent pas achetés pour la circonstance mais installés dans la chambre d'hôpital. Sa mère vint lui rendre visite tous les jours et Chérif eut ainsi surabondance de maternage. La mère du jeune homme décrit d'ailleurs le rétablissement de son fils comme une *deuxième naissance* et dit avoir à cette occasion *retrouvé son bébé*. Elle a d'ailleurs retrouvé dans la voiture accidentée, qu'elle a tenu à voir, un *morceau de chair* de son enfant.

L'accident a mis en lumière les relations qu'entretiennent les parents avec leur fils, pris en charge sans exigence de formation ou d'activité professionnelle. Les relations entre les parents avec leur fils aîné sont du même ordre. Par contre leurs deux sœurs sont déjà engagées dans un processus d'autonomie et de soutien à leurs parents. Cette situation renvoie à la place respective des garçons et des filles dans maintes familles d'origine maghrébine.

L'accident n'a pas été l'occasion, dans un premier temps, d'une remise en cause du mode de vie de Chérif. Sa

199

La bande, le risque et l'accident

mère l'a vécu comme lié à la fatalité et la famille assuma son rôle nourricier en lieu et place de l'hôpital.

Les circonstances de l'accident et l'éventuelle responsabilité du jeune homme dans celui-ci (il a été reconnu pleinement responsable) ont été occultés par l'ambiance de dramatisation et la mobilisation autour de Chérif immédiatement après l'évènement.

La bande du Vert-Pré s'est également intensément mobilisée autour de lui, suivant son mode de vie habituel. Alors que l'hôpital où il se trouvait était relié au quartier par un réseau d'autobus, ses membres attendaient qu'une voiture soit disponible et qu'elle se remplisse, pour aller lui rendre visite. Ce mode de fonctionnement leur permettait de s'encourager mutuellement à aller le voir (les initiatives individuelles étant plus aléatoires) et elles donnaient un but de sortie qui a rythmé un temps les journées quelques peu ennuyeuses de ces garçons.

La bande s'est déplacée en tant que telle à l'hôpital. Rappelons que les jeunes du Vert-Pré étaient au moment de l'accident sans contact avec des adultes autres que des représentants de la loi. Sortis du système scolaire depuis plusieurs années, ils n'étaient pas du tout habitués à respecter des consignes contredisant leurs habitudes de vie. C'est ainsi qu'ils investissaient la chambre de leur camarade, fumaient, se cachaient quand l'infirmière leur demandait de quitter l'hôpital, les heures de visite étant dépassées. Les admonestations du personnel soignant n'y faisaient rien, le groupe continuait à fonctionner comme sur le quartier.

Chérif quant à lui ne voyait pas pourquoi il aurait fait appliquer les consignes de l'hôpital : *mes amis, ils ont pas de voiture, quand il y a une voiture qui vient ils en profitent tous, ils essayent de monter, je vais pas leur dire, partez, revenez demain, quand même ça me fait plaisir, j'ai l'habitude d'être avec les gens, je me retrouve tout seul, ça travaille dans la tête, quand t'es tout seul...* Malgré son état de santé précaire et l'interdiction formelle de quitter l'hôpital, le jeune homme, aidé par des camarades, *s'est échappé*, selon son expression, pour aller voir l'autre jeune gravement accidenté, hospitalisé dans un autre hôpital de banlieue. La solidarité de groupe et le besoin de satisfaction du désir immédiat ont été plus forts que les injonctions de prudence venues de l'*out-group*, et donc irrecevables.

3 - La phase des complications

a - Farouk

Après son séjour à l'hôpital, Farouk passa plusieurs mois dans un centre de rééducation, en grande banlieue parisienne. Il y suivit des séances de kinésithérapie et de rééducation. Ce séjour loin de la Source lui convenait car il souhaitait retarder le plus possible le retour chez lui, tant il lui était difficile de se présenter sur le quartier avec son nouveau visage. Plusieurs opérations avaient ramené ses yeux à peu près au même niveau, mais son nez restait inexistant, écrasé par l'accident, et une énorme cicatrice barrait son front. La peau de son visage, à force d'être tirée par les différentes opérations, avait perdu sa couleur cuivrée pour devenir blafarde. Ses yeux avaient perdu leur expression et une immense tristesse se dégageait de son regard éteint. Il boîtait, se déplaçant à l'aide d'une béquille. Il acceptait les consignes des médecins avec une impassibilité empreinte de résignation et restait très discret sur le procès qui s'annonçait, où il risquait d'être déclaré responsable et qui plus est en état d'infraction pour conduite sans permis.

Par la force de l'éloignement, les visites de ses amis s'espacèrent, le centre de rééducation se trouvant assez loin de la Source. De plus les jeunes de la bande s'étaient vite habitués à son nouvel état et nous avons déjà mentionné la réflexion de l'un d'entre eux alors que nous demandions de ses nouvelles *mais, il va bien, il est vivant, non ?*[21].

Le groupe a *absorbé* l'accident arrivé à Farouk comme un évènement de plus, un peu plus grave que les deux chevilles cassées de Medjoub (en sautant d'un pont, poursuivi par la police), de même nature que la balle qui a traversé le cou de Ramon, lors d'un règlement de comptes. D'ailleurs les deux autres "accidents" ont eu lieu à la même période. Et d'autres ont suivi, continuant à rendre banale une violence qui

---

[21] Cf. chapitre 8.

dans d'autres milieux aurait provoqué réactions et interventions multiples.

Un jour où je rendai visite à Farouk, je le trouvai en compagnie d'une jeune fille qu'il fréquentait avant l'accident et qu'il traitait assez durement. Elle ne répondait pas à ses taquineries agressives. Il lia quelques relations avec d'autres personnes accidentées, semblant chercher parmi celles-ci de moins chanceux que lui. C'est ainsi qu'il s'attacha à un homme plus âgé, qui avait été victime d'un premier accident et, sortant du centre de rééducation, avait été renversé une deuxième fois par une voiture, avec des conséquences graves. Doté d'un autre capital culturel, disposant de moyens financiers, soutenu par une famille qui aurait pu dialoguer d'égal à égal avec le corps médical, Farouk aurait pu prévoir pendant cette période au centre de rééducation plusieurs interventions qui lui auraient permis de reconstituer un visage, et de se reconstituer ainsi lui-même.

Simon souligne la rapidité d'un rétablissement après un accident ayant laissé peu de séquelles comparativement à la nécessité d'une reconstruction identitaire après un accident grave : *il doit reconstruire la quasi-totalité de son identité. Il est nu et aucun de ses anciens vêtements ne lui va plus. Son corps et son fonctionnement ne correspondent plus à ce qu'il en avait appris, il est dans l'incapacité de se représenter*[22].

La destruction du visage de Farouk a eu des conséquences psychiques très graves : il est passé d'un jour à l'autre d'un physique exceptionnellement attrayant à un visage quasi monstrueux, qu'il retrouvait à chaque fois qu'il se regardait dans un miroir, et déclenchait les réactions effrayées de ses pairs et de ceux qui le rencontraient pour la première fois.

Le bouleversement que subit Farouk fut d'autant plus difficile à surmonter qu'aucun lieu de parole n'existait pour lui permettre un début de reconstruction. L'habitude de faire appel à un psychothérapeute pour dénouer les difficultés d'ordre psychologique est étrangère aux jeunes de milieu populaire, *a fortiori* de jeunes faisant partie d'une bande close sur son propre fonctionnement.

---

[22] Simon, 1989, 40-41.

L'accident et ses conséquences

b - Chérif

A sa sortie de l'hôpital, Chérif fut lui aussi orienté vers un centre de rééducation. Constatant les habitudes prises par ses camarades et lui-même à l'hôpital, le chirurgien l'avait mis en garde contre ce type de fonctionnement de groupe, sans parvenir à faire intégrer à Chérif les contraintes du centre : *il est spécial le docteur X, vous avez dû voir, il est toujours pressé, c'est le problème,* (...) *même quand il est venu me voir à l'hôpital, il parlait, on dirait qu'il voulait me dégoûter ; il disait : je vous préviens là-bas on fume pas, on fait pas ça, on fait pas ça, il voulait pas que mes amis viennent me voir, il faut qu'il y en a un ou deux qui vient.*
De fait Chérif a très rapidement quitté le centre de rééducation avec cette explication : *A P... on avait une heure ou deux de rééducation par jour, c'est tout, je m'angoissais toute la journée, alors j'ai préféré rentrer chez moi ; et puis, c'est pas que je mangeais mal mais...* Il avait d'ailleurs commencé une *rééducation personnelle* en posant le pied par terre alors que le chirurgien de l'hôpital le lui avait interdit, au nom d'une meilleure connaissance personnelle de ses capacités corporelles et d'une indifférence larvée aux consignes du corps médical.
Ses parents n'avaient aucun impact sur lui et ne pouvaient relayer les consignes médicales, ne les ayant pas intégrées eux-mêmes : *c'est son corps, il sait mieux...* disait sa mère. Il ne manifestait aucune agressivité envers les médecins, reconnaissant leur compétence tout en déplorant le manque de contacts humains avec eux. Leurs directives ne le révoltaient pas, elles lui étaient étrangères, il les mentionnait en les écartant de ses priorités orientées vers le confort et le plaisir immédiat.
Le corps est la seule richesse des jeunes de milieu populaire et ils s'estiment les plus aptes à pouvoir le contrôler et le guérir, particulièrement dans les bandes. C'est ainsi que l'on voit des jeunes *vieillis avant l'âge,* claudicant, incapables d'effectuer des mouvements simples, à la suite d'accidents ou de blessures non soignés dans un long terme. Ne vivant que dans le présent, ils ne peuvent prévoir les séquelles, hypothétiques pour eux, de lésions non soignées.

4 - La phase des confrontations

a - Farouk

Lorsque Farouk revint habiter chez lui, plus de six mois avaient passé. Sa famille avait dû assumer l'incarcération de l'un de ses frères et chacun se débattait avec ses propres difficultés. Il resta longtemps terré dans son appartement et finit par s'aventurer sur le centre commercial. Son arrivée déclenchait les regards étonnés et vaguement inquiets des passants qui chuchotaient entre eux *il a eu un accident ?* comme pour se rassurer de son étrangeté en y trouvant une explication plausible. Il devint plus fermé que jamais et le bruit courut vite qu'il avait rejoint le groupe des toxicomanes du quartier, consommant de l'héroïne.

Nous le croisions en effet de plus en plus souvent en compagnie de jeunes toxicomanes, objets de la répulsion de leurs camarades, condamnés par ces derniers comme tombés dans la déchéance, celle qui fait trahir ses parents et se livrer à des actes qu'aucune morale, fût-elle délinquante, ne pourrait couvrir. Son amitié avec Najib tourna court et celui-ci ne lui pardonna pas d'être *tombé dedans*, lui qui participait quelques années auparavant à des expéditions punitives pour chasser les premiers dealers installés sur le quartier.

Aucune *circonstance atténuante* ne fut accordée à Farouk quant à son addiction à l'héroïne, ni par Najib, ni par sa famille, ni par la bande à laquelle il cessa bientôt d'appartenir de fait. Il fut laissé dans le groupe des toxicomanes, dont le seul lien était la recherche de drogue. L'une des conséquences de son accident fut d'avoir troqué les liens d'amitié avec certains jeunes contre les relations sans affects entre toxicomanes mis à l'écart de leur groupe de pairs. Alors que le souvenir de son accident restait marqué sur son visage, une sorte d'amnésie collective frappa la bande à ce sujet, comme si le rejet provoqué par son attitude suivait le réflexe de défense instinctive suscité par son aspect physique.

L'accident et ses conséquences

b - Chérif

Pour Chérif, la phase des confrontations débuta par un séjour à la montagne qu'il fit avec plusieurs jeunes de la bande du Vert-Pré, dont deux de ceux qui avaient vécu l'accident avec lui. Habitués depuis l'adolescence à partir "au ski" à des tarifs sans rapport avec le coût réel, par l'intermédiaire des services de loisirs de la municipalité, les jeunes perpétuent cette habitude entre eux. Bien que ne disposant d'aucune source de revenus légale, à part quelquefois des allocations de chômage, ils considèrent comme prioritaire l'organisation de séjours à la montagne, la pratique du ski et "le bon air" étant censés refaire une santé abîmée par le mode de vie urbain. Chérif dit du jeune blessé dans le même accident que lui : *il s'en est sorti, il est parti en vacances pour se remettre dans le bain ; et il va vraiment mieux. Quand il est parti d'ici il marchait, là-bas il court, ça va beaucoup mieux.*
La période des confrontations débuta ainsi pour Chérif dans le cocon protecteur de la bande. Il ne fit pas de ski mais pratiqua sa *rééducation personnelle* : *franchement ça m'a fait du bien, avant de partir j'étais mort. (...) La première fois que je suis arrivé là-bas j'ai plongé dans la piscine, j'ai fait trois ou quatre longueurs, après j'ai vu ma cicatrice, j'ai dit qu'est ce que j'ai fait là... J'ai complètement oublié. J'aurais dû rentrer doucement, on ne sait jamais, je reste bloqué, mais c'est après coup.*
Ayant des séquelles réelles mais ne l'empêchant pas complètement de pratiquer ses activités favorites, Chérif en reste à son principe de vie basé sur la satisfaction du besoin immédiat : *j'aime bien faire ce que j'ai envie de faire.* Malgré les avertissements des médecins, il a repris également la pratique du football, de la même manière que celle de la natation : *j'ai repris, au ski, j'ai joué au ballon, j'ai fait des matches, sans faire attention, on m'a dit "tu joues", j'ai joué et après j'ai commencé à sentir ma jambe, le muscle, il y avait longtemps qu'il avait pas travaillé et il est devenu dur et après j'ai pensé à ma jambe, j'ai dis ah ouais, j'ai joué et j'ai continué, j'ai été à l'entraînement, j'ai joué dimanche dernier, j'ai joué à mi-temps, j'ai joué samedi aussi.*

La motivation à forcer sur son corps est liée pour lui au besoin de refaire partie de son groupe de pairs. En effet, Chérif s'est retrouvé sans véhicule après l'accident : pour dédommager l'ami qui lui avait prêté sa voiture, détruite dans l'accident, il lui a donné la sienne. Ses parents, qui ont déjà assumé tous les frais liés à l'accident, payé une lourde contravention pour excès de vitesse antérieur à celui-ci, ne mettent pas à l'ordre du jour l'achat d'une autre voiture. Chérif s'est donc trouvé dépendant de ses amis de la bande du Vert-Pré qui venaient le chercher et le raccompagnaient chez lui. Il n'est en effet pas question pour lui de se déplacer en transports en commun : il n'est pas familiarisé avec ce type de moyen de communication et considère normal que la bande montre sa solidarité en le prenant ainsi en charge.

Petit à petit, les *accompagnements* se sont faits plus rares et Chérif, sans doute à cause de ses efforts physiques prématurés au regard de sa condition physique, n'a plus été en mesure de les suivre comme auparavant. Une grande fatigue l'accable parfois, ses blessures le font souffrir, il n'est plus disponible pour les virées impromptues : les nuits blanches pèsent sur ses épaules beaucoup plus qu'avant l'accident.

Sa mère, dont nous avons souligné l'investissement important après l'accident, marquait lors d'un entretien ultérieur une certaine lassitude face à ce fils *qui ne travaille pas* et dont il fallait payer les contraventions et les frais consécutifs au procès (il a été reconnu responsable et a dû payer une lourde amende). Les parents de Chérif avaient espéré un sursaut de sa part après sa convalescence, or ils constatent qu'il continue son mode de vie antérieur, diminué physiquement et sans entrain. Ses sœurs, qui apparaissaient très solidaires de leur frère après l'accident, murmurent quelques mois après *tant qu'il sera logé et nourri...* critiquant par allusion un fonctionnement familial qui permet à leur frère de se maintenir dans un état d'*apesanteur sociale* préjudiciable selon elles à sa propre prise en charge.

Le moment de mobilisation émotionnelle passé, les jeunes accidentés apparaissent aux yeux de leur famille et de leur groupe de pairs comme des poids dont la prise en charge alourdit encore les difficultés familiales.

5 - La phase de l'adaptation

Farouk a subi plusieurs opérations qui ont reconstitué une cloison nasale mais son visage garde cet aspect figé qui provoque toujours le malaise. Il s'est mis en ménage avec une jeune femme du quartier, extérieure à la bande, avec laquelle il a eu un bébé. Pendant un temps, au moment de la naissance de sa fille, il a essayé de trouver un stage de formation professionnelle. Mais les possibilités d'emploi sont réduites pour lui : il ne peut assumer aucun poste nécessitant un tant soit peu de résistance à l'effort physique. Son très bas niveau scolaire lui ferme la porte de tous les emplois impliquant le maniement de la lecture et de l'écriture. Surtout, son mode de vie antérieur, les valeurs qui étaient les siennes ne l'ont pas du tout préparé à se retrouver dans la peau d'un salarié. Il ne pouvait compter non plus sur le cercle d'amitiés qui, quelquefois, permet à un jeune de la bande de trouver un emploi par le réseau des pairs.

Défiguré, déconsidéré par ses amis, isolé dans sa famille, héroïnomane, Farouk est tombé d'un train voici quelques mois. Il a perdu dans cette dernière chute les doigts de la main droite.

Quant à Chérif, il continue à vivre dans sa famille, partageant son temps entre des stations prolongées au bas des bâtiments du Vert-Pré, interrompues par des tours sur des mobylettes ou des scooters prêtés par des amis. Il poursuit son rêve :

En ce moment, mon avenir, travailler, un petit peu, avoir un bon petit paquet avec mes parents et on ouvre un petit commerce, un petit truc qui marche, parce que j'ai mon frère aussi, ils ont deux enfants, les deux enfants ils sont souvent chez moi, c'est ma mère qui les garde ; j'aimerais bien qu'on fait un truc ensemble, mon frère, mon père, mes sœurs, tous ensemble, parce que y a que ça maintenant, on va pas travailler pour un patron toute sa vie, faut se réveiller quoi. J'aurai une petite maison, comme ça je vais me marier, j'aurai déjà ma maison, je saurai où aller, je préfère habiter un pavillon.

Ce rêve de vie familiale indéfiniment prolongée, tous réunis au sein du groupe protecteur, dernier rempart contre la dérive, est démenti par la réalité des faits : le père de Chérif travaille depuis longtemps dans la même entreprise, ses sœurs sont engagées dans des voies professionnelles autonomes. Sa mère, qui parlait après l'accident de lui acheter une camionnette pour qu'il vende des frites ou des pizzas, n'en reparle plus dans les entretiens suivants.

L'accident a renvoyé Chérif avec plus d'acuité que ses camarades aux réalités sociales qu'il tentait d'éviter à travers la bande. Ces histoires de vie autour des accidents nous montrent que ceux-ci mettent à nu le fonctionnement des groupes familiaux · et des groupes de pairs auxquels appartiennent les jeunes. Ils sont mis à l'écart petit à petit par incapacité à suivre les activités de la bande, et la prise de risque qui s'est soldée par un accident a abouti à l'absence de socialisation, dans ou hors la bande.

Les jeunes accidentés n'en étaient pas à leur première prise de risques. Respectés et estimés par leurs pairs lorsqu'ils prenaient des risques sans faillir, ils perdent la considération dont ils étaient l'objet dès lors qu'ils ont eu un accident grave. S'ils n'ont pas "disparu" physiquement, leur rejet progressif du groupe des pairs correspond pour eux à une sorte de mort sociale.

6 - L'impact de l'accident sur les conduites ultérieures

Chérif et Farouk n'ont pas envisagé de tirer les leçons de l'évènement qu'ils venaient de vivre, car il ne savaient pas que cela pouvait être le cas. L'évènement est forclos comme non porteur de sens car c'est bien de non sens qu'il s'agit, de l'impossibilité pour le jeune et le groupe à donner un sens à ce qui lui est arrivé. Ce phénomène est prégnant pour les jeunes de bandes de milieu populaire. L'accident les fait brutalement basculer du monde figé et rassurant de leur groupe, de ses valeurs, de sa légende, à celui de l'*out-group* dont ils se protégeaient auparavant.

Ils rencontrent ce monde extérieur dans la souffrance physique et psychique, se retrouvent dépendants d'inconnus qui pour un temps ont tout pouvoir sur leur corps. Ils redeviennent les tous petits enfants de leurs parents, les apparences de leur pseudo maturité leur ayant été arrachées

d'un coup. Ils doivent réapprendre à marcher, à se nourrir, sans pouvoir confier leur détresse et leur faiblesse à quiconque. Un évènement chasse l'autre et à la fin de leur convalescence, alors qu'ils sont à peine remis sur pied, d'autres les ont remplacés dans l'actualité des blessures de la bande. Réfléchir sur l'évènement aurait impliqué de remettre en cause les valeurs viriles, le rapport au temps, la prise de risques, qui formaient avec l'ensemble des valeurs et des normes de la bande le seul bagage culturel dont ils disposaient. Il leur apparaît impensable d'essayer de faire changer tel ou tel type de conduite observé chez un membre du groupe : *mes amis, il y en a un ou deux, ils roulent un peu vite, tout ça, mais je leur fais pas de reproches parce qu'ils acceptent pas, je sais comment ils sont, on peut pas leur faire de remarques... Je leur reproche pas, c'est leur caractère...* (Chérif).
La bande vit dans le présent, chacun est ce qu'il est. Le groupe est arrêté sur un même type de conduite. Les évènements se succèdent les uns aux autres dans une linéarité exempte d'analyse.

Alors que pour les jeunes des deux bandes l'accident bénin est vécu comme une faute technique pouvant attirer l'attention de la police sur d'autres activités illégales et ne remet pas en cause le statut du jeune dans le groupe, par contre l'accident grave relègue celui qui le subit en marge du groupe et les circonstances de l'accident et ses conséquences sont recouverts d'un épais silence. La réaction du groupe des pairs n'est en cela pas fondamentalement différente de celle de l'ensemble du corps social, qui n'accorde une certaine médiatisation qu'à des accidents qui font évènement par leur aspect spectaculaire et par le grand nombre de morts et de blessés qu'ils occasionnent, ou par la portée symbolique d'un décès. Par contre les accidentés anonymes sont laissés seuls avec leur drame, comme si le groupe d'appartenance, effrayé d'entrevoir l'ampleur de la catastrophe, la repoussait et en oubliait aussi les victimes.

*   *

*

209

La bande, le risque et l'accident

     Après les deux accidents que nous avons analysés, les jeunes ont continué à conduire de la même façon, souvent sans permis, en excès de vitesse, sans ceinture de sécurité et sans casque, en état d'ébriété ou sous influence de produits psychotropes.

     Quelques mois après l'accident de Farouk, trois jeunes de la bande de la Source volèrent un camion garé dans une commune proche. Aucun d'entre eux n'avait son permis et n'avait jamais conduit un véhicule de ce type. Ils avait consommé du haschich associé à de la bière. Ils entamèrent une course nocturne dans les rues, percutant plusieurs voitures. Pris en chasse par la police, ils finirent leur équipée contre un arbre. Deux d'entre eux furent sérieusement blessés, le troisième plus légèrement. Ils furent l'objet de plusieurs inculpations.

     Quelques mois après son accident, j'ai croisé Chérif, dérapant sur un scooter, sans casque, à demi retourné sur son véhicule pour parler à un copain. Un an plus tard, eu lieu l'accident qui coûta la vie à un jeune du Vert-Pré. Après cet évènement, il ne fallut que quelques jours pour que reprenne la ronde des véhicules, pour que les jeunes continuent à jouer en voiture et en deux roues le scénario de leur impasse.

     Inaccessibles à la relation de cause à effet, à une remise en cause de comportements qui pourrait mener à une remise en cause de leur propre existence en tant que groupe, les jeunes des bandes continuent à prendre des risques et certains d'entre eux y perdent leur santé, sinon leur vie.

CONCLUSION

Au cours de mes recherches, je me suis appuyée sur la théorie de la *ségrégation réciproque* qui établit le mouvement de rupture entre les jeunes et leur environnement, chacun campant sur des positions irréductibles. Cette théorie permet de comprendre la dichotomie entre les comportements des jeunes à l'intérieur de leur bande et les attitudes qu'ils réservent à l'extérieur : comment l'hospitalité et la générosité peuvent devenir froideur et insensibilité à la souffrance d'autrui, comment le respect dû aux femmes du groupe et à celles de l'entourage proche (famille en particulier) peut se transformer en violence allant parfois jusqu'au viol sur des femmes ne bénéficiant pas de cette valeur.

La ségrégation réciproque explique aussi en quoi les normes du groupe sont différentes en ce qui concerne le vol. Alors que les jeunes de la bande sont très attachés à la propriété et projettent un avenir entouré de protections multiples, ils pratiquent la délinquance de manière ordinaire sans manifester la moindre empathie par rapport aux personnes qu'ils tentent de spolier de leurs biens.

Mais cette *ségrégation réciproque* s'accompagne aussi d'un conformisme sociétal considérable. La batterie des valeurs viriles (puissance, prestige, force physique, importance des biens matériels) se retrouve en bonne place au Panthéon des principes généraux de vie mis en avant par les jeunes des bandes que j'ai rencontrées. La *ségrégation réciproque* se situe plus au niveau des normes qu'à celui des valeurs. Les travaux de l'Ecole de Chicago mentionnés dans ce livre (Sutherland, Shaw et Mac Kay...) ainsi que la théorie de la déviance, de Becker, se marient avec celle de la ségrégation réciproque de Robert pour fournir, à mon sens, un cadre théorique satisfaisant à l'analyse des bandes de jeunes de milieu populaire dans la France d'aujourd'hui.

La dimension ethnique est une composante importante de cette formation en bande, les jeunes d'origine étrangère étant plus durement frappés par la pénurie d'emplois non qualifiés que les autres, du fait d'une discrimination

La bande, le risque et l'accident

généralement observée dans le monde du travail et quelquefois celui de la formation professionnelle. Il ne faut pas chercher une *arabité* particulière dans leurs comportements, mais bien plutôt le résultat du traitement fait à la minorité maghrébine en France, qui conduit les plus en marge de sa jeunesse au regroupement en bande. La vision culturaliste est d'autant plus sujette à caution que les jeunes n'ont de leur pays qu'une vision lointaine et certainement déformée. Les évènements qui agitent l'Algérie depuis cinq ans ne contribuent pas à faciliter les voyages et les contacts entre les deux pays. Le processus d'acculturation a fortement atteint leurs parents et continue à travailler les groupes d'origine étrangère en France, dans une évolution constante, en particulier pour les jeunes.

Par contre, la conscience de faire partie de groupes étrangers peut être renforcée par les difficultés croissantes placées sous les pas des étrangers et des personnes d'origine étrangère dans le renouvellement de papiers, les procédures de regroupement familial ou d'hébergement temporaire. Cette ambiance alourdie au fil des lois et des débats publics est lourde d'une menace d'ethnicisation des positionnements sociaux. Cette menace est générée par la situation qui est faite aux jeunes issus de l'immigration.

Les chances d'intégrer le marché du travail sont bien minces pour des jeunes qui ont raté la marche de l'école et se trouvent en concurrence sévère avec des dizaines de milliers d'autres sur les postes les moins qualifiés. Ils auront de plus à affronter l'obstacle de leur propre mode de vie structuré pendant des années autour du groupe des pairs et de la satisfaction des envies immédiates. Le refus des contraintes venues de l'extérieur ou plutôt l'incompréhension du système social qu'elles supposent, les conduisent souvent à *ne pas tenir* les quelques emplois ou stages qu'ils obtiennent.

En effet, la bande se forme pour résister à la pression extérieure, faite de pauvreté, de relégation et d'absence de perspectives. Elle crée alors un univers particulier où le temps est rétracté dans un présent qui touche le futur sans intermédiaire, un présent où tout devient possible, puisque la parole, loin de précéder l'acte, le remplace, et console de son impossibilité objective. Ainsi ils seront patrons, ingénieurs,

Conclusion

propriétaires de villas et de voitures de luxe, et partageront leurs loisirs entre l'Australie, l'Amérique et le *pays*...
 Ce rapport au futur incompréhensible à autrui se traduit par des vols dont les produits sont aussi vite dépensés qu'ils sont acquis et par des conduites de risques qui se jouent de la menace de la blessure et de la mort, dans une recherche de sensations sans limites, légitimées par le besoin de se confronter à soi-même, aux pairs et aux autres.
 Ce sont là de *mini-rites* qui n'ont de sens que pour les groupes qui les vivent et rejouent constamment l'ordre des places et des prérogatives en leur sein. Esthétique du corps marqué par son histoire, anesthésie de la douleur et recherche de sensations fortes, mise en jeu du corps et culture du face à face, plaisir du moment vécu et avenir qui s'arrête à demain, distance profonde avec la planète des autres qui les regarde de haut et diffuse des messages de prévention inadaptés à leurs comportements, expliquent les multiples prises de risques constatées parmi les jeunes de bandes.
 Et quels objets plus chargés des symboles de notre société que ces voitures qui forment l'ordinaire d'un paysage urbain que nous ne voyons plus à force de le côtoyer. Omniprésentes, incontournables, encombrantes, polluantes, inutiles et chères, les voitures sont parmi nous et forment la base de l'imaginaire des jeunes des bandes. Ils partagent avec l'ensemble de la société l'amour de ces véhicules, les investissent de leur convoitise, de leur désir de possession, de leur amour et de leur rage. Ce sont elles qu'ils volent parce qu'elles sont là, insolemment à disposition et qu'il est si simple de forcer une porte et de démarrer un moteur, même sans clé. Ce sont elles qui leur permettent de mettre en scène leurs rêves de luxe, opposant aux réalités de Renault 4L des travailleurs sociaux les locations d'Espace qui leur permettront de *se la jouer* sur la côte un week-end. Et ils sont bien là conformes à la culture de consommation qui imprègne notre société.
 Ce sont elles aussi qu'ils détruisent dans des incendies devenus presque banals à force de se répéter, à l'occasion d'un règlement de compte entre amis d'hier ou entre groupes, d'un deuil, d'une explosion de rage contre un évènement qui rassemble les symboles d'une situation de domination qu'ils

perçoivent sans trouver les mots savants pour la décrire et l'analyser. Ce sont avec elles aussi qu'ils ont des accidents, rejoignant ainsi la cohorte des éclopés silencieux qui dans les hôpitaux, les centres de rééducation, les appartements et les maisons, ressassent les circonstances de l'évènement qui a modifié à jamais le chemin de leur vie. A ceci près que pour les jeunes de bande qui ont eu des accidents, qu'ils soient de la circulation ou autres, l'heure des bilans occasionnée par ces évènements sonne la fin de leur appartenance à la bande, le glas de leurs espérances, et les place en position de dépendance par rapport à leur entourage familial qui reste le seul à les prendre en charge, quand l'émotion liée à l'évènement s'est estompée. Au mieux ils troqueront leur identité passée contre celle d'handicapé doté d'une pension qui leur évitera de tomber dans la déchéance sociale.

Les rappels à la réalité des autres sont tellement cinglants, que ce soit sous la forme du mépris, du rejet ou de l'atteinte grave, que deux issues se dessinent : la fuite vers le monde rassurant et fantasmagorique du groupe ou l'affrontement dont les conséquences retombent sur eux sous la forme d'un stigmate plus accentué encore.

Il est probable d'ailleurs que la prison est moins infamante pour des jeunes qui ont bâti une forteresse de contre-normes autour de leur *vulnérabilité sociale*, pour ne pas dire de leur *désafiliation*[1], que les réflexions des orientateurs, formateurs et employeurs qui pointent leurs différences en termes d'incapacités, d'impossibilités, de remise à niveau et autres parcours d'insertion. En effet, la prison, pour contraignante qu'elle soit, est un lieu où l'on retrouve la dichotomie entre deux groupes antagoniques, les gardiens et les détenus, et où les jeunes d'un même quartier peuvent quelquefois se retrouver. Dans le monde du travail, par contre, ils sont seuls et avancent à découvert sur un terrain dont tous les codes leur sont inconnus. Et gare à eux s'ils tentent d'appliquer la logique collective de bande au monde individualisé du travail. Celui-ci se chargera de leur rappeler que les règles ne sont pas celles-là.

---

[1] Ces mots sont empruntés aux analyses de Castel, 1995.

Conclusion

Nous n'avons pas trouvé au cours de notre cheminement les bandes très structurées s'apparentant plus à des *gangs* de criminels qu'à des regroupements adolescents. En ce sens la bande est structure mais elle est aussi informalité, protection relativement peu efficace puisque pour exister elle prend de l'extérieur ce qui correspond à l'image que l'on attend d'elle. Sans doute dans d'autres quartiers, les jeunes en situation de précarité sociale ont-ils pu se saisir d'expressions artistiques, d'activités sportives, d'emplois (souvent de surveillance d'autres jeunes) comme d'outils leur permettant de trouver une autre voie que celle de la délinquance et de la marginalité sociale.

Pour ma part, les suites de bande que j'ai pu observer peuvent se différencier en tiers : un tiers a intégré les normes dominantes, un tiers a rejoint une marginalité sociale en termes d'assistance (emplois protégés, RMI), en ne conservant des pratiques délinquantes que sous une forme résiduelle, un tiers a intégré des groupes de délinquants professionnels ou a disparu simplement au détour d'un règlement de compte, d'un accident grave, d'une maladie implacable ou d'une toxicomanie irréductible. La violence qui entourait leurs vies est devenue mode de vie, la prison qui était un épisode gênant devient jalon régulier, l'atteinte corporelle s'inscrit durablement dans le corps ou clôt une vie dont l'espérance est ainsi singulièrement courte.

La bande cesse d'exister lorsque bon gré mal gré l'heure de *l'âge adulte* a sonné. La famille au sens large est bien le garde-fou qui assure gîte, couvert, réseau relationnel pour une éventuelle embauche. Ceux qui peuvent compter sur elle ne seront jamais seuls et échapperont peu ou prou à la chute sociale. C'est du moins le cas des jeunes de la Source. Les jeunes filles qui ont fait partie de la bande et ont donné le jour à des bébés ont remplacé les familles qui les avaient reniées par le réseau des services sociaux et ont créé entre elles des filets de sécurité leur permettant de supporter l'opprobre de leur groupe d'origine.

Il en est de même pour les jeunes des deux sexes dont les ascendants ont disparu, sont retournés au pays, ne peuvent assurer leur soutien faute de revenus suffisants. Certains jeunes, parmi les plus violents, sont rentrés en Algérie. On parle maintenant d'eux sous forme de rumeur, tant sont

La bande, le risque et l'accident

difficilement vérifiables les informations qui filtrent d'un pays en guerre. Il semblerait qu'ils aient trouvé une cause à défendre et une occasion de légitimer leur violence, faisant leurs, dans le pays de leurs ancêtres, les idéaux démocratiques transmis laborieusement et sans grande illusion par quelques enseignants, travailleurs sociaux et animateurs croisés sur leur chemin, en France.

Pour ceux qui sont restés et ont arrêté leur délinquance, le temps de la bande, maintenant passé, n'est pas renié. Il fait partie de leur histoire, et ils n'en refusent ni les valeurs ni les normes. Ils se sont adaptés, simplement. Ils ont compris qu'à vouloir faire tourner le monde autour de soi, il se retourne contre soi, à chercher à le faire plier à ses envies, il n'offre plus rien. Ils souhaitent simplement *dormir tranquille*, comme le disait l'un d'entre eux, adulte maintenant. Ne plus se réveiller en sursaut à l'aube parce que l'on frappe trop fort à la porte et que ce n'est sûrement pas un ami, ne plus être rattrapé au détour d'une vie apaisée par une *vieille affaire* oubliée et qu'il va falloir payer en frais d'avocat, perte d'emploi peut-être, et le stress renouvelé du *pris en faute* face aux agents de contrôle. Dans ces moments-là, ils sont aidés par leurs plus jeunes frères et sœurs, qui ont regardé se débattre leurs aînés et ont pu choisir d'autres voies que celles de la déviance et de l'impasse du groupe des pairs qui se ressemblent. Ce sont les plus jeunes, grands adolescents à leur tour, qui prêtent de l'argent, s'occupent des enfants, réconfortent leurs mères pendant que les anciens de la bande n'en finissent pas de régler l'addition de leur jeunesse[2].

Quand enfin ces derniers sont devenus normaux et ordinaires, quand ils ne tremblent plus de *croiser un képi* parce qu'ils sont en règle à peu près sur tout, ils n'ont plus qu'à se débattre avec les multiples incidents qui émaillent la vie des sans-grades, des pauvres de toujours. Ils déploient chaque jour des trésors d'énergie pour manger, se loger, élever leurs enfants, maîtriser leurs colères, vivre en quelque sorte. Comme le résumait un de ces rescapés du bruit et la

---

[2] Esterle, 1991b, 143-146.

Conclusion

fureur : *avant j'étais délinquant, aujourd'hui j'ai arrêté et je suis devenu pauvre, à quoi je vais rêver maintenant ?*
   Mais ceci est une autre histoire, une histoire de tous les jours...

ANNEXE 1

PRESENTATION DES TERRAINS

Pour des raisons de discrétion explicitées au début de cet ouvrage, j'ai nommé les deux terrains de cette recherche la Source et le Vert-Pré. J'ai pu y suivre les activités de deux bandes de jeunes, entre 1985 et 1990 pour la Source et durant l'année 1992-1993 pour le Vert-Pré. Les quartiers de la Source et du Vert-Pré sont situés respectivement dans la banlieue Est et la banlieue Nord de Paris. Seront présentées d'abord des données sociologiques et historiques sur le quartier de la Source à partir des données chiffrées du recensement de 1982, ainsi que des indications contenues dans le bulletin municipal mensuel. Cette approche nous permettra de mieux cerner dans quel contexte socio-économique s'est développée la bande de la Source et explicitera les données contenues dans les chapitres suivants. Il en sera de même pour le quartier du Vert-Pré.

I - La source

Sont prises en compte les données du recensement de 1982 et non de celui de 1990, la bande de jeunes s'étant constituée au début des années 1980 et étant en extinction au moment du dernier recensement de 1990. Les données du recensement dont nous disposons n'indiquent pas les répartitions de population par tranches d'âge, catégories socio-économiques ou origines ethniques pour chaque quartier, mais pour l'ensemble de la ville.
1982 : nombre d'habitants total de la ville 52 980.
La Source (construction démarrée en 1967) : 22 000 habitants.

Jeunes de 15 à 24 ans : 7 500, soit 14,2% de la population.
Habitants de nationalité étrangère : 2 820 personnes, (5,32%).

Nationalité portugaise majoritaire suivie des maghrébins (Algériens en majorité). Composition de la population algérienne : 2/3 d'hommes, 1/3 de femmes. 30% <19 ans (majorité de filles). Après 19 ans, majorité d'hommes. Il y aurait donc un grand nombre d'hommes célibataires.

Taux de chômage sur la ville en 1982 : 7,14% dont 23% de 15 à 24 ans (en majorité des filles)[1].

Niveau de diplômes : 74% de personnes ont au plus un CAP avec une forte proportion de personnes ne déclarant aucun diplôme.

Nous pouvons déduire de ces chiffres qu'en 1982, époque où la bande de la Source était déjà solidement constituée, la ville ne comptait pas un taux d'immigrés plus élevé que la moyenne nationale, par contre le nombre de personnes sans diplômes y était élevé, ainsi que celui des jeunes chômeurs.

La bande, qui comptait une quarantaine de membres dont dix jeunes filles, s'est constituée à quelques exceptions près à partir des jeunes d'origine algérienne sortis sans qualification du système scolaire. Les fratries dont ils font partie comptent de cinq à douze enfants. Trois jeunes de la bande sont d'origine hispano-marocaine, trois d'origine franco-algérienne, un d'origine portugaise, un d'origine française. Tous les autres sont d'origine algérienne, avec une majorité de kabyles. Cette référence culturelle revisitée par l'acculturation dans la précarité marquera la sous-culture de la bande.

D'après les indications fournies par les jeunes de la bande au sujet des métiers exercés par leurs pères, cinq d'entre eux travaillent dans le bâtiment, (quatre manœuvres, un contremaître), un est cuisinier de collectivité, un est commerçant, les autres ouvriers en usine.

---

[1] Ces taux ne tiennent pas compte des chômeurs non inscrits et doivent être révisés à la hausse (ils n'incluent pas les jeunes que nous étudions).

Annexes

1 - Le quartier

16 janvier 1960 : création de la Zone à Urbaniser en Priorité de la ville, par arrêté du ministère de la Construction, sur une vaste cuvette occupée par des cultures maraîchères, des jardins ouvriers, des petits pavillons. Conçu au départ comme un grand ensemble d'habitations, le projet sera remanié (moins d'habitations et plus d'entreprises et de commerces) lors de l'arrivée à la mairie d'une équipe d'Union de la Gauche élue en 1965 et dont le maire occupe ses fonctions encore aujourd'hui.

L'urbanisation de la Source fut confiée à seize architectes différents afin de préserver la diversité de l'habitat et de fait la ZUP est divisée en plusieurs sous-quartiers reconnaissables à leur architecture particulière :
- la Citadelle (bâtiment de 25 étages, "barres" de douze et six étages, premiers bâtiments occupés en 1966),
- le Perron (tours de 18 étages, deuxième quartier occupé après la Citadelle),
- le Bosquet (bâtiments de six à huit étages),
- la Commune (bâtiments d'un étage dont certains sont mitoyens, avec jardins privatifs au rez-de-chaussée),
- le centre commercial et sportif,
- le RER et la zone d'activités et d'hôtels. Cette hétérogénéité architecturale correspond à une hétérogénéité sociale, du cadre logé en accession à la propriété à l'allocataire du RMI hébergé par des proches.

La Source est un quartier recherché dont le prix du mètre carré a considérablement augmenté au fur et à mesure que se construisait la zone industrielle, le réseau de transports et la zone commerçante (boutiques, grande surface, hôtels de standing).

La Citadelle et Le Perron sont considérés jusqu'à aujourd'hui comme quartiers *à problèmes*, foyers de délinquance juvénile et de troubles de voisinage.

En 1965 la ville comptait près de 3 000 personnes inscrites au fichier des mal logés. Ceux ci seront relogés en priorité sur la Source ainsi que les habitants qui avaient fait l'objet d'une mesure d'expropriation pour libérer les terrains destinés à la construction du grand ensemble. Ce sera le cas

221

pour les familles de certains jeunes de la bande. D'autres étaient relogés là par la Ville de Paris.

2 - Equipements collectifs

1974. Fin du programme de construction des habitations :
Petit centre commercial du Perron : 1975.
Grande surface : mai 1979.
Station de RER, crèches, centre de protection maternelle et infantile, service municipal de la jeunesse, bibliothèque : 1978.

Environ dix ans s'écoulent entre l'arrivée des premiers habitants et la mise en service des divers équipements, dix ans pendant lesquels les enfants grandissent, les habitudes se créent, prémices de la vie de la bande pour certains d'entre eux.

Ils se souviennent du temps où la plaine qui est actuellement couverte de bâtiments était un immense champ où, enfants, ils allaient chercher des crapauds. Ce terrain a été longtemps un énorme chantier où les habitants pataugeaient dans la boue par temps de pluie. La recherche de ravitaillement, les départs à l'école prenaient des allures d'expédition dans le quartier en construction. C'était pour les enfants plus un terrain d'aventures qu'un quartier organisé.

Jusqu'en 1982, quatre policiers étaient affectés à la ville qui dépendait par ailleurs du commissariat de la commune la plus proche. De nombreux vols à la tire, cambriolages de particuliers et d'équipements collectifs, incendies criminels jalonnent les colonnes du bulletin municipal. Le poste de police sera lui-même cambriolé en 1980.

Pourtant le taux de délinquance, d'après les statistiques de la police en 1983, est en dessous de la moyenne nationale et de celui de la commune la plus proche : 29/1000 dans cette commune, 27/1000 dans la ville dont fait partie la Source et 60/1000 au niveau national.

Lorsqu'en 1982 quarante policiers sont affectés à la ville et qu'un poste de police est mis en place sur la Source, la bande est constituée depuis trois ans.

Annexes

En septembre 1983, la ville est déclarée *Ville pilote pour la prévention de la délinquance*, un Comité Local de Prévention de la Délinquance est créé et le club de Prévention commence à fonctionner en juin 1984. La quarantaine de jeunes de la bande sont issus pour plus de la moitié des deux tours centrales du quartier du Perron appartenant à l'OPHLM de la ville de Paris, sept autres habitent deux maisonnettes mitoyennes dans un quartier pavillonnaire proche de la Source, les autres jeunes habitent d'autres bâtiments de la Source. Aucun jeune de la Citadelle ne fera partie de la bande : légèrement excentré par rapport à l'ensemble de la ville nouvelle, ce quartier a une histoire propre et les jeunes ne se fréquentent pas entre eux.

II - Le Vert-Pré

J'ai recueilli les données concernant la ville où est situé le Vert-Pré à partir d'articles de presse, du bulletin municipal, de données sociologiques et du recensement de 1990 et d'observations directes sur le Vert-Pré.

Nombre d'habitants total de la ville : 90 000 environ au recensement de 1990, Vert-Pré : environ 10 000 habitants.

Il est isolé du reste de la ville ; il n'y a ni station de métro ou de RER ni gare. Il est limité par une autoroute, un canal et une voie ferrée. Une ligne de bus relie le Vert-Pré au centre ville, elle cesse de fonctionner en début de soirée.

Le Vert-Pré a été construit au début des années 1970, sur l'emplacement d'un bidonville occupé par quelques centaines de familles ouvrières, espagnoles et portugaises en majorité, en tout plusieurs milliers de personnes. Près de 4 500 logements ont été construits. Une partie de ces familles sera dispersée sur le département, les autres seront relogées dans la nouvelle cité, ainsi que d'autres demandeurs du centre ville.

La construction du Vert-Pré entrait dans le cadre de la loi Debré de 1964 sur la résorption des bidonvilles. Le quartier présente une forte majorité d'ouvriers et d'employés et seulement 2,1% de couches supérieures.

Recensement de 1990
Chômeurs :
Sur la ville : 14,2%

Vert-Pré : 16,4%
sur le département : 11,5%

Jeunes :
Sur la ville : 27,6% de jeunes de moins de 19 ans
Vert-Pré : 37,8%
72% des habitants du quartier ont moins de 39 ans. 15% d'enfants ont moins de trois ans, 23% sont l'objets de signalement auprès des services de la protection de l'enfance, 26% de mères sont seules.

Familles d'origine étrangère sur la ville 28%, au Vert-Pré : 33,5%. Les jeunes les plus *visibles* sur le quartier sont les jeunes d'origine maghrébine, algérienne principalement, dont la grande majorité forme la bande objet de cette recherche.

Une forte rotation marque le Vert-Pré : entre les deux recensements de 1982 et 1990, plus de la moitié des habitants avaient changé. Les nouveaux arrivants venaient d'habitats insalubres de la ville. C'est là une spécificité du quartier par rapport à la ville.

1 - Un quartier pauvre pour les pauvres

Les anciens habitants du quartier depuis de nombreuses années ont le sentiment de ne pouvoir en sortir, sentiment aggravé par la situation géographique d'enclavement du Vert-Pré. D'autre part la précarisation des conditions de vie encourage l'ancrage sur le même logement et freine les projets de mobilité. Le Vert-Pré est globalement plus pauvre que d'autres quartiers populaires de la ville. On note en 1987 plus de familles endettées (loyer), plus de demandes d'aide financière auprès des services sociaux, un recours à l'aide sociale supérieur pour les soins médicaux, et le taux le plus élevé sur la commune en matière de problèmes de santé sérieux repérés dans la population.

Ce sentiment d'enclavement n'est pas sans développer une certaine rancœur parmi les habitants, qui a pu sans doute s'exprimer par des scores très élévés pour le Front National aux dernières élections municipales (47%) et par un fort taux d'abstentions.

Annexes

Quartier pauvre pour les pauvres, l'architecture et l'organisation du quartier en témoignent. Contrairement à la Source, le Vert-Pré présente aussi une homogénéité architecturale : il est constitué de barres toutes identiques, les voies publiques ne portent pas de noms de rues et les bâtiments ne se définissent que par un numéro. L'impression générale, partagée par les habitants, est celle d'une grande précipitation dans la construction et d'une absence de projection sur l'avenir, de la part des concepteurs, concernant les populations installées rapidement et souvent brutalement.

C'est à la suite d'un incendie qui dévasta le bidonville que les premiers relogements ont pu s'effectuer, sans grand enthousiasme de la part des bénéficiaires, selon des témoignages de l'époque. C'est également à la suite de l'incendie d'une première cité de transit que des bâtiments définitifs ont vu le jour.

Les premiers occupants ont été logés au bâtiment 5, qui focalise les problèmes sociaux internes au quartier : familles nombreuses, impayés de loyer liés à des situations de grande pauvreté. C'est au pied de ce bâtiment que se réunissait la bande que nous avons rencontrée, même si tous les membres ne l'habitent pas. Ce groupe exclusivement masculin compte une quarantaine de jeunes, âgés de 16 à 25 ans. De projets divers en impasses dans les concertations, ce bâtiment a finalement été détruit en septembre 1995.

2 - Les services publics

Lorsque j'ai pris contact avec les jeunes du Vert-Pré, à la fin de l'année 1990, le quartier se présentait comme un assemblage de barres de couleur marron, dont les premiers étages étaient pour la plupart inoccupés, vitres cassées, rez-de chaussée dégradés, boîtes aux lettres défoncées. On n'y trouvait aucun lieu de rencontre qui font la vie d'un quartier : ni café, ni restaurant, ni centre commercial animé. Quelques boutiques, à une extrémité du quartier, vendaient des produits de qualité moyenne et chers : épicerie, boulangerie, boucherie. On comptait une seule pharmacie sur ce quartier de 10 000 habitants. Un café avait fonctionné pendant plusieurs années. Des rumeurs indiquaient qu'il avait fermé,

La bande, le risque et l'accident

suite à un *trafic de drogue*. Un centre commercial avait brûlé pour des raisons inconnues et n'avait pas été remplacé.

Pour accomplir des actes aussi banals que prendre un café ou faire ses courses, les habitants devaient se rendre dans la rue qui mène du Vert-Pré au centre ville ou, pour les courses en gros, au centre ville lui-même. On voyait couramment des mères de famille, quelquefois accompagnées de leurs enfants ou de leur mari le week-end, qui descendaient du bus, les bras chargés de sacs plastiques contenant des provisions de base.

Outre l'absence de lieux de convivialité ou de centre commercial, aucun organisme public n'était représenté sur le Vert-Pré : ni annexe de la mairie, de la poste, de l'agence pour l'emploi, de la sécurité sociale ou du commissariat central. Une rumeur persistante indique que *la police ne rentre pas sur le quartier*. Cependant durant notre étude de terrain, nous avons pu constater à plusieurs reprises la présence des forces de l'ordre en nombre. Présence accueillie de manière ambivalente par la population, car si elle est d'une certaine manière rassurante, elle ne s'exerce que de manière épisodique et spectaculaire : il s'agit plus de *descentes de police* que d'une intervention classique et régulière.

Les deux îlotiers qui circulent au Vert-Pré n'avaient pas encore renversé cette situation. Le quartier se trouvant excentré par rapport au centre ville et les policiers appréhendant sans doute de s'y rendre, leurs effectifs nombreux et une certaine brutalité dans leurs interventions ont, à plusieurs reprises, soudé l'ensemble des jeunes contre eux, avec l'assentiment mitigé des adultes.

Par contre on trouvait un centre de protection maternelle et infantile, un bureau d'assistantes sociales municipales et de la caisse d'allocations familiales et un complexe scolaire (maternelle et primaire) au centre du quartier. Un collège situé à la lisière du grand ensemble accueille les adolescents.

De nombreuses carcasses de voitures peuplaient ce paysage urbain qui semblait rassembler tous les stéréotypes des *banlieues défavorisées*. Au pied de chaque bâtiment, on pouvait voir des groupes de jeunes garçons qui stationnaient, apparemment inoccupés. Seuls deux animateurs proposaient des activités de loisirs dans le cadre d'une antenne du service

Annexes

municipal de la jeunesse. Aucun éducateur de prévention n'intervenait sur le quartier.

Un certain nombre de jeunes fréquentaient le service municipal de la jeunesse, situé au centre ville. Mais la distance entre le local central du SMJ et le Vert-Pré sélectionnait d'emblée les jeunes qui s'y adressaient pour des loisirs, des recherches d'emploi ou des conseils divers : ceux de la bande du bâtiment 5, enclavés sur le quartier, ne le fréquentaient pas.

3 - Les politiques sociales

1989-1993 : le Vert-Pré fait partie des *400 quartiers en difficultés* objets d'une procédure de Développement Social de Quartier (DSQ).

La Maîtrise d'Œuvre Urbaine et Sociale (MOUS) ouvre ses locaux au bâtiment 5 et commence, dans un travail partenarial avec les professionnels et les représentants d'associations d'habitants, à mettre en place un plan de *réhabilitation* du Vert-Pré dans le cadre de la procédure DSQ :
- rénovation du cadre bâti,
- implantation d'équipements de base qui manquaient de manière criante sur le quartier,
- amélioration du réseau de transports. Parallèlement à cette procédure, le quartier est déclaré Zone d'Education Prioritaire (ZEP) afin de mettre à la disposition des enseignants des moyens supplémentaires pour pallier les difficultés scolaires d'un certain nombre d'élèves.

4 - Une vie sociale intense

L'absence des services de proximité habituels dans les communautés urbaines et les traditions de résistance larvée aux interventions publiques ont sans doute facilité la floraison d'associations d'habitants :
- association de femmes, rassemblant des femmes de toutes origines,
- associations regroupant des ressortissants de diverses nationalités (Africains, Portugais, Espagnols, Maghrébins...),

La bande, le risque et l'accident

- associations sportives (football, joueurs de pétanque...), artistiques, de locataires,
- deux associations de jeunes (depuis la mise en place de la procédure DSQ.

La vie associative, déjà très riche avant la mise en place de la procédure DSQ, s'intensifia à partir de son démarrage, par les réunions collectives, les demandes de subventions, les échanges sur la vie du quartier.

5 - Une action en direction des jeunes

Une recherche sociologique, menée de 1986 à 1991, donna lieu à de nombreux groupes de travail entre professionnels du secteur de la santé, installés sur le quartier, élus municipaux et sociologues. Elle aboutit à plusieurs propositions dont une structure d'accueil pour les jeunes du quartier, appelée le Lieu Ressources Jeunes (LRJ).

L'ensemble des jeunes du quartier ne relevaient pas de l'action de ce lieu. Celui-ci s'adressait à tous les jeunes mais une attention particulière était portée vers les jeunes les plus *désinsérés* selon le vocabulaire en vigueur dans l'action sociale, c'est-à-dire vers ceux que l'on voyait quotidiennement, adossés aux murs du bâtiment 5, de la fin de la matinée jusqu'à tard dans la soirée.

Le LRJ a ouvert ses portes au début de l'année 1992. Quelques contacts avaient été pris sur le quartier avec des jeunes de la bande par des animateurs embauchés pour la circonstance par une association réunissant des partenaires locaux et des élus municipaux. Mais le contact amorcé n'a pas été poursuivi et ce local a été fréquenté par la suite par des enfants ou des adolescents scolarisés. Il est aujourd'hui fermé et les jeunes de la bande restent entre eux.

6 - Les résultats des politiques sociales

Des changements importants sont intervenus au cours de la procédure DSQ. Un centre commercial a ouvert en lisière du Vert-Pré proposant aux habitants des produits de base à bon marché. Les jeunes s'approprièrent rapidement l'esplanade située devant le centre et aucun incident notable n'avait pu être remarqué à la fin de cette étude depuis l'ouverture du magasin principal, malgré les inquiétudes et les rumeurs de destruction qui coururent avant l'ouverture.

Des terrains de sport ont été aménagés sur le quartier : un terrain de football grillagé mais ouvert à tous, des paniers de basket-ball sur une place autrefois occupée par des voitures en stationnement ou des épaves. Des aires de jeux pour enfants de tous âges ont remplacé les buttes aux allures de terrain vague. Les bâtiments ont été rénovés les uns après les autres, munis de halls fermés et d'interphones qui interdisent aux jeunes de s'y regrouper comme par le passé. Le bâtiment 5 a été détruit, le stigmate pesant sur lui était sans doute trop fort pour qu'il bénéficie d'une *réhabilitation*.

Le quartier offre aujourd'hui un aspect beaucoup plus agréable que voici quelques années. Le but déclaré de la procédure DSQ, outre la *réhabilitation* du Vert-Pré, était d'y attirer des couches moyennes afin de diversifier la population du grand ensemble. On ne pouvait dire à la fin de cette étude si ce but était atteint, par contre un certain nombre d'expulsions de familles très lourdement endettées ont eu lieu, provoquant la mobilisation de plusieurs associations devant l'absence de relogements pour ces familles.

7 - Le quant à soi des habitants

On en reste à une recherche de changement social liée au changement du cadre bâti, sans aborder le fond des questions sociales, liées sur le Vert-Pré comme sur bien d'autres quartiers au développement du chômage, qui touche la population adulte et les jeunes. Un souci constant des professionnels chargés de mener à bien l'ensemble des projets que nous venons d'évoquer a été et reste la participation des habitants au changement de la vie de leur quartier. Cette participation n'a jamais été effective : même si les associations locales sont entrées dans le dispositif officiel, principalement pour obtenir les subventions que celui-ci impliquait, aucune mobilisation populaire n'est venue conforter les professionnels dans le bien-fondé de leur action.

En ce qui concerne les jeunes de la bande, on pourrait dire qu'ils représentent la forme exacerbée de cette non-participation des habitants aux projets. Ils ont assisté aux travaux de rénovation, échangé quelques mots avec les intervenants sociaux dont le local est tout près de leur lieu de regroupement quotidien. Ils ont continué leurs rencontres informelles, entre eux, leur conduite particulière de mobylettes ou de voitures sur les voies publiques du quartier et alentour. Ils sont restés prudents, voire méfiants, par rapport à la création du Lieu Ressources Jeunes. S'ils n'ont manifesté aucune agressivité ouverte face aux changements très importants qu'a vécu leur quartier en quelques années, ils sont restés groupés, ne modifiant leurs habitudes et leur mode de vie que lorsque des travaux les y contraignaient.

Les jeunes de la bande du Vert-Pré vivent en petit groupe fermé dans un quartier enclavé et disposant d'une réputation nettement plus dévalorisante que la Source, qui est bien reliée à la ville et aux autres communes, et hétérogène socialement. Leur territoire est plus réduit que celui de la bande de la Source, à l'image des quartiers respectifs. Ils sont moins habitués que les jeunes de la Source à une relation avec des intervenants sociaux. On pourrait dire que lorsque j'ai rencontré les jeunes du Vert-Pré, ils étaient dans le même processus de socialisation en ségrégation que leurs homologues de la Source une dizaine d'années auparavant. Dans ces deux contextes différents, se sont développées deux bandes dont les comportements présentent cependant de nombreuses similitudes.

ANNEXE II

Bilan des morts et des blessés sur la route en 1996 (Source : Sécurité Routière)

Année	Tués	Blessés
1972	16 617	388 067
1995	8 412	181 403
1996	8 080	170 117

On observe une légère baisse du nombre des jeunes de 18 à 24 ans tués sur la route (- 8% entre 1995 et 1996).
Ils constituent 14% de l'ensemble de la population et 24% des tués sur la route.
54% des décès dans la tranche d'âge 15-24 ans sont dus aux accidents de la route (22% aux suicides)
80 % sont des garçons
En 1995, on dispose des chiffres suivants concernant les accidents des jeunes de 18 à 24 ans[2].
On repère les caractéristiques suivantes :
- la vitesse dans 53% des cas
- le non-port de la ceinture dans 29% des cas
- l'alcool dans 28% des cas
- la fatigue dans 22% des cas

---

[2] Enquêtes R.E.A.G.I.R. (Réagir par des Enquêtes sur des Accidents Graves et des Initiatives pour y remédier), 20 835 rapports d'enquêtes, dont 7 554 concernent au moins un jeune conducteur de 18 à 24 ans (36,3 %).

BIBLIOGRAPHIE

ADER (Agence pour le développement des études et des recherches) : *la Z.U.P.*, Paris, ADER, 1981-1982.
Andrian J., Les accidents mortels de la circulation, *Cahiers de Sociologie et de Démographie Médicale*, 1991, 2, 143-165.
Andrian J., La violence routière chez les jeunes de 15 à 24 ans, *Cahiers de Sociologie et de Démographie Médicale*, 1992, 4, 305-341.
Arar K., Adolescents maghrébins, *Vie Sociale et Traitements*, CEMEA, 1986, 164, 35-43.
Arnaud Ch., Les transports, la centralité, *in* **Lallement B. (Ed.)**, Actes du Colloque de la FFMJC, "La culture des jeunes de banlieue", Saint-Martin-d'Hères, 9-10 décembre 1988, Marly-le-Roi, 1988, 57-71.
Askolovitch Cl. (Ed.), La France des bandes, *l'Evènement du Jeudi*, 14-20 mai 1992, 393, 62-90.
Assailly J.-P., *Les jeunes et le risque*, Paris, Vigot, 1992.
Babain (capitaine), La région parisienne et ses grands ensembles, étude des vols de voitures commis par les mineurs, *Revue de la gendarmerie nationale*, 1967, 74, 22-24.
Bachmann Ch., Basier L., Le Verlan : argot d'école ou langue des keums ? *Mots*, 1984, 8, 69-185.
Bachmann Ch., Basier L., *Mises en images d'une banlieue ordinaire*, Paris, Syros, 1984.
Bachmann Ch., Neguelec N., *Violences urbaines*, Paris, Albin Michel, 1996.
Badr Y., Triomphe A., Le circuit économique de l'insécurité routière, Handicaps et inadaptations, *les Cahiers du CTNERHI*, 1992, 59, 33-51.
Bailly-Salin P. Ed., *Les fous du volant*, Toulouse, Privat, 1968.
Balandier G., *Anthropo-logiques*, Paris, PUF, 1974.
Barjonet P.-E., Cauzard J.-P., *Styles de vie et comportements sociaux à l'égard du risque*, Arcueil, INRETS, juin 1987, 38.
Barjonet P.-E., Fleury D., Peytavin J.F., *Déterminants sociaux de la prise de risque dans les données détaillées d'accidents*, Arcueil, INRETS, décembre 1986, 18.

Barjonet P.-E., Mounier E., *Modèles sociaux d'usage du corps et prise de risque automobile*, Arcueil, INRETS, 1989, 88.
Barley N., *Un anthropologue en déroute*, Paris, Payot, 1992.
Barthes R., *Mythologies*, Paris, Seuil (Points), 1957.
Bastin A., Historique sommaire de la délinquance routière, *Bulletin du CLCJ*, La voiture, la route, la loi 1989, 17, 5-8.
Baudelot Ch., Mauger G., *Jeunesses populaires, les générations de la crise*, Paris, L'Harmattan, 1994.
Baudrillard J., *Simulacres et simulations*, Paris, Galilée, 1981.
Baudry P., *Une sociologie du Tragique*, Paris, Cerf/Cujas, 1986.
Baudry P., *Le corps extrême*, Paris, L'Harmattan, 1991.
Beauchard J., *Trafic*, Paris, PUF, 1988.
Beauchard J., La mort nomade : l'accident, *Revue quel corps*, octobre 1989, 38-39, 270-274.
Becker H. H., *Outsiders*, Paris, Métailié, 1985.
Begag A., *L'immigré et sa ville*, Lyon, Presses Universitaires de Lyon, 1985.
Begag A., *La ville des autres, la famille immigrée et l'espace urbain*, Lyon, Presses Universitaires de Lyon, 1991.
Belade : *Et Dieu créa l'ANPE*, Paris, IM'Média, 1994.
Beneton Ph., *Histoire de mots, culture et civilisation*, Paris, Presses de la Fondation Nationale des Sciences Politiques, 1973.
Bernard Ph., *L'immigration*, Paris, Le Monde, Marabout, 1993.
Bertaux D., L'indépendance, la délinquance et les deux salariats, *Annales de Vaucresson*, 1987, 1, 26, 279-291.
Berthelon P., Généalogie de l'automobilité et de ses risques, *Culture Technique*, 1983, 11, 243-261.
Biecheler-Fretel M.-B., *Infractions coutumières et risques d'accidents, étude statistique de comportements d'usagers vis à vis des règles de la circulation routière*, Paris, Université René Descartes, 1984.
Biecheler-Fretel M.-B., L'automobile et les contentieux de masse; interdits légaux et normes sociales : une approche du risque routier, *Revue de Science Criminelle et de Droit Pénal Comparé*, 1986, 3, 571-573.
Biecheler-Fretel M.-B., Moget M., Le comportement de base de l'automobiliste : un critère intermédiaire de prédictibilité du risque d'infraction et d'accident, *Revue Recherches Transports Sécurité*, 1989, 24, 35-44.

Bibliographie

Bing L., *Les anges qui tuent*, Paris, Presses de la Cité, 1992.
Bloch H., Niederhoffer A. : *Les bandes d'adolescents*, Paris, Payot, 1974.
Bloss Th., La "décohabitation" des jeunes, *in* Lallement B. (Ed.), Actes du Colloque de la FFMJC, "La culture des jeunes de banlieue", Saint-Martin-d'Hères, 9-10 décembre 1988, Marly-le-Roi, 1988, 19-31.
Body-Gendrot S., *Ville et violence*, Paris, PUF, 1993.
Boixière F., Portrait robot d'une voiture volée, *Le quotidien de Paris*, 2-3 mai 1992.
Boltanski L., Les usages sociaux du corps, *Annales Economie, Société et Civilisation*, 1971, 1, 206-233.
Boltanski L., Les usages sociaux de l'automobile : concurrence pour l'espace et accidents, *Actes de la Recherche en Sciences Sociales*, 1975, 2, 25-49.
Bordeaux M., Hazo B., Lorvellec S., *Qualifié viol*, Genève, Paris, Médecine et Hygiène, Méridiens-Klincksiek, 1990.
Borgé J., Viasnoff N., *Archives de l'automobile*, Paris, Editions Michèle Trinckvel, 1995.
Boscher F., CREDOC, consommation et modes de vie : Les Français et la sécurité routière, *Sécurité Routière Infos*, mars 1990, 47, 5-11.
Boudon R. Ed., *Dictionnaire de la Sociologie*, Paris, Larousse, 1989.
Bourdieu P., Systèmes d'enseignement et systèmes de pensée, *Revue Internationale des Sciences Sociales*, 1967, 3, 367-388.
Bourdieu P., Sur l'objectivation participante, *Actes de la Recherche en Sciences Sociales*, 1978, 263, 67-69.
Bourdieu P., *La distinction*, Paris, Minuit, 1979.
Bourdieu P., *Questions de sociologie*, Paris, Minuit, 1984.
Bourdieu P., L'illusion biographique, *Actes de la Recherche en Sciences Sociales*, 1986, 62/63, 69-70.
Bourdieu P., L'école et la cité, *Actes de la Recherche en Sciences Sociales*, 1992, 91/92, 86-96.
Bourdieu P., *La misère du monde*, Paris, Seuil, 1992.
Bouvier P., *Socio-anthropologie du contemporain*, Paris, Galilée, 1995.
Bulletin du CLCJ, La voiture, la route, la loi, 1er trimestre 1989, 17.

Buzni, H. Ed., Les cultures de la rue, *Paroles pratiques et pratiques sociales*, 1991, 36.
Calogirou C., *Sauver son honneur, rapports sociaux en milieu urbain défavorisé*, Paris, l'Harmattan, 1989.
Calvez M., Perception et fonction sociale du risque, *Psychologie Sociale*, juin 1992, 40, 24-26.
Campbell A.C., Friendship as a Factor in Male and Female Delinquency, *in* **Foot H.C., Chapman A.J., Smith J.R.** Eds, *Friendship and Social Relations in Children*, New York, John Wiley and Sons Ltd, 1980, 365-385.
Cardini F., Le guerrier et le chevalier, *in* **Le Goff J. (Ed.)**, *L'homme médiéval*, Paris, Le Seuil, 1989, 87-128.
Carre J.-R., Filou M., *Risque accidentel et mobilité des deux roues, les deux roues à moteur en France*, rapport intermédiaire de recherche, Arcueil, INRETS, juillet 1991.
Castel R., *La gestion des risques*, Paris, Minuit, 1981.
Castel R., *Les métamorphoses de la question sociale*, Paris, Fayard, 1995.
Catani M., Verney P., *Se ranger des voitures*, Paris, Méridiens-Klincksieck, 1986.
Charles-Nicolas A., Valleur M., L'ordalie aujourd'hui, *in*, Le serment, Vol. II, Théories et devenir, Paris, Editions du CNRS, 1991, 401-407.
Chatenet F., *Jeunes, alcool et conduite automobile*, Arcueil, INRETS, 1990, 111.
Chazal J., Jeunesse, la délinquance juvénile, *Encyclopedia Universalis*, 1968, 9, 474-479.
Chesnais J.-C., *Histoire de la violence*, Paris, Laffont, 1981.
Chevalier L., *Classes laborieuses et classes dangereuses, à Paris, pendant la première moitié du XIXe siècle*, Paris, Librairie Générale de France, 1979.
Chich Y., l'Etat et la demande sociale de sécurité, *Culture Technique*, Paris, septembre 1983, 263-271.
Choquet M., Les risques objectifs pour le bien-être physique, social et psychologique de l'adolescent, *Prévenir*, 1992, 23, 71-77.
Cohen A.K., *Delinquent Boys*, New York, The Free Press of Glencoe, 1955.
Cohen A.K., The Study of Social Disorganisation and Deviant Behaviour, *in Sociology Today*, New York, Basic Book, 1959, 461-484.

Bibliographie

Colin Ch., Moffet S., Les inégalités socio-économiques et la santé : aperçu de la perspective québécoise, *Prévenir*, 1995, 28, 175-187.
Collectif, *L'actualité des bandes*, Journées d'Etudes de Vaucresson, CRIV, 4-5-6 février 1991.
Collectif, La France des banlieues, *Esprit*, 1991.
Collectif, La France de l'exclusion, *Esprit*, 1992.
Collectif, La mort vue par le vivant, *Greco*, 1993, 2.
Collectif, Risque, sport, aventure, *Greco*, 1993, 4.
Collectif, A propos du sacrifice, *Greco*, 1994, 6.
Cooley Ch. H., *Social Organisation*, New York, Charles Scribner's Sons, 1909.
Cusson M., *Croissance et décroissance du crime*, Paris, PUF, 1990.
Cusson M., *Délinquants, pourquoi ?* Paris, Colin, 1995.
Dauzat A., *Dictionnaire étymologique Larousse*, Paris, 1938.
Defrance J., La tentation de l'accident, *Culture Technique*, 1983, 11, 317-321.
Delaporte Y., De la distance à la distanciation, enquête dans un milieu scientifique, in *Chemins de la ville ; enquêtes ethnologiques*, Paris, Editions du comité des travaux historiques et scientifiques, 1987, 229-245.
Delarue J.-M., *Banlieues en difficulté : la relégation*, Paris, Syros, 1991.
Deschamps J.-P., Ferron Ch., Bon N., Santé et adolescence : prendre soin de la jeunesse, *Prévenir, Adolescence, Santé, Société*, 1992, 23,
Descola Ph., *Les lances du crépuscule*, Paris, Plon, 1994.
Dubet F., *La galère, jeunes en survie*, Paris, Fayard, 1987.
Dubet F., Les bandes, de quoi parle-t-on ? in Coll., *L'actualité des bandes*, Journées d'études Vaucresson, 4-6 février 1991, 9-18.
Duprat A., *La criminalité dans l'adolescence, causes et remèdes d'un mal social actuel*, Paris, Alcan, 1909.
Duret P., Vigarello G., La machine et la chute, mutations de l'imaginaire motard, *Ethnologie Française*, 1991, XXI, 3, 314-316.
Durkheim E., *Les règles de la méthode sociologique*, Paris, Quadrige/PUF, 1990.

Eliakim Ph. (Ed.) Dossier Tout ce qu'on n'ose pas vous dire sur... la bagnole et vous !, *l'Evènement du jeudi*, 8-14 octobre 1992, 414, 60-84.
Eliakim Ph., Je roule en caisse volée, *l'Evènement du jeudi*, 8-14 Octobre 1992, 414, 90-93.
Esterle M., *Les bandes de jeunes, processus d'acculturation de jeunes issus de l'immigration maghrébine à travers la formation en bande*, D.E.A. en anthropologie sous la direction de François Raveau, Paris, Université René Descartes, 1989.
Esterle M., Y a pas la ZUP c'est mon village, *in*, **Marchandet E., Joubert S.** (Eds), *Le social dans tous ses états*, Paris, l'Harmattan, 1990a, 132-144.
Esterle M., Contribution à l'étiologie de la conduite délinquante à travers l'étude d'une bande, *Revue internationale de criminologie et de police technique*, 1990b, 203-221.
Esterle M., Histoire de bandes, reflets de la société, *Paroles et Pratiques Sociales*, 1991a, 36, 34-37.
Esterle M., Dix ans après, regard sur la condition des jeunes filles d'origine maghrébine, *Migrants Formation*, 1991b, 84, 133-148.
Esterle M., Les bandes de jeunes, *Sciences Humaines*, 1991c, 5, 32-35.
Esterle M., Toxicomanes, raisons et réseaux, *Revue Psychotropes*, 1991d, VII, 1, 15-21.
Esterle M., Jeunes sympas cherche boulot cool avec patron sympa ; jeunes sans qualification : stratégies d'insertion, *Les Annales de Vaucresson*, 1992a, 32-33, 123-137.
Esterle M., Sofia, Sheherazade, Faïza, la part du gâteau, *Cahiers d'Anthropologie*, 1992b, VIII, 3-4, 254-276.
Esterle M., Banlieue : du côté des jeunes filles, *Revue M*, 1992c, 53-54, 44-47.
Esterle M., Conduite automobile, approche anthropologique du risque et de l'accident, *Revue GRECO*, Risque, 1993a, 4, 82-93.
Esterle M., *Pour une prévention de la mortalité des jeunes par accident de la circulation, étude anthropologique des représentations du risque routier et des suites de l'accident grave*, Paris, ministère des Transports, de l'Equipement et du Tourisme, Janvier 1994a.

Bibliographie

Esterle-Hedibel M., Moi, je ne fume pas devant mon père ; la culture du non-dit chez des jeunes filles d'origine maghrébine, *Migrants Formation*, 1994b, 98, 77-89.
Esterle-Hedibel M., *Le rite et le risque, la culture du risque dans les bandes de jeunes de milieu populaire à travers la conduite routière*, Thèse de doctorat Nouveau Régime, Paris, Université René Descartes, juin 1995.
Esterle-Hedibel M., Les jeunes, le risque routier et l'accident, *Revue AGORA*, INJEP, 1996a, 4, 79-88.
Esterle-Hedibel M., Virées, incendies et vols de voitures, motivations aux vols et aux dégradations de voitures dans les bandes de jeunes de milieu populaire, *Déviance et Société*, 1996b, 20, 2, 119-139.
Esterle-Hedibel M., Le risque, la norme et le groupe, *les Cahiers de la Sécurité Intérieure*, 1996c, 25, 19-34.
Esterle-Hedibel M., Les bandes de jeunes et le risque routier, *Questions Pénales*, 1996d.
Esterle-Hedibel M., La confiance et le respect, questions de méthode au féminin, *Migrants Formation*, 1996e, 105, 163-183.
Esterle-Hedibel M., Tourner, virer, partir et revenir, stratégies d'occupation de l'espace par des bandes de jeunes dans des quartiers populaires de la région parisienne, *Migrants Formation*, 1996f,107, 102-121.
Esterle-Hedibel M., Marchandet E., Evaluation de l'action d'insertion de l'association JADE, Fondation pour la Recherche en Action Sociale, Montrouge, janvier 1995.
Ewald F., La notion de risque, *Handicaps et Inadaptations*, CTNERHI, 1992, 59, 1-7.
Ewald F., Le principe de précaution, *Prévenir*, 1993, 24, 187-191.
Fabre J., Michael H., *STOP ou l'automobile en question*, Paris, Mercure de France, 1973.
Filou C., Khoudour L., *Alcool, déplacements et insécurité routière chez les jeunes conducteurs*, Arcueil, INRETS, 1988, 65.
Fize M., *La démocratie familiale, évolution des relations parents-enfants*, Paris, Presses de la Renaissance, 1990.
Fize M., *Les bandes*, Paris, Eds Epi/Desclée de Brouwer, 1993.
Fontaine H., Saint-Saens I., *L'exposition au risque des conducteurs de véhicules légers*, Arcueil, INRETS, 1988, 64.

Fontaine H., Gourlet Y., Jurvillier J.-C., Saint-Saens I., *Les déterminants de l'insécurité routière : exposition au risque et accidents*, Arcueil, INRETS, 1992.
Foote White W., *Street Corner Society*, Paris, Découverte, 1996.
Fourcaux A. (Ed.), *Un siècle de banlieue parisienne, 1859-1964*, Paris, L'Harmattan, 1988.
Fridenson P., La société française et les accidents de la route (1890-1914), *Ethnologie Française*, 1991, XXI, 3, 306-313.
Galland O., *Sociologie de la jeunesse*, Paris, Armand Colin, 1991.
Geremek B., Le marginal, *in* Le Goff J. (Ed.), *L'homme médiéval*, Paris, Le Seuil, 1989, 381-413.
Gillette A., Sayad A., *L'immigration algérienne en France*, Paris, Editions Entente, 1984.
Godard F., Cultures et mode de vie de génération en génération, *in* Proust F. (Ed.), *Actes du colloque Les jeunes et les autres*, Vaucresson, CRIV, 1985, 1, 29-75.
Goffman E., *Mise en scène de la vie quotidienne : 1- La présentation de soi*, Paris, Minuit, 1973a.
Goffman E., *Mise en scène de la vie quotidienne : 2- Les relations en public*, Paris, Minuit, 1973b.
Goffman E., *Les rites d'interaction*, Paris, Minuit, 1974.
Goffman E., *Stigmates*, Paris, Minuit, 1975.
Goffman E., *Façons de parler*, Paris, Minuit, 1987.
Gossiaux J.-F., Barjonet P.-E., *Automobilisme et société locale, les jeunes et l'auto dans la vallée de la Meuse*, Arcueil, INRETS, 1990, 113.
Grinberg M., Perrot M., Birraux A., Tassel A., Gutton Ph., Que la fête commence, *Adolescence*, Paris, 1989, 7, 2, 159-179.
Gutwirth J., Pétonet C., Chemins de la ville - enquêtes ethnologiques, Paris, Editions du Comité des Travaux Historiques et Scientifiques, 1987.
Hannerz U., *Explorer la ville*, Paris, Minuit, 1980.
Higgins P.C., Albrecht G.L., Cars and Kids : a Self Report Study of Juvenile Auto Theft and Traffic Violations, *Sociology and Social Research*, 1981, 66, 29-41.
Hocquet C., Les conséquences des accidents graves, *Solidarité, Santé, Etudes statistiques*, 1990, 3-4, 45-50.
Hoggart R., *La culture du pauvre*, Paris, Minuit, 1970.
Hoggart R., *33 Newport Street*, Paris, Gallimard, Le Seuil, 1988.

Bibliographie

Hurstel J., *Jeunes au bistrot, cultures sur Macadam*, Paris, Syros, 1984.
Jazouli A., *Jeunes des banlieues, violence et intégration, le dilemme français*, Paris, ADRI, 1990, non publié.
Jazouli A., *Les années banlieue*, Paris, Seuil, 1992.
Jeammet Ph., L'adolescence est-elle un risque ? *Prévenir*, 1992, 23, 79-83.
Jessor R., Donovan J.E., Costa F., *Problem Drinking and Risky Driving Among Youth : a Psychological Approach to a Lifestyle Pattern*, Arcueil, INRETS, 1989, 18, 136-152.
Jeudy H.-P., *Mémoires du social*, Paris, PUF, 1986.
Joahny S., La violence urbaine rattrape la capitale, *Le Parisien Libéré*, 8 mars 1996.
Jodelet D. (Ed.), *Les représentations sociales*, Paris, PUF, 1989.
Joseph I., *Le passant considérable*, Paris, Librairie des Méridiens, 1984.
Joseph I., Urbanité et ethnicité, *Terrain*, 1984, 3, 20-31.
Joseph I., Grafmeyer Y., *L'Ecole de Chicago*, Paris, Aubier, 1984.
Joubert, Crise du lien social et fragmentation de l'accès aux soins, *Prévenir*, 1995, 28, 93-103.
Joubert M., Bertolotto F., Bouhnik P., *Quartier, Démocratie et Santé*, Paris, L'Harmattan, 1993.
Junger M., *Delinquency and Ethnicity*, Boston, Deventer, Kluwer, 1990.
Kalifa D., Les Apaches sont dans la ville, *Histoire*, 1993, 168, 108-111.
Kaminski M., Bouvier Colle M.H., Blondel B., *Mortalité des jeunes dans les pays de la communauté européenne (de la naissance à 24 ans)*, Paris, INSERM, 1985.
L'accident, *Informations Sociales*, 1990, 5.
Lacoste-Dujardin C., *Des mères contre les femmes, maternité et patriarcat au Maghreb*, Paris, La Découverte, 1985.
Lacoste-Dujardin C., *Yasmina et les autres de Nanterre et d'ailleurs*, Paris, La Découverte, 1992.
Lagrée J.-Ch., Marginalités juvéniles, in **Paugam S.** (Ed.), *L'exclusion, l'état des savoirs*, Paris, La Découverte, 1996, 321-334.
Lagrée J.-Ch., Lew-Fai P., *Les jeunes chantent leur culture*, Paris, l'Harmattan, 1982.

Lagrée J.-Ch., Lew-Fai P., Pairs et repères in *Problèmes de jeunesse et régulation sociale*, Vaucresson, CRIV, 1985a, 1, 47-61.
Lagrée J.-Ch., Lew-Fai P., *La galère, marginalisations juvéniles et collectivités locales*, Paris, Editions du CNRS, 1985b.
Laplantine F., *Anthropologie de la maladie*, Paris, Bibliothèque Scientifique Payot, 1993.
Lascoumes P., Construction sociale des risques et contrôle du vivant, *Prévenir*, 1993, 24, 23-37.
Le Breton D., *Passions du risque*, Paris, Métailié, 1991.
Le Breton D., Mythologies contemporaines du risque et de l'aventure, *Prévenir*, 1993, 24, 67-65.
Le Breton D., *Anthropologie de la douleur*, Paris, Métailié, 1995.
Lefaure Ch., Moatti J.-P., Les ambiguïtés de l'acceptable, *Culture Technique*, 1983, 11, 11-25.
Le Gall D., *Pour une analyse de la sociabilité des jeunes en voie d'insertion sociale et professionnelle*, Caen, Université de Caen, Centre de Recherches sur le Travail Social, 1989.
Le Goff J. (Ed.), *L'homme médiéval*, Paris, Le Seuil, 1989.
Le Roy E. (Ed.), *La différence culturelle, argument devant la juridiction des mineurs, défi à la société française*, Paris, Université Panthéon Sorbonne, Centre d'Etudes Juridiques Comparatives, Paris, 1989.
Lesch O.M., Walter H., Musalek M., Hajji M., Relation entre consommation médicamenteuse et sécurité routière, *Revue d'Action Sociale*, 1991, 5, 54-62.
Lesmes F., *Immigration et mécanismes d'assimilation, Essai d'analyse*, Marseille, IRFA, 1975.
Liauzou C. (Ed.), *Si les immigrés m'étaient comptés*, Paris, Syros, 1990.
Lorreyte B. (Ed.), *Les politiques d'intégration des jeunes issus de l'immigration*, Paris, L'Harmattan, 1989.
Louis P., Prinaz L., *Skinheads, Taggers, Zulus & Co*, Paris, La Table Ronde, 1990.
Maffesoli M., *Le temps des tribus*, Paris, Méridiens-Klincksiek, 1988.
Maisonneuve J., *Les rituels*, Paris, PUF, 1988.
Maisonneuve J., Crise des rituels et néo-rituels ? *Connexions*, 1990, 55, 29-43.

Bibliographie

Malewska-Peyre H., *Crise d'identité et déviance chez les jeunes immigrés*, Vaucresson, CRIV, 1983.
Malewska-Peyre H., Stratégies de construction de l'identité et d'insertion sociale de la seconde génération, Actes des cinquièmes journées internationales de Vaucresson, Vaucresson, CRIV, 1985, 3, 27-87.
Malewska H., Gachon C., *Le travail social et les enfants de migrants*, Paris, L'Harmattan, 1988.
Marchandet E., Joubert S. (Eds), *Le social dans tous ses états*, Paris, L'Harmattan, 1990.
Martin O., *Opinions et usages des voies de circulation routière, le réseau routier et l'environnement*, Paris, CREDOC, 1991, 103.
Martin O., Les opinions des Français, circulation routière et cadre de vie, CREDOC, *Consommation et modes de vie*, janvier 1992, n° 64.
Mauger G., *La vie buissonnière, marginalité petite bourgeoise et marginalité populaire*, Paris, François Maspéro, 1977.
Mauger G., Les bandes, la bohême et le milieu populaire, *Cahiers du DIRTTEM-CNRS*, 1990, 2, 75-78.
Mauger G., *Hippies, loubards, zoulous : jeunes marginaux de 1968 à aujourd'hui*, Paris, La Documentation Française, 1991, n° 660.
Mauger G., Les usages politiques du monde des bandes, *in l'engagement politique : déclin ou mutation, in Coll.*, pré-actes du colloque, Sénat, Palais du Luxembourg, 4-5-6 mars 1993, Paris, CEVIPOF, FNSP, 1993.
Mauger G., Des jeunes et des banlieues, *Critiques Sociales*, 1994a, 5-6, 69-73.
Mauger G., Les invariants de la jeunesse, du temps de la révolte au deuil des illusions, *Revue Panoramiques*, 1994b, 16, 182-186.
Mauger G., Le statut social du jeune adulte, *Recherche Criminologique*, 1994c, XXX, 64-81.
Mauger G., Fossé-Poliak C., Les loubards, *Actes de la recherche en sciences sociales*, 1983, 50, 49-67.
Mead M., *Du givre sur les ronces*, Paris, Seuil, 1977.
Mead M., *L'un et l'autre sexe*, Paris, Denoël/Gonthier, 1979.
Mead M., *Le fossé des générations*, Paris, Denoël/Gonthier, 1979.

Mecheri H.F., *Les jeunes immigrés maghrébins de la seconde génération*, Paris, L'Harmattan, 1984.
Metraux A., *Itinéraires*, Paris, Payot, 1978.
Middendorff W., Existe-t-il un rapport entre la délinquance générale et la délinquance routière, *Revue Internationale de Police Criminelle*, 1968, 214, 4-13.
Miller G., Automobile et pulsion de mort, *Quel Corps*, 1989, 38-39, 268-269.
Ministère des Transports, *Bilan de la politique de sécurité routière 1988-1992*, Paris, ministère des transports, 1992.
Monod J., *Les Barjots, essai d'ethnologie sur les bandes de jeunes*, Paris, Julliard, 1968a.
Monod J., Jeunesse, les bandes de jeunes, *Encyclopedia Universalis*, 1968b, 9, 471-473.
Mouton R., La gymnastique de l'automobiliste, Corps et modernité, *Revue Universitaire Actions et Recherches Sociales*, 1985, 1 (nouvelle série, n°18), 75-79.
Mozzo-Counil F., *Femmes maghrébines en France*, Lyon, Chronique sociale, 1987.
Mucchielli A., *Dictionnaire des méthodes qualitatives en sciences humaines et sociales*, Paris, Armand Colin, 1996.
Murphy R.F., *Vivre à corps perdu*, Paris, Plon, 1990.
Nedelec F., Notes de terrain, *Sociétés*, 1993, 42, 367-372.
Negroni A., De bande à gang : la presse fait le pas, in *L'actualité des bandes*, Journées de Vaucresson, 4-6 février 1991.
Noiriel G., *Le creuset français*, Paris, Seuil, 1988.
Oddone I., Oddone A., Risque et démocratie, *Prévenir*, 1993, 24, 157-162.
Ogien A., *Sociologie de la déviance*, Paris, Armand Colin, 1995.
Oraison M., Barreau J.-C., Rochefort J., *Les enfants prodigues, problèmes des bandes associales et essais de solutions*, Paris, Librairie Arthème Fayard, 1962.
Ortega J., Quelques réflexions sur la délinquance routière et notamment le cas de l'ivresse au volant, *Revue Internationale de Criminologie et de Police Technique*, 1990, 3, 323-337.
Paugam S. (Ed.), *L'exclusion, l'état des savoirs*, Paris, La Découverte, 1996.
Peigne J.P., Jeunesse dorée année zéro, *Liaisons*, ANEJI, 1963, 45, 9-14.

Bibliographie

Pellegrin N., Jeunesse au passé : classes d'âge et structures sociales sous l'ancien régime, *in* **Proust F. (Ed)**, *Les jeunes et les autres*, Vaucresson, CRIV, 1986, 95-103.
Perrot M., Dans la France de la Belle Epoque, Les Apaches, premières bandes de jeunes, *in* **Vincent B. (Ed.)**, Les marginaux et les exclus dans l'histoire, *Cahiers Jussieu 5*, 1978, 387-408.
Perrot M., Quand la société prend peur de sa jeunesse en France au 19e siècle, *in* **Proust F. (Ed.)** *Les jeunes et les autres*, Vaucresson, CRIV, 1986, Tome I, 19-28.
Pervanchon-Simonnet M., *Jeunes conducteurs et insécurité routière : enjeux et prévention*, Montlhéry, Laboratoire de psychologie de la conduite, 1987.
Pervanchon-Simonnet M., En contrepoint aux conduites de risque : une initiative de responsabilité au volant, *Neuropsychiatrie de l'Enfance*, 1989, 37, 251-255.
Pervanchon-Simonnet M., L'automobile véhicule de socialité, *in* **Marchandet E., Joubert S. (Eds)**, *Le social dans tous ses états*, Paris, L'Harmattan, 1990, 124-131.
Pétonnet C., *On est tous dans le brouillard*, Paris, Galilée, 1985.
Peyre V., Jeunesse marginale, jeunesse en danger, jeunesse dangereuse, *in* **Proust F. (Ed.)**, *Les jeunes et les autres*, Vaucresson, CRIV, 1986, Tome 2, 77-83.
Pialoux M., Jeunesse sans avenir et travail intérimaire, *Actes de la Recherche en Sciences Sociales*, 1979, 26-27, 19-47.
Pierrard P., *Enfants et jeunes ouvriers en France aux XIXème et XXème siècles*, Paris, Editions Ouvrières, 1987.
Piette A., Les rituels : du principe d'ordre à la logique paradoxale. Points de repères théoriques, *Cahiers Internationaux de Sociologie*, 1992, XCII, 163-179.
Ploquin F., La voiture, turbo de la criminalité, *L'Evènement du jeudi*, 1992, 414, 86-89.
Poignant S., *Le baston ou les adolescents de la rue*, Paris, L'Harmattan, 1991.
Pollack M., Heinich N., Le témoignage, *Actes de la Recherche en Sciences Sociales*, 1986, 62-63, 3-29.
Poussaint G., *Automobiles et deux roues*, Paris, Centre de Documentation et d'Information de l'Assurance, octobre 1992, dossier n° 189.

Presdee M., Des bandes de jeunes excités, *Annales de la Recherche Urbaine*, 1992, 54, 68-74.
Rabinow P., *Un ethnologue au Maroc*, Paris, Hachette, Histoire des gens, 1977.
Radkowsky G.H. De, Nous les nomades, *La Table Ronde*, numéro spécial "Civilisation du néant", 1963, 91-100.
REAGIR, *Exploitation des enquêtes en milieu urbain (accidents mortels)*, Paris, Centre d'Etudes des Transports Urbains, 1989.
Rallu J.-L., Conduite automobile et accidents de la route, *Population*, 1990, 1, 27-62.
Raveau F., Ethnicité, migrations et minorités, *in* **Coll.**, *l'Education multiculturelle*, Centre pour la Recherche et l'Innovation dans l'Enseignement, OCDE, INT, 1987, 106-127.
Renouard J.-M., *L'automobiliste, la situation et la règle*, Paris, ministère de l'Equipement, du Logement, des Transports et de la Mer, 1995.
Riesman D., *La foule solitaire, Anatomie de notre temps*, Paris, Arthaud, 1964.
Rivière C., Le rite enchantant la concorde, *Cahiers Internationaux de Sociologie*, 1992, XCII, 5-29.
Robert Ph., Aubusson de Cavarlay B., Pottier M.L., Tournier P., *Les comptes du crime ; les délinquances en France et leurs mesures*, Paris, L'Harmattan, 1994.
Robert Ph., Lambert Th., Faugeron C., *Images du viol collectif et reconstruction d'objet*, Genève/Masson, Editions Médecine et Hygiène, 1976.
Robert Ph., Lascoumes P., *Les bandes d'adolescents*, Paris, Les Editions ouvrières, 1974.
Roncayolo M., *La ville et ses territoires*, Paris, Gallimard, 1990.
Rosens E., The Structure of an Ethnic Consciousness, *Cahiers d'anthropologie*, 1979, 3, 41-66.
Roulleau-Berger L., *La ville intervalle*, Paris, Méridiens-Klincksieck, 1992.
Roumajon Y., *Enfants perdus, enfants punis*, Paris, Robert Laffont, Seuil, 1989.
Roy O., Ethnicité, bandes et communautarisme, *Esprit*, 1991, 169, 37-47.

Bibliographie

Rude-Antoine E. (Ed.), *Conflits de lois, conflits de cultures*, Vaucresson, CRIV, Journées d'Etudes du 12 au 16 mars 1990, 122 p.
Ruffie J., *La naissance de la médecine prédictive*, Paris, Odile Jacob, 1993.
Sanchez-Jankowski M., Les gangs et la presse, la production d'un mythe national, *Actes de la Recherche en Sciences Sociales*, 1994, 101/102, 101-117.
Sauvy A., *Les quatre roues de la fortune, essai sur l'automobile*, Paris, Flammarion, 1968.
Savin-Williams R. C., Social Interactions of Adolescent Females in Natural Groups, *in* **Foot H.C., Chapman A.J., Smith J.R.** (Eds), *Friendship and Social Relations in Children*, New York, John Wiley and Sons Ltd., 1980, 343-363.
Sayad A., Les trois âges de l'immigration algérienne, *Actes de la Recherche en Sciences Sociales*, 1977, 15, 59-79.
Sayad A., Le logement des familles immigrées, *Le Groupe Familial*, 1987, 114, 58-68.
Schnapper D., Modernité et acculturation *in* Série Communication EHESS, *Le Croisement des Cultures*, Paris, Seuil, 1986, 141-168.
Schnapper D., *La France de l'intégration*, Paris, Gallimard, 1991.
Schutz A., *Le chercheur et le quotidien*, Paris, Méridiens Klincksiek, 1987.
Selosse J. Ed., *Vols et voleurs de véhicules à moteurs*, Paris, Cujas, 1965.
Selosse J., Identification négative, *Bulletin de Psychologie*, 1980, 619-626.
Sevilla J.-J., Les surfeurs du rail des banlieues cariocas, *Libération*, 19-20 décembre 1993, 14.
Séminaire CTNERHI/INRETS, (Coordination **TRIOMPHE A.**), L'impact socio-économique des acccidents de la route, *Handicaps et Inadaptations*, 1992.
Shaw C., Mc Kay H., *Juvenile Delinquency and Urban Areas : a Study of Rates of Delinquents in Relation to Differential Characteristics of Local Communities in American Cities*, Chicago, Chicago University Press, 1969 (première édition, 1942).
Shaw C., Zorbaugh H., Mc Kay H., Cottrell, I., *Delinquency Areas*, Chicago, Chicago University Press, 1929.

Sibony C., Thérapeutique du risque, risque thérapeutique, *Interventions*, 1991, 28, 33-36.
Simon J.-L., *Vivre après l'accident*, Lyon, Chronique Sociale, 1989.
Simonnet M., Contribution au diagnostic des problèmes de sécurité routière des conducteurs débutants, *Cahiers d'Etudes de l'ONSER*, 1975, n°34.
Simonnet-Pervanchon M., Khoudour L., Delmas D., *La voiture dans l'imaginaire des jeunes européens*, Arcueil, INRETS, 1991, n°137.
Sutherland E.H., Cressey D.R., *Principes de criminologie*, Paris, Cujas, 1966.
Szabo D., Valeurs morales et délinquance juvénile, *l'Année Sociologique*, 1964, 3, 75-110.
Szabo D., Le point de vue socio-culturel dans l'étiologie de la conduite délinquante, *Revue Internationale des Sciences Sociales*, 1966, 18, 193-211.
Szabo D., *De l'anthropologie à la criminologie comparée*, Paris, Librairie philosophique Jean Vrin, 1993.
Taleghani M., Rolland D., Paturet J.-B., Causalités et modalités de la déviance, les antécédents familiaux, *Revue de l'alcoolisme*, 1986, 31, 3, 178-199.
Taleghani M., Rolland D., Paturet J.-B., Antécédents personnels et comportements déviants chez des jeunes lycéens, *Revue de l'alcoolisme*, 1988, 33, 2, 86-104.
Tannenbaum F., *Crime and the Community*, Boston, Eds Gin and Co., 1938.
Tétard F., Délinquance juvénile : stratégie, concept ou discipline ? in *Délinquance des jeunes*, Actes des Cinquièmes journées Internationales, Vaucresson, CRIV, 1985, 125-147.
Tétard F., Le phénomène "blousons noirs en France", fin des années 50-début des années 1960, in *Révolte et Société*, Actes du IVe Colloque l'Histoire au présent, Paris, Publications de la Sorbonne, mai 1988a, Tome II, 205-214.
Tétard F., Face à la montée des jeunes, (fin des années 1950-début des années 1960) les réponses de la société adulte, *in* **Franco, B., Goffinet, P., Lagrée, J.C., Vuille, H. Eds**, *Générations de Jeunes*, Genève, Editeurs SECJ, 1988b, 17-35.
Thomas W., Race Psychology, Standpoint and Questionnaire to the Immigrant and Negro, *American Journal of Sociology*, 1912, XVII.

Bibliographie

Thomas W., Znaniecki F., *The Polish Peasant in Europe and America,* Boston, Badger 5 vol. 1918. 2ème édition 1927, New York, Knopf, 2 vol.
Tillon G., *Le harem et les cousins,* Paris, Seuil, 1966.
Todd E., *Le destin des immigrés,* Paris, Seuil, 1994.
Tomkiewicz S., Les conduites de risque et d'essai, *Neuropsychiatrie de l'Enfance,* 1989, 37, 261-264.
Toubon J.-C., Tanter A., Les grands ensembles et l'évolution de l'intervention publique, *Hommes et Migrations,* 1991, 1147, 6-18.
Tourancheau P., Trois millions et demi de crimes et délits en 1990, *Le Monde,* 27 avril 1991.
Toussaint G. (contact journalistes), Le hit-parade des voitures volées *in* le dossier du Centre de Documentation d'Information de l'Assurance, octobre 1992, 189.
Trasher F.M., *The Gang,* Chicago, University of Chicago Press, 1927.
Tremblay P., Laisne S., Cordeau G., Maclean P., Shewshuck A., Carrières criminelles collectives : évolution d'une population délinquante (les groupes de motards), *Criminologie,* 1989, XXII, 2, 65-94.
Tremblay P., Cusson H., Clermont Y., Contribution à une criminologie de l'acte : une analyse stratégique du vol de véhicules automobiles, *Déviance et Société,* 1992, XVI, 2, 157-178.
Turz A., Le risque accidentel chez les adolescents des pays développés : mortalité, morbidité, *Neuropsychatrie de l'enfance,* 1989, 37, 265-273.
Turz A., Cet âge est dangereux, *Informations Sociales,* 1990, 5, 50-55.
Turz A., Pas tout-à-fait accidentel ? *Informations Sociales,* 1990, 5, 25-35.
Turz A., Courtecuisse V., Jeanneret O., Sand A., Comportements de prise de risque et d'accidents à l'adolescence dans les pays développés, *Revue Epidémiologique et de Santé Publique,* 1986, 34, 81-88.
Tunc A., Accidents de la circulation, *Encyclopedia Universalis,* 1968, 1, 93-95.
Vallès J., L'enfant, *in Œuvres complètes,* Paris, Livre Club Diderot, 1969, Tome I, 761-1047.

Valleur M., Carrière Ph., Initiation ou ordalie ? *Santé Mentale*, 1986, 91, 10-14.
Van Gennep A., *Les rites de passage*, Paris, Picard, 1981 (première édition 1909).
Veulliez R., *Précis de psychologie du trafic routier et de pédagogie à l'école de conduite*, Lausanne, Editions Loisirs et Pédagogie, 1983.
Videau A., Jeunes, cultures et immigrations *in* **Lallement B. (Ed.)**, Actes du Colloque, *La culture des jeunes de banlieues*, FFMJC, Saint-Martin-d'Hères, 9-10 décembre 1988, Marly-le-Roi, 1988, 5-18.
Vieillard-Baron H., Du "vague des ghettos" aux "bandes ethniques" ? *in l'Actualité des bandes*, Vaucresson, Centre de formation et d'études de la Protection Judiciaire de la Jeunesse, 1991.
Vieillard-Baron H., *Les banlieues françaises ou le ghetto impossible*, La Tour d'Aigues, Editions de l'Aube, 1994.
Villerme, Les enfants et la fabrique au XIXe siècle, (extraits du rapport, 1840), *Culture Technique*, 1983, 11, 189-193.
Vinil J.D., Group Process and Street Identity, *Ethos, Journal of the Society of Psychological Anthropology*, 1988, 16, 4, 421-445.
Vive l'auto !, *Libération*, numéro hors-série octobre-novembre 1992.
Vivier J.-P., "Malaises des jeunes" et politique de la ville, revue de presse, éditée par le Centre d'Etudes et d'Action Sociale de Paris, août 1991.
Wacquant L.J.D., Le gang comme prédateur collectif, *Actes de la recherche en Sciences Sociales*, 1994, 101-102, 88-100.
Walgrave L., *Délinquance systématisée des jeunes et vulnérabilité sociétale*, Genève, Paris, Editions Médecine et Hygiène, Méridiens Klincsiek, 1992.
Walgrave L., Vettenbourg N., Délinquance grave, vulnérabilité sociétale et les institutions sociales, *in* **Proust F. (Ed.)**, *Les jeunes et les autres*, Vaucresson, CRIV, 1985, 40-55.
Wattenberg W., Balistieri J., Automobile Theft : a "Favored Group" Delinquency, *The American Journal of Sociology*, 1952, 57, 6, 575-579.
White R., *No Space of Their Own*, Cambridge, Cambridge University Press, 1990.

Bibliographie

Wilde G.J.S., Etude psychologique de la préoccupation des conducteurs pour la sécurité routière et de leurs opinions sur les moyens de lutter contre l'alcoolisme au volant, *Toxicomanie*, 1977, 10, 3, 163-187.

Wise D., Burgess, *Encyclopédie illustrée de l'automobile, de 1862 à 1980*, Paris, Celiv, 1993.

Wolfgang M.E., Savitz L., Johnston N. (Eds), *The Sociology of Crime Delinquency*, New York, London, J. Wiley and Sons, 1962.

Yablonski L., *The Violent Gang*, Chicago, the University of Chicago Press, 1960.

Yablonski L., *The Delinquent Gang as a Near-Group in the Sociology of Crime and Delinquency*, New York London, J. Wiley and Sons INC., 1962.

Yonnet P., La société automobile, *Le Débat*, 1984, 31, 128-148.

Yonnet P., *Jeux, modes et masses*, Paris, Gallimard, 1986.

TABLE DES MATIERES

Glossaire des sigles	7
Introduction	9
Chapitre 1 : Questions de méthode	15
I - La position de départ	18
II - Les conditions nécessaires à l'objectivation scientifique	19
III - Eviter les écueils	20
IV - Une femme dans la rue	21
V - La distance n'est pas affaire de kilomètres	23
VI - Dépasser ses propres affects, ou quand les ethnologues font ce qu'ils peuvent	25
VII - Quand la *persona* vole en éclats	26
VIII - De l'attitude naturelle à la connaissance objective	28
IX - De l'humour au respect	29
X - Les précautions de la distance	29

La bande, le risque et l'accident

XI - Le journal de bord..	30
XII - Le rôle social de l'ethnologue : limites et ambiguïtés	30
XIII - L'effet direct de la recherche sur les enquêtés.......	31
XIV - Les personnes relais..	32
XV - L'observation participante : le cadre de la participation..	33

Chapitre 2 : Qu'est-ce qu'une bande ?............... 37

Délimitation de l'objet..	37
I - Histoire du mot..	37
1 - Les jeunes, classe dangereuse..............................	39
2 - Les bandes au vingtième siècle............................	41
3 - *Apaches* et *blousons noirs* : du mythe à la réalité.	42
a - Les blousons noirs..	43
II - Le traitement médiatique des bandes de jeunes	44
1 - Attention, le phénomène gagne les chercheurs !...	47
2 - Mais alors, de quoi s'agit-il ?...............................	49
III - Les regroupements de jeunes...................................	50
1 - La bande et le gang...	51
2 - La bande est-elle un rite de passage ?..................	53

Chapitre 3 : Bande, acculturation et ségrégation 57

I - Le processus d'acculturation......................................	57
1 - Les rôles se renversent...	58
2 - Essais de reprises en mains...................................	60

Table des matières

3 - Des contradictions qui débouchent sur le conflit .. 62

II - Le contexte sociétal 63
   1 - Un quartier dans le quartier 64
   2 - Une répartition inégale 64
   3 - Les mêmes problèmes 67

III - Du conflit au stigmate 68
   1 - L'échec scolaire 68
   2 - Les premiers incidents 70
   3 - De l'interactionnisme 72
   4 - Au concept de ségrégation réciproque 72
   5 - L'incompréhension réciproque 73
   6 - L'intériorisation du stigmate 75

Chapitre 4 : La bande, valeurs et normes 79

I - Etre ensemble 79
   1 - La priorité aux relations inter-personnelles 80

II - La résistance au stigmate 81
   1 - Une sous-culture originale 82
   2 - La vulnérabilité sociétale 83
   3 - L'algérianité 84
   4 - Les croyances et le langage 86

III - Le respect 87
   1 - Les jeunes filles 87
   2 - La hiérarchie des âges 89
   3 - La honte 90

La bande, le risque et l'accident

Chapitre 5 : Bande, délinquance et contrôle social 93

I - Les effets du contrôle social 93
   1 - Les bandes de jeunes et le milieu social 93
   2 - Un contrôle social différencié 94

II - La délinquance de précarité 96
   1 - La délinquance contre l'ennui 97
   2 - Les vols et les échanges 97
   3 - Les vols de conformité 98
   4 - Quelques problèmes d'organisation... 99
   5 - La délinquance des amateurs 99
   6 - Les limites de l'auto-contrôle 101
   7 - Les filles et le code de la délinquance 103
   8 - Viols et agressions, ou quand l'autre n'existe pas.. 103

III - La bande et l'ordre établi 104
   1 - Le désir de conformité 104
   2 - Un certain conformisme 105

Chapitre 6 : Bandes, espace et territoire 109
De la première à la deuxième partie

I - La banlieue, définition et symbole 110
   1 - Sous les préjugés, la banlieue 111
   2 - La marge et le centre 112

II - Le territoire de la bande 113
   1 - La mobilité inaccessible 114
   2 - Un mode d'appropriation différent de l'espace 115
   3 - Le territoire, lieu de l'enracinement 115
   4 - Vivre dans la rue, réminiscence du pays ? 116
   5 - Le lieu de regroupement : le centre commercial... 117

Table des matières

6 - La bande occupe les espaces intersticiels 121
7 - Des lieux pour l'adolescence 123
8 - L'occupation des cafés 124

III - La défense du territoire 125
  1 - Les lieux stratégiques 125
  2 - Le réseau 127
  3 - Le danger de l'intérieur 128
  4 - La bande crée son propre territoire 129

IV - Les virées 130
  1 - Le contact impossible 133

Chapitre 7 : Véhicules et bandes de jeunes 135

I - Normes et valeurs 135
  1 - Retour en arrière 135
  2 - Voitures et valeurs dans les bandes 137
  3 - La conduite sans permis 137
  4 - Les chiffres de la délinquance 139
  5 - Des vols à portée de main 140
  6 - Les vols d'usage 141
  7 - Les vols d'apparat 143
  8 - Les deux roues 144
  9 - Les achats d'apparat 145
  10 - Le coupé de Youssef 146

II - La voiture, symbole de son possesseur 147
  1 - L'honneur retrouvé de Brahim 147
  2 - Le deuil de l'ami 150
  3 - Le règlement de comptes raté 151

III - La conduite, une affaire d'hommes 153
  1 - Les filles de la bande et les voitures 153

2 - Le manquement aux normes 155
3 - Un viol en voiture 155

Chapitre 8 : la culture du risque 159
De la deuxième à la troisième partie

I - Le risque 161
   1 - La relativité du risque 162

II - La perception du risque 163
   1 - Les priorités dans la perception du risque 164
   2 - L'évitement du risque 164

III - Les jeunes de la bande et les prises de risque 166
   1 - Le rapport au corps 167
   2 - La distance par rapport au corps médical 169
   3 - Le coût des soins 170
   4 - L'anesthésie de la douleur et l'auto-médication 170
   5 - Une esthétique particulière 171
   6 - Les valeurs viriles et la culture du face à face 173

IV - Le risque et le temps 174
   1 - La satisfaction des envies immédiates 176
   2 - Le risque du haschich 177

V - La recherche de sensations fortes 178

VI - Les enjeux du risque 180
   1 - Le sentiment d'insécurité des jeunes de la bande 180
   2 - Les enjeux matériels et financiers 181
   3 - Les enjeux sociaux 181
   4 - Les enjeux moraux 182

Table des matières

Chapitre 9 : L'accident et ses conséquences 185

I - Accident et société 185
  1 - Le sacrifice 186
  2 - Le silence 187

II - La prédisposition à l'accident 188
  1 - Accidents et catégorie sociale 188
  2 - Accidents et cultures 190

III - Les accidents graves dans les bandes 191
  1 - Les phases suivant l'accident 192
  2 - La phase de choc 194
    a - L'accident de Farouk 194
    b - L'accident de Chérif 198
  3 - La phase des complications 201
    a - Farouk 201
    b - Chérif 203
  4 - La phase des confrontations 204
    a - Farouk 204
    b - Chérif 205
  5 - La phase de l'adaptation 207
  6 - L'impact de l'accident sur les conduites ultérieures 208

Conclusion 211

Annexes 219

Présentation des terrains 219
I - La Source 219
  1 - Le quartier 221
  2 - Equipements collectifs 222

II - Le Vert-Pré 223
   1 - Un quartier pauvre pour les pauvres 224
   2 - Les services publics 225
   3 - Les politiques sociales 227
   4 - Une vie sociale intense 227
   5 - Une action en direction des jeunes 228
   6 - Les résultats des politiques sociales 228
   7 - Le quant à soi des habitants 229

Annexe 2 231

Bibliographie 233

Table des matières 253